华章经管
HZBOOKS | Economics Finance Business & Management

1. 2000年11月11日,作者在美国彼得·德鲁克管理研究生院参加校友会时与德鲁克合影

2. 德鲁克年轻时的照片

4. 2009年,作者前往加州克莱蒙特德鲁克家中拜见德鲁克夫人(Doris)

6. 2009年,作者重访美国彼得·德鲁克管理研究生院

3. 2000年,作者在美国彼得·德鲁克管理研究生院师从德鲁克

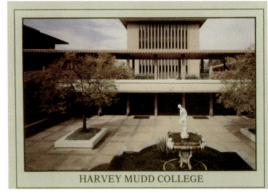

5. 这是克莱蒙特大学哈维穆德学院(Harvey Mudd College)。德鲁克非常喜欢该院的人文环境,每年的"校友会"和德鲁克的生日会都是在这里举行的

7. 2009年,作者在美国彼得·德鲁克管理研究生院教学楼内感受德鲁克的知识之旅

8. 2009年，作者重访克莱蒙特大学

9. 2000年，作者在美国德鲁克档案馆发现了德鲁克的《我认为我最重要的贡献是什么？》一文，2009年作者旧地重访

10. 日本政府为感谢德鲁克对日本社会发展所做的贡献，特颁发的奖状

11. 德鲁克最后10部著作都是通过这部电动打字机咆哮出来的

12. 《哈佛商业评论》第七次授予德鲁克"麦肯锡奖"

13. 美国德鲁克协会（原德鲁克档案馆）

14. 美国彼得·德鲁克管理研究生院

15. 1950~1971年德鲁克所执教的纽约大学，他的许多重要的管理思想都是在此破茧而出的

16. 2009年，作者在斯隆管理学院感受斯隆的心路历程

17. 2009年，作者参观哈佛商学院

18. 2005年，作者在北京主持"永远的德鲁克"追忆大会

19. 2007年，作者主持"德鲁克创新与企业家精神论坛"

20. 2008年,作者在清华大学为中国企业家讲授"德鲁克的1358"

21. 2011年,作者在北京大学为中国航天科技集团航天领军人才讲授德鲁克管理课程

22. 2011年,作者在新加坡国立大学为东南亚企业家讲授"德鲁克管理思想精髓"

23. 2012年,作者在东莞银城酒店与失聪员工交流

24. 彼得·德鲁克在维也纳的故居

25. 2014年,作者在维也纳将《百年德鲁克》赠给参加"第六届全球彼得·德鲁克论坛"的嘉宾

26. 2016年，作者在哈佛商学院访谈颠覆式创新之父克莱顿·克里斯滕森教授

27. 2017年，作者与德鲁克的外孙Nova Spivack 在北京话别

28. 2017年，作者在英特尔学习"摩尔定律"

29. 2017年，作者在以色列希伯来大学感受爱因斯坦的智慧

30. 2017年，作者与《创业国度》作者索尔·辛格在耶路撒冷进行学术交流

31. 2017年，作者在牛津大学与创新论坛的创始人泰尔博士探讨创新之路

32. 2019年，作者在北京大学为信达资产管理公司讲授德鲁克管理思想

33. 2020年,作者在格局屏天下为中国人民大学直播公益课程"德鲁克管理思想精髓"

34. 2020年,作者为"纪念彼得·德鲁克中国管理奖"标杆企业实训营授课

35. 作者在王阳明龙场悟道处

36. 生命与使命同行

百年德鲁克

第2版

那国毅 著

The Drucker Centennial

The Drucker Centennial

解 读 德 鲁 克

图书在版编目（CIP）数据

百年德鲁克/那国毅著. --2版. -- 北京：机械工业出版社，2021.8
（解读德鲁克）
ISBN 978-7-111-68853-2

I. ①百… II. ①那… III. ①德鲁克（Drucker, Peter Ferdinand 1909-2005）- 管理学 - 思想评论 IV. ①C93-097.12

中国版本图书馆CIP数据核字（2021）第166106号

作为德鲁克的学生，那国毅先生在本书中与读者一起分享了德鲁克的管理理念，全面阐述了德鲁克的思想和他自己对大师思想的诠释与解读。2009年5～6月，那国毅先生穿越美国大陆，沿着德鲁克的足迹，去实地考察和研究德鲁克管理思想形成的历史沿革，本书正是他在对德鲁克思想进行多年系统研究后对读者的倾情奉献。

百年德鲁克 第2版

出版发行：机械工业出版社（北京市西城区百万庄大街22号 邮政编码：100037）
责任编辑：李文静 王芹 　　　　　　　责任校对：马荣敏
印　　刷：北京文昌阁彩色印刷有限责任公司　　版　次：2021年9月第2版第1次印刷
开　　本：170mm×230mm 1/16　　　　　印　张：21.25（含1印张插页）
书　　号：ISBN 978-7-111-68853-2　　　　定　价：69.00元

客服电话：（010）88361066　88379833　68326294　　投稿热线：（010）88379007
华章网站：www.hzbook.com　　　　　　　　　　　　读者信箱：hzjg@hzbook.com

版权所有·侵权必究
封底无防伪标均为盗版
本书法律顾问：北京大成律师事务所　韩光/邹晓东

| 目 录 |

第 2 版前言　生命与使命同行
第 1 版前言　百年德鲁克

第 1 章　**德鲁克的 1358** / 1

德鲁克管理思想精髓 / 2
管理的一个定义 / 4
管理的三大任务 / 9
管理者的五项工作 / 18
企业的八大目标 / 21

第 2 章　**德鲁克管理理念** / 35

管理与企业管理 / 36
管理是一门综合艺术 / 40
事业理论：企业灵魂 / 44
企业是什么 / 49
德鲁克的三个经典问题 / 54
战略规划的是与非 / 60
为什么需要管理者 / 65
目标管理 / 69

科学管理与知识工作管理 / 73
　　21世纪CEO的职责 / 91

第3章　解读德鲁克 / 95
　　管理学：德鲁克留给人类的伟大遗产 / 96
　　德鲁克眼中的世界 / 103
　　吉姆·柯林斯与彼得·德鲁克 / 109
　　卓有成效的管理者的八项实践 / 114
　　创新：从熊彼特到德鲁克 / 121
　　什么是下一个社会的管理 / 127
　　德鲁克的终极目的是创建美好社会 / 131
　　践行《管理的实践》：知行合一 / 139
　　践行《卓有成效的管理者》：如何自我管理 / 158
　　践行《创新与企业家精神》：成为创新者 / 187

第4章　德鲁克在中国 / 215
　　走近德鲁克 / 216
　　倾听德鲁克 / 226
　　实践德鲁克 / 231
　　德鲁克逝世一周年访谈录 / 235
　　以行为区别赢得顾客心 / 239
　　什么是职业经理人 / 257
　　我是如何走上德鲁克之路的 / 260
　　管理的终极之善是改变他人的生活 / 265

附录 / 284

致谢 / 296

|第 2 版前言|

生命与使命同行

《百年德鲁克》从 2010 年出版到 2019 年，10 年间共印刷了 13 次，感谢读者的厚爱和支持。最近几年，华章张竞余先生和李文静女士两位编辑再三约请我更新此书，我一直忙于讲授德鲁克系列管理课程，没有充足的时间撰写新内容，所以不敢承诺。一个偶然的机遇出现了，2020 年 12 月 20 日，"纪念彼得·德鲁克中国管理奖"标杆企业实训营第 3 站在北京举办，华章邀请我为这次实训营讲授德鲁克管理思想课程，这使我有机会从源头再次梳理德鲁克思想，重新认识德鲁克。我花了大量的时间准备这次课程，让我喜出望外的是这次课程催生了《百年德鲁克》（第 2 版）的出版。这也验证了丹麦哲学家克尔凯郭尔在《非此即彼》中所说的，"偶然的外部环境为实际创作提供了机遇"。他认为，"灵感"与"机遇"是创作健康作品的两个支柱，这是 1996 年我翻译的他的一部哲学著作中的一句话。有意思的是，出版《百年德鲁克》的想法，是 2007 年我在写完《创新：从熊彼特到德鲁克》一文后所产生的灵感，这次《百年德鲁克》（第 2 版）的问世，是我抓住了华章张竞余先生请我讲课的机遇。我感受到了灵感与机遇的力量。

我跟华章的渊源很长了。2004 年，我、王磊女士——现在是华章的副总经理,我们一起探讨如何在中国出版德鲁克系列著作。她和我商讨此事是因为2000年,我有幸在美国彼得·德鲁克管理研究生院师从彼得·德鲁克。作为德鲁克的学生,我一直在思考如何让中国读者准确和完整地学习德鲁克思想,为此,我审订了德鲁克的一些重要著作,做了一点本土化的工作。非常感谢华章十几年来,坚持不懈地翻译出版德鲁克的著作。华章出版这套"彼得·德鲁克全集",创造了世界纪录,只有中国一次性出版了这么多德鲁克的著作。这为中国企业家和管理者系统学习德鲁克管理思想提供了宝贵资源。华章的出版工作卓有成效。2009年6月,我曾把华章出版的20多本中文版德鲁克著作,捐赠给美国彼得·德鲁克管理研究生院。当美国彼得·德鲁克管理研究生院杰克逊院长看到这么多中文版德鲁克著作时,他非常感慨地对我说:"美国都没有一次性出版德鲁克这么多的著作。"

  我对德鲁克思想的研究和传播,得到了德鲁克家族三代人的支持,从德鲁克夫妇到德鲁克的外孙。德鲁克生前对我讲授他的管理思想赞许有加。德鲁克夫人大力支持我研究和讲授德鲁克思想的事业,她给我提供了很多方便,慷慨地允许我引用德鲁克的所有著作。为了表达我对她的感激之情,我促成了《德鲁克夫人回忆录》⊖在中国的出版,并为该书写了推荐序。2017年4月17日,我和德鲁克的外孙Nova Spivack在北京相见,第二天我请他到我家做客,我给他看了德鲁克给我的两门课程结业论文的成绩和批语,与他分享了我们全家和他外婆多年的交往和友谊。4月19日,我到他住的宾馆和他话别,以下是他写给我的话。

```
April 19,2017
Dear Mr.Na,
    It is my great honor to finally meet my grandfather's
```

⊖ 本书中文版机械工业出版社已出版。

> number one student, best friend, and lineage holder, for all of China. Your kindness and friendship, and loyalty, to my family is very special to all of us. I look forward to our friendship in the years to come.
>
> Nova Spivack
>
> 亲爱的那先生:
>
> 　　我非常荣幸终于见到了我外公在中国最优秀的学生、最好的朋友和德鲁克思想传人。你对我家族的友善、友谊和忠诚,对于我们德鲁克家族弥足珍贵。我期待在未来的岁月中继续与你保持这份友谊。
>
> Nova Spivack
> 2017年4月19日

从1998年我开始学习德鲁克思想到2021年,我从事德鲁克思想的传播和教学整整23年了。其间,我曾去美国、英国、奥地利、以色列、新加坡和马来西亚进行德鲁克思想学术交流和讲学。从上海到乌鲁木齐,从香港到哈尔滨等上百个城市,都留下了我传播德鲁克思想的足迹。我服务过众多中外企业和机构,教过的学生数以万计,我在新华网客户端发表的文章《德鲁克的1358》有52.6万读者。我的使命就是在全球传播并实践德鲁克思想。为此,我将生命与使命同行。

2014年11月,我在维也纳参加"第六届全球彼得·德鲁克论坛",本届论坛的主题是"伟大的转型",来自48个国家的400多名代表济济一堂,用两天的时间探讨在这个巨变时代,政府、非营利机构和企业，应该如何转变才能适应时代的发展。自 2009 年起，每年在德鲁克的故乡维也纳举办"全球彼得·德鲁克论坛"，以纪念这位"现代管理学之父"。"全球彼得·德鲁克论坛"是世界顶级的管理论坛，是高手云集的平台，从世界级学者到全球一流企业的高管和企业家。每个人讲着自己的语言，表达自己的看法，得出自己的结论。他们相信自己谈的都是"伟大的转型"。论坛最后由哈佛商学院的克里斯滕森教授（"颠覆式创新之父"）做总结发言。他说，这两天各位讲了太多的"好点子"，我都无法复述各位的观点，因为大家使用的是各自的语言。于是，他建议："我们应该统一我们的管理语言，我们应该把德鲁克的语言作为我们的标准语言，我们应该借由德鲁克的概念来表达我们的思想。由此，我们可以使用他留给我们的宝贵遗产，专注于我们正从事的事业。"克里斯滕森是德鲁克的忠实信徒，他把德鲁克比喻为犹太先知以利亚。

2016 年 11 月 21 日，我在哈佛商学院访谈克里斯滕森教授时，带去了两本《百年德鲁克》，一本赠送给他，另一本请他转赠给哈佛商学院图书馆。他非常高兴看到中国学者所写的德鲁克专著。翻开他的创新著作，可以看到他经常引用德鲁克的洞见和名言。受克里斯滕森智慧的启迪，我写下了"'德语'是管理界的标准语言"。"德语"就是德鲁克的管理语言。德鲁克的管理语言是管理界的"普通话"。17 世纪认识论的重要代表人物洛克认为，语言的基本功能是交流思想，是把一个人头脑里的代码传递到另一个人头脑里这样一种信息传递过程。"除非一个人的话激活听众头脑中他说话时使用的词语所代表的相同概念，否则，他说的话就不能被人理解。"沟通的前提是人们有着共同的认识，使用共同的语言，可通常而言，这又恰恰是我们最缺乏的东西。因此，构建共同的管理语言应该是管理学界的当务之急。为此，我提议：学管理，讲"德语"。当下，许多人学管理是支离破碎地学，他们以畅销书为读本，什么畅销读什么，读了十几年畅销书，最后对管理的认知还是碎片化的。为此，我的建议是：一门深入，终身实践。这一门就是德鲁克的管理学。弄懂了德鲁克，不但弄懂了管理，而且还能收获幸福的人生。

人的一生会遇到许多优秀的老师和一些平庸的老师，但真正能影响和改变我们人生的老师并不多。德鲁克就是能改变我们人生的老师。德鲁克能给我们带来三个改变。

- 德鲁克能改变我们的人生；
- 德鲁克能改变我们的思维方式；
- 德鲁克能改变我们如何看待人和事。

"你改变了我的人生"（You changed my life），这是 2003 年 11 月 26 日我写给德鲁克的信中的一句话。我现在就是以德鲁克的社会生态学视角来看待人和事的。德鲁克思想的力量在于它能帮助我们创造新知识以应对新挑战。苟日新，日日新，又日新。

《百年德鲁克》（第 2 版）增加了四篇文章，它们分别是（1）德鲁克的终极目的是创建美好社会；（2）践行《管理的实践》[⊖]：知行合一；（3）践行《卓有成效的管理者》：如何自我管理；（4）践行《创新与企业家精神》：成为创新者。为什么要增加这四篇文章？我在多年的教学中发现，许多人对德鲁克的认识颇有"盲人摸象"的感觉。《百年德鲁克》（第 2 版）的出版试图还原德鲁克思想体系，我提出的问题是：德鲁克一生为什么要写这么多的书？他的终极目的是什么？我发现，从德鲁克 1939 年出版的第一本书《经济人的末日》，到他 2005 年出版的最后一本书《卓有成效管理者的实践》，德鲁克一生都在试图回答：怎样才能创建一个"功能社会"（美好社会）？ 他的结论是：一定

⊖ 德鲁克的大部分著作中文版已由机械工业出版社出版，具体参见本书附录中的"德鲁克著作一览表"。后面提到的著作不再一一标注。

要创造能够发挥作用的**组织**。这个结论又引出同样重要的问题：怎样创造能发挥作用的组织？他的结论是：培养卓有成效的**管理者**，由他们创造可以发挥作用的组织，进而创建美好**社会**。因此，**德鲁克的终极目的是创建美好社会**。为此，德鲁克的《管理的实践》是要解决如何创造能发挥作用的组织，德鲁克的《卓有成效的管理者》是要解决如何培养卓有成效的管理者，德鲁克的《创新与企业家精神》是要解决历史的延续与现实的变化之间的平衡。这就是我为什么20多年来，不断推荐学习和践行德鲁克的这三本管理经典的原因所在。德鲁克自称是社会生态学家。社会生态学就是研究人、组织、社会三者之间的相互关系。研究人、组织、社会三者之间相互关系的人就是社会生态学家。从1927年德鲁克在德国汉堡大学研读德国社会学家滕尼斯的《社群与社会》[1]，到2005年他去世，德鲁克终其一生，用近80年的时间研究了人、组织、社会这三者之间的相互关系。这是我们学习德鲁克思想的主线和逻辑。正如杰克·韦尔奇所说："全世界的管理者都应该感谢彼得·德鲁克，因为他贡献了毕生的精力来厘清人和组织在社会中的作用。我认为他比任何其他人都更有效地做到了这一点。"

　　宁静致远，欲速则不达。希望大家能静下心来，从德鲁克思想形成的源头和他的终极目的来了解他的思想形成的来龙去脉，这些内在的逻辑编织在他的经典著作之中，纲举目张。是为序。

那国毅

2021年2月26日于北京

---

[1] 此书又译作《共同体与社会》。

| 第 1 版前言 |

百年德鲁克

两年前我就萌发了要写一篇《百年德鲁克》文章的想法，那是在我写完《创新：从熊彼特到德鲁克》一文后所产生的灵感。2009 年 2 月，华章的资深编辑王磊给我打电话，希望我写一本解读德鲁克的书，我欣然受命。其实，华章几年前就曾向我约稿，我没有答应，因为我深感自己对德鲁克的研究还不成熟。2009 年是德鲁克诞辰百年，能在此同中国读者一起分享德鲁克的管理理念是我极大的荣耀，而作为德鲁克的学生，我也视此为自己不可推卸的责任。

2009 年 5～6 月，我用 6 周的时间再次穿越美国大陆，沿着德鲁克的足迹，去实地考察和研究德鲁克管理思想形成的历史沿革。为此，我访问了彼得·德鲁克管理研究生院（见彩插第 6 号照片，简称彩插 6，下同）、美国德鲁克协会，拜见了德鲁克的夫人，会见了美国德鲁克管理学专家，并置身于德鲁克 1950～1971 年所执教的纽约大学商学研究生院（Graduate Business School of New York University），感受历史的脉搏（见彩插 15）。此外，我还参观了哈佛商学院和麻省理工学院斯隆管理学院（美国通用汽车公司原总裁阿尔弗雷德·斯隆（Alfred P. Sloan）在创建斯隆管理学院时，曾听取过德鲁克的建议（见彩插 16））。经过这一系列的实地考察和学习，我对此书的出版增强了信心,希望我11年来对德鲁克管理思想的研究和实践能给读者带来价值。

从旧世界到新世界

1909年11月19日,彼得·德鲁克出生于奥地利维也纳的一个书香门第。德鲁克的父亲阿道夫·德鲁克曾做过奥匈帝国财务部的高级官员。由于他出色的工作,奥匈帝国的皇帝曾给他嘉奖。2009年6月9日上午,我有幸在加州克莱蒙特德鲁克的家中拜见了德鲁克的夫人——多丽丝·德鲁克(Doris Drucker,见彩插4)。她今年已经98岁了,仍然精神矍铄,每周打两次网球,出行是自己开车,我想这些大概都足以载入吉尼斯大全。我们刚刚寒暄两句,她就问我:"什么是知识工作者?"我没想到她会突然问我如此专业的问题。我说:"知识工作者就是使用自己头脑中的知识,为组织做出决策从而使组织产生绩效和结果的人。"她沉思了一下,然后对我说:"你说得对,知识工作者是做决策的人。"我们午餐时,我问她为什么要问我"什么是知识工作者"这个问题。她告诉我,她正在给一家日本媒体写一篇关于知识工作者的文章,想听听我对知识工作者有什么见解。所以一见面,我们就开始用"德语"(德鲁克的管理语言)交流。

德鲁克在克莱蒙特的家是我一直想去的地方,这次终于如愿以偿。当我走进德鲁克的家中,看到德鲁克那对具有象征意义的藤椅,看到德鲁克的书架上的藏书,以及简朴而庄重的家具时,我立刻感受到,这是一座超凡脱俗的思想圣殿。德鲁克家中客厅的墙上悬挂的唯一奖状引起了我的注意,我唯一能看懂的字就是阿道夫·德鲁克(彼得·德鲁克的父亲)。我问多丽丝这是什么奖状。她说,这是奥匈帝国的皇帝和总理颁发给阿道夫·德鲁克的奖状。她还告诉我,这个奖状是在2005年彼得·德鲁克逝世后,她在整理他的遗物时发现的。这是一份重要的历史文件,记录着德鲁克家族昔日的辉煌。彼得·德鲁克在他的父亲获得奥匈帝国的皇帝和总理颁发奖状的 100 年后，于 2002 年 6 月 20 日获得美国总统布什授予的总统自由勋章。这两个荣誉见证了德鲁克父子两代人对世界所做出的贡献。

1927 年，德鲁克高中毕业，他离开家乡维也纳去了德国的汉堡，他在汉堡大学学习法律。在汉堡大学的一年多时间，是德鲁克一生在学习上受益最多的时期。其间，他读了数百本书，其中两本书彻底改变了他的人生。第一本书是埃德蒙·柏克于 1790 年完成的《法国大革命反思录》㊀，第二本书是斐迪南·滕尼斯于 1887 年写就的德文社会学经典著作《社群与社会》。德鲁克说："柏克要告诉我们的是，在这样的时代，政治和政治家的第一要务是要在延续和变化之间找到平衡。这样的精神，随即成为我的政治观、世界观和日后所有著作的中心思想。"德鲁克用 36 年（1950～1985 年）时间对延续与变化的系统思考和提出的解决方案，体现在他 1985 年出版的《创新与企业家精神》一书中。"滕尼斯还给了我一个永难忘怀的启发，人需要社群，也需要社会——个体从社群中获得身份，在社会中发挥功能。"这也是德鲁克 1943 年研究美国通用汽车公司时想达到的目标之一。德鲁克想把通用汽车公司变成一个"自制工厂社群"。德鲁克的"自制工厂社群"在美国的实验没有成功，后来他把希望寄托在日本企业身上。这也是为什么他一生和日本企业有着深入联系的原因。

德鲁克在德国和英国时曾是几家报社的记者。1937 年，新婚的德鲁克和多丽丝离开英国去了美国。1942 年，德鲁克担任美国佛蒙特州本宁顿学院的教授，讲授政治、经济和哲学。德鲁克到美国后用 5 年的时间完成了从记者到学者的职业生涯转变。

㊀ 此书又译作《法国革命论》。

德鲁克对美国的贡献

1943年1月,德鲁克应邀为通用汽车公司做了18个月的咨询,这是德鲁克职业生涯的又一重大转变。他的咨询报告是以《公司的概念》(The Concept of the Corporation)一书的形式展现的。用德鲁克的话来说:"这是一本有关组织、管理和工业社会的书。"德鲁克试图从社会学和政治学的角度,按照滕尼斯的"社群理论"来解释通用的存在,即企业在社会中的作用。德鲁克试图研究,在农业社会解体后,从乡下来到底特律汽车工厂的工人是如何从社群中获得身份,在社会中发挥功能的。而以产品为导向、以盈利为目的的通用汽车公司无法理解德鲁克的研究方法。许多通用汽车公司的人对《公司的概念》不屑一顾,后来通用汽车公司的一位高管告知德鲁克:"我们通用的管理者,关心的是收入和利润,而你却把重点放在别的地方。"

当时通用汽车公司的总裁斯隆对德鲁克这本《公司的概念》更是不满。于是,斯隆亲自撰写了《我在通用汽车的岁月》⊖一书,他是在告诉德鲁克关于通用汽车的书应该这样写才对。《我在通用汽车的岁月》一书于1954年基本完稿,但在10年之后才得以出版,因为只要书中提到的通用汽车的员工仍然健在,斯隆便拒绝出版。他怕书中提到的人和事会被理解为批评,因为斯隆的信条是:管理者不应公开地批评下属。他要等到书中提到的人都辞世后,才出版此书,当时斯隆已是快80岁的老人,负责该书的编辑提醒他:"斯隆先生,你在冒险,你也许活不到这本书出版之时。"斯隆回答道:"如果我活不到那一天,你们就在我死后再出版这本书,**人比出版计划更重要**。"有志者事竟成,斯隆比书中提到的每一个人都活得久,他在书中提到的最后一个人去世当天,才同意出版该书。一年后,他辞世,享年91岁。

通用汽车公司拒绝德鲁克,把德鲁克的《公司的概念》视为禁书。通用汽车公司的图书馆也拒绝收藏德鲁克的这本书。德鲁克在1993年为

⊖ 此书中文版已由机械工业出版社出版。

《公司的概念》再版所写的前言中说道:"通用汽车公司之所以至今仍然步履蹒跚、无法自拔,主要还是因为受制于《公司的概念》这本书在50年前所指出的问题,但是,我却因为直指这些问题的核心,而被绝大多数通用的高管视为叛逆。我越来越好奇,通用汽车公司除了分拆之外,是不是能通过自发或恶意的接管,创造反败为胜的传奇?"2009年6月1日,通用汽车公司根据《美国破产法》第11章,向美国政府提出破产重组的申请。斯隆与德鲁克历经半个世纪的争辩终于在2009年6月1日以通用汽车公司宣布申请破产而画上了句号。我认为,两位大师的争辩上演了20世纪最精彩的友谊颂。通过他们之间互不妥协的争辩,我才真正领悟什么叫"君子和而不同",彼此坚守自己的准则和价值,绝不妥协。其实,以我对德鲁克的理解,通用汽车公司的破产并不是德鲁克期望看到的,因为公司的破产是管理的失败,而管理的失败必将导致政府的接管。德鲁克的希望是,通用汽车公司通过有效的管理能再创辉煌。这就如同当年福特汽车公司濒临破产,身为通用汽车公司总裁的斯隆并没有落井下石,而是鼎力相助,向福特汽车公司输送通用汽车公司的许多管理者,以避免福特汽车公司的破产。斯隆认为,帮助竞争对手渡过难关,避免被政府接管,是他应尽的职责。一般人很难理解斯隆的这种做法。几年前,通用汽车公司在市场上面临的压力很大,丰田汽车公司试图在北美市场调高丰田汽车的价格,以减轻通用汽车公司的竞争压力。我想,丰田汽车公司一定知道斯隆当年设法挽救福特汽车公司的义举。这让我们对竞争的本质有了新的理解:竞争并非你死我活,而应共同发展。

事实上,斯隆对德鲁克的影响很大。德鲁克早期对企业管理的认知主要来自他对斯隆管理实务的观察。此前,德鲁克一直没有机会进入企业内部去系统地研究企业的经营,是斯隆为德鲁克提供了这个改变他人生轨迹的机会。德鲁克在他的《旁观者》一书中写了一篇题为《斯隆的专业风采》的文章,以表达他对斯隆的谢意。他在《旁观者》的新版序中说,他之所以要选择这些人作为他书中的主人公,是因为他们是他生命中重要的人。德鲁克对于企业分权制度的研究也是基于对通用汽车公司经营的观察,而斯隆就是通用分权制度的创建者。还有,德鲁克对人事决策的见解,在很大程度上也是从斯隆那里学来的。斯隆告诉德鲁克:"请记住,用人的第一个定律就是那句老话,'别让现任者指定接班人,否则你得到的将是二流复制品'。""决策不是在掌声中做出的",也是斯隆的名言。德鲁克对斯隆这句名言的注解是:"意见分歧甚至冲突都是必要的,实际上也是求之不得的。没有分歧和冲突,就不会有理解;而没有理解,就只有错误的决策。"斯隆的贡献是建立了第一个由专业人士来管理的大企业,换言之,斯隆创建了职业经理人(manager as a profession)这个行业。而德鲁克的贡献是创建了管理学(management as a discipline),也就是把管理作为一个学科来构建。斯隆和德鲁克开创性的工作极大地促进了人类的进步和发展,这是20世纪事关改善人类生活质量的两个伟大贡献。

1953年,斯隆以个人捐款的形式在麻省理工学院创建了斯隆管理学院。2009年6月,我专程前往波士顿参观麻省理工学院的斯隆管理学院。当我走进斯隆管理学院时,看到墙上有一幅斯隆的标准像,他身穿黑色西装,手轻抚在桌子上,神情凝重而庄严,有一种内圣外王的气质。顿时,我有一种高山仰止的感觉。在斯隆管理学院的墙壁上有一块铜牌,上面镌刻着以下文字:"本建筑是以阿尔弗雷德·斯隆命名的。他是麻省理工学院1895届毕业生,他是麻省理

斯隆在斯隆管理学院教学楼内的照片

工学院的忠实儿子、企业活动家和慷慨而富有远见的慈善家。"斯隆的人格是如此的完整。他留给后人如此多的宝贵财产，但没有什么比"麻省理工学院的忠实儿子"的评价更让人羡慕的了。

对通用电气的贡献

德鲁克对通用汽车公司的咨询，奠定了他作为企业咨询顾问的地位。IBM、花旗银行和通用电气等公司纷纷寻求他的指点。从 20 世纪 50 年代开始，德鲁克是通用电气公司每一届董事长和 CEO 的顾问。1981 年，当 45 岁的杰克·韦尔奇（Jack Welch）担任通用电气公司的 CEO 后，他做的第一件事就是到加州的克莱蒙特去拜访德鲁克。在谈到德鲁克对通用电气公司的贡献时，杰克·韦尔奇说："1981 年，我整合通用电气的第一个核心思想就来自彼得·德鲁克。通用电气的相关业务要么是业内第一位或第二位，要么就退出这一领域。"

对宝洁公司的贡献

宝洁公司前 CEO 雷富礼（A. G. Lafley）在谈到德鲁克对他的影响时说："尽管当时并没有意识到，但我确实是在彼得·德鲁克的影响下长大的。"雷富礼的父亲在通用电气做了 25 年的管理者，早在 20 世纪 50 年代，雷富礼的父亲就在通用电气克劳顿维尔培训中心认识了德鲁克。那时，德鲁克在纽约大学教授企业管理。由于父亲的书架上收藏着德鲁克的《卓有成效的管理者》和《管理的实践》，所以年轻的雷富礼很早就看过德鲁克的这些经典著作。后来，他也成了德鲁克著作的忠实读者。因此，雷富礼父子两代都是德鲁克的学生。

2000 年，北京光华管理研修中心委派我去美国彼得·德鲁克管理研究生院（见彩插 14）学习，师从德鲁克。更令我感到欣慰的是，2008 年，我的女儿通过自己的努力也考取了美国彼得·德鲁克管理研究生院的

MBA，她是我的骄傲。我们在一起经常用英文来讲"德语"（德鲁克的管理语言），她经常与我分享她学到的新知识。雷富礼是践行德鲁克思想的典范。2009年5月，他在《哈佛商业评论》上发表了一篇题为《只有CEO才能做的事》的文章。这篇文章的核心思想是基于雷富礼与德鲁克的对话。2004年10月1日，德鲁克在克莱蒙特德鲁克档案馆（现已改为"德鲁克协会"，见彩插13）与雷富礼曾有过一次"智者对话"，听众为美国工商界领袖。2005年，我曾将他们的对话译成中文发表在2005年的《IT经理世界》杂志上，题目是《德鲁克论CEO的职责》。德鲁克与雷富礼的这次对话的核心部分被收录在德鲁克2008年的著作《管理》（*Management*）第42章中，题为《新千年的CEO》。

德鲁克生前曾在德鲁克档案馆与美国各界领导人分享他的管理智慧

雷富礼在《只有CEO才能做的事》一文中18次提到了德鲁克，用修辞学的术语来说，这叫"重复关键词"以达到突出重点的效果。雷富礼在该文中，把CEO的任务归纳为以下四种。

1. 界定什么是有意义的外部结果（组织的结果存在于组织的外部，组织的内部只有成本）。

2. 界定我们从事的是哪一个行业（我们的事业是什么）。

3. 平衡现在与未来（短期达标与长期发展）。

4.构建组织的价值观和制定组织的标准（什么对组织是重要的？市场渗透率和客户忠诚度是组织的重要考量）。

简言之，**CEO 的任务就是将组织的外部与组织的内部连接到一起。**

2000 年 6 月 6 日，宝洁公司的 CEO 突然辞职，雷富礼临危受命出任宝洁公司的 CEO。2000 年宝洁公司面临自 1837 年成立以来最大的组织变革，几次调低盈利目标，结果上半年宝洁公司的股价就下跌超过 50%，市值损失高达 500 多亿美元。

历史是如此的相似，2000 年的雷富礼如同 1981 年的杰克·韦尔奇，这两位美国大公司的 CEO 上任后的第一件事都是拜访德鲁克。雷富礼给德鲁克打电话，问能否见面向他请教，德鲁克同意了。正如雷富礼所说："在克劳顿维尔培训中心他与我父亲交谈之后，又过了整整 40 年，在加州克莱蒙特德鲁克那陈设简朴的家里，我和他终于坐到了一起，一起畅谈他思考了近半个世纪之久的管理世界。"雷富礼向德鲁克请教的问题包括：如何激发并提高知识工作者的生产力，如何为创新提供更大的自由空间，如何构建创新型组织。在德鲁克的帮助下，雷富礼把宝洁公司从泥潭中拉出，创造了一个市值为 1500 亿美元的公司。宝洁公司从 2000 年的低谷到今日的辉煌是实践德鲁克管理思想的过程。德鲁克逝世后，有人说德鲁克的时代结束了，他的思想过时了，雷富礼在《华尔街日报》上撰写题为《德鲁克在向美国微笑》的文章，称美国比任何时候都更需要德鲁克。

2002 年 6 月 20 日，德鲁克获得美国总统颁发的总统自由勋章，颁奖词是："德鲁克大量的著述使我们的国家极大地获益，并且深刻地影响和改变了我们的社会以及现代商业世界，美国举国上下将共同庆祝他的卓越成就。"

德鲁克对世界的贡献

德鲁克生前曾经说过，他对日本的影响要比美国大。1966 年 6 月 24

日，日本政府授予德鲁克一枚三等瑞宝勋章，以感谢他对日本社会发展所做的贡献（见彩插10）。2009年6月23日，我在美国德鲁克协会看到过这枚勋章。自1959年德鲁克首次访问日本之后，每隔一两年他就会去日本讲学。有三位纽约大学的教授对日本经济和社会发展有着重要的贡献，他们是德鲁克、戴明和朱兰。德鲁克为日本企业讲授管理和市场营销，戴明把质量管理带到了日本，朱兰向日本介绍生产体系。

2005年德鲁克逝世后，丰田公司的高管专程去克莱蒙特彼得·德鲁克管理研究生院以表达他们的哀思，在与彼得·德鲁克管理研究生院杰克逊（Ira Jackson）院长的会见中，丰田公司的高管说，**丰田之道就是德鲁克之道。**（The Toyota way is the Drucker way.）德鲁克在《下一个社会的管理》中是这样论述丰田之道的："虽然，通用汽车公司仍然是当今世界上最大的汽车制造商，但在过去的20年里，丰田公司却是最成功的一个。与通用汽车公司一样，丰田公司建立了一个世界性的集团。但与通用汽车公司不同的是，丰田公司紧紧围绕其在制造业方面的核心竞争力进行整个集团的运作。丰田公司已经放弃了零部件由多家供应商提供的局面，它最终的目标是，实现任何一种零部件的供应商最多不超过两家。这些供应商都是独立的地方公司，不过，这些公司的实际运营是由丰田公司控制的。除非它们同意接受丰田特别制造顾问组织的检查和建议，否则就不能接丰田公司的订单。丰田公司也要为这些供应商完成绝大部分的设计工作。"如此看来，丰田公司是以汽车制造商的身份在市场上竞争的，而且，它是以输出丰田公司的精细化管理取得竞争优势的。

更为重要的是，丰田公司从德鲁克那里学会了比赚钱更重要的使命。在谈到丰田公司存在的目的时，丰田公司在北美的一位首席运营官说："我们赚钱的目的不是为了公司的利益，也不是为了我们手中持有的股票价格能够上涨，或是其他类似的目的，而是为了能够对未来进行投资，使我们能继续生存和运营下去，这也是我们的投资目的。同时，也是为了帮助社会、帮助社群，对使我们幸运地得以经营事业的社群做出回馈和贡献。"丰田公司的经营目的是为顾客、社会与经济创造更高的价值。

德鲁克对日本零售业的发展也倾注了大量的精力。伊藤雅俊是日本伊藤集团的创始人，被称为日本的零售业之王。他从创业之初只有一个仅8平方米的中国面馆，发展到现在有450万平方米的零售店面。此外，他在全球拥有超过18 200家7-11便利店。伊藤雅俊是德鲁克30多年的老朋友，他经常与德鲁克一起探讨企业经营。伊藤雅俊是一位慷慨的慈善家，多年来他给美国彼得·德鲁克管理研究生院捐赠了大量资金。为了感谢他长期对美国彼得·德鲁克管理研究生院所做的贡献，2004年，美国彼得·德鲁克管理研究生院更名为彼得·德鲁克-伊藤雅俊管理研究生院。2000年，在美国彼得·德鲁克管理研究生院学习时，我有幸结识了伊藤雅俊的儿子，他是伊藤集团的主席，他送给我一本他父亲写的书，书名为《顾客至上——从一家小店到全球连锁》。该书英文版出版于1998年。在谈到伊藤集团成功时，伊藤雅俊特别感谢德鲁克对他的指点。在美国彼得·德鲁克-伊藤雅俊管理研究生院教学楼里的墙上，悬挂着德鲁克的年谱和伊藤雅俊的年谱。

《德鲁克看中国与日本》是基于德鲁克与日本大荣集团创始人中内功长达两年的书信问答而出版的书。该书不是德鲁克的重要著作，但对我的影响很大。从他们两人的对话中，我才真正了解了商业的功能和价值。中内功说："我自己的经验告诉我，分销现代化可以提高人们的生活质量，构建一个免于浩劫的和平社会。"这也应该是企业家的使命。

2001年，德鲁克给日本德鲁克研究专家上田惇生的信，使我们理解了德鲁克与其他管理学家的不同之处，德鲁克在给上田惇生的信中说："你在记事中提到了汤姆·彼得斯和迈克尔·波特，我认为他们都是应该大书特书的重要人物。但是，这两个人的观点与我有所不同，他们认为企业的使命只是作为制造产品和提供服务的机构而已。如此表述当然无可厚非，但是我认为，第一次世界大战、20世纪二三十年代的西欧社会以及西欧文明的崩溃，有一个非常根本的原因一直没有受到足够的重视，它就是人们对社会的关心。企业以及经营管理并不仅仅具有经济意义，还有社会意义，我们必须上升到理性的高度上来认识这一点。

企业的目的在于赢得客户、创造财富、创造就业机会，这是千真万确、毋庸置疑的，但是如果能够做到关心社会，那么企业便会成为一个社群，在那里工作的每一个人便会各就各位、各司其职，并实现自己的人生意义，这种情况只有企业超越其经济属性而具备了社会属性之后才有可能出现。"

由此可见，德鲁克想把企业变成社群的理想一生都没有放弃过。1943年，德鲁克在《工业人的未来》(The Future of Industrial Man)中期待大企业可以重新创造一个社群，在社群内，通过其特殊机制的运作，让它变成一个可以重组社会任务的地方。1944年他想把通用汽车公司变成工人的社群，但没有成功。他希望在日本能实现他的理想。

杰克·韦尔奇说过："全世界的管理者都应感谢德鲁克，因为他贡献了毕生的精力，来厘清人和组织在社会中的作用。我认为彼得·德鲁克比任何其他人都更有效地做到了这一点。"

对韩国的贡献

韩国柳韩金佰利公司的原CEO文国现深受德鲁克的影响，他曾经去克莱蒙特德鲁克的家中拜访德鲁克。文国现先生现在是韩国德鲁克研究会会长，他也是2008年韩国十大总统竞选人之一。一般而言，许多公司把财务绩效作为自己的底线，而韩国柳韩金佰利有"三重底线"。文国现创造性地应用了德鲁克的管理思想，用"三重底线"描述了韩国柳韩金佰利的远景：社会绩效、环境绩效和财务绩效的平衡与努力。其实，这也是德鲁克提出的企业八大目标在韩国的具体实践（参见第1章"德鲁克的1358"）。美国德鲁克专家约瑟夫·马恰列洛（Joseph Maciariello）教授，把韩国柳韩金佰利的"三重底线"称为"新资本主义的价值观",只追求财务底线是旧资本主义的价值观。德鲁克在1954年出版的《管理的实践》一书中就断言,把追求利润最大化作为企业的目的是有害的。

文国现先生对韩国柳韩金佰利CEO的新角色的诠释,也颇有创新精神。他将CEO定义为:(1) Chief Ethics Officer (首席道德官),(2) Chief Environment Officer (首席环保官),(3) Chief Education Officer (首席教育官)。也正因为如此,在20世纪90年代的亚洲经济危机中,文国现先生提出了工作共享制度来取代大量的裁员,这个制度就是后来人们所熟知的"四组/两班制度"和"终身学习模式"。这些因应对经济危机而产生的创新管理模式取得了非常好的效果。"四组/两班制度"使员工大幅度地提高了生产力,因为他们有足够的时间养精蓄锐,同时也有充分的时间用于持续学习。韩国柳韩金佰利的所有生产线都没有中断,公司资产得到了充分利用。更为重要的是,由于员工的持续学习使员工的知识资本不断升值,从而使创造性的工作成为可能。其结果也令人振奋,公司的收入从1996年的3.32亿美元增加到2003年的7.04亿美元,增长了1倍多。同时,公司的利润从1440万美元增加到9040万美元,增长了5倍多。但是,由于工作共享使个人工作时间每年减少了150个小时,个人工资降低了6%。

在今天世界金融危机影响各行各业的情况下,除了传统的智慧给我们提供的解决方案——裁员外,我们也不妨尝试韩国柳韩金佰利的做法,或许可以看到更好的效果。

对中国的贡献

德鲁克早在20世纪80年代初就来过中国,他当时应国家有关部门邀请,就中国如何有效使用世界银行贷款一事提供专家建议。为此,他访问过北京、天津、内蒙古和西安。他非常关注中国经济和社会的发展。我们知道 80 年代初是"文革"结束不久的时期，中国虽然刚刚经历了"十年浩劫"，但中国人民并没有陷入历史的恩怨之中，而是继续向前走，积极投入到"改革开放"的国家建设之中。中国人的这种百折不挠和积极向上的精神给德鲁克留下了深刻的印象。这就如同 1937 年德鲁克移居美国后，看到美国人在经济大萧条后仍然向前看，全力以赴参与到"新政"之中。与此相比，介于两次世界大战的欧洲国家所做的一切都是设法回到"战前"，"尊贵的战前"是衡量一切的标准。德鲁克在《旁观者》中的《赫姆和吉妮亚》一文中将这一点描述得淋漓尽致。德鲁克很不喜欢奥匈帝国这个旧世界。

2005 年 11 月 25 日，美国《商业周刊》刊登了吉姆·柯林斯回忆德鲁克的一篇文章，题为《学生终生难忘的教诲》（*Lessons from a Student of Life*）。文中吉姆·柯林斯引用了德鲁克的一张名片，上面写着："彼得·德鲁克先生对您的盛情不胜感激，然恕本人对以下诸事不能效力，投稿或作序，稿评或书评，讨论或座谈，加入任何委员会或董事会，填写调查表，接受采访，以及在电台或电视上抛头露面等。"

然而，德鲁克非常例外地先后两次为北京光华管理研修中心^㊀题词，这表明他非常关注中国的发展。北京光华管理研修中心由香港光华集团的董事长邵明路先生于 1999 年在北京创办。2000 年，他在美国彼得·德鲁克管理研究生院师从德鲁克，与德鲁克有多年的交往。

2000 年 5 月 12 日，彼得·德鲁克为北京光华管理研修中心的成立题词：

迅速培养称职的管理人才和创业者，使他们能与世界顶级强手竞争，显然是中国最需要的，也是中国社会与经济取得成功的关键。

北京光华管理研修中心为中国管理者和创业者提供全世界最优良的管理知识和管理工具，不但对中国，而且对世界都是至关重要的。

㊀ 2007 年更名为北京彼得·德鲁克管理研修学院。

德鲁克历经两次世界大战，他对战争爆发的原因有着深刻的理解。这两次世界大战都是由世界强国德国发起的。当一个国家过于强大，没有其他国家能够制衡，这就非常危险。看看今天的世界，美国是世界上最强大的国家，能制衡美国的国家还没有出现。苏联解体了，今天的俄罗斯力量不够，放眼全球，世界上有四个新兴经济体，一个在南美，一个在北美，两个在亚洲。南美洲有巴西，北美洲有墨西哥，它们似乎也难以与美国抗衡。亚洲有印度和中国，印度似乎也不行，它自身有很多问题。最后，他把希望寄托在中国身上，只有中国在经济上可以与美国抗衡。

如此看来，管理的成败关系世界的福祉！这使我突然想起，德鲁克早在 1954 年在《管理的实践》中谈到管理的重要性时就曾说："而在美国以外的其他国家，管理更具有决定性的作用，管理的工作也更加艰巨。欧洲能否恢复经济繁荣，这首先取决于其管理层的工作绩效。过去遭受殖民统治的原料生产国能否成功地发展经济，也在很大程度上取决于它们能否迅速地培养出称职负责的管理者。管理层的能力、技能和职责的确与整个自由世界利害攸关。"中国现在已经成为世界第三大经济体，在国际事务中扮演着越来越重要的角色。2009 年 4 月在伦敦举行的 G20 会议，有媒体称这实际上是 G2 会议（美国与中国），美国在经济上受到了中国的制衡。2009 年 4 月 26 日，世界银行行长佐利克表示，中国在世界银行和国际货币基金组织中的代表权，将得到"公正、充分"的体现。看来德鲁克的远景正在实现。

作为北京光华管理研修中心的首席发展顾问，2001 年 7 月 6 日，德鲁克特意拍摄了一段向中国的管理者致辞的录像。我很有幸将这段录像译制成中文版。德鲁克的致辞如下：

> 目前，无论是中国的工商业、通信和交通行业，还是政府和教育机构以及医院，都急需大批卓有成效的管理者。发展中国家可以

很容易地得到国外的技术，也容易吸引外资。但是，技术和资本仅仅是工具而已，它们必须通过有能力的管理者才能发挥作用和功效。

中国发展的核心问题，是要培养一批卓有成效的管理者。他们应该懂得如何管理，知道如何去领导企业并促进其发展，并且知道如何去激励员工和让他们的工作卓有成效。

管理者不同于技术和资本，不可能依赖进口。即便引进管理者也只是权宜之计，而且引进的人数也将是寥寥无几。他们应该是中国自己培养的管理者，熟悉并了解自己的国家和人民，并深深根植于中国的文化、社会和环境当中。只有中国人才能发展中国。

伟大的遗产

2005年我应机械工业出版社华章分社的邀请，审订了德鲁克的《管理的实践》一书，同时为该书撰写了推荐序。我的推荐序的题目是《管理学：德鲁克留给人类的伟大遗产》。我把管理学作为德鲁克留给人类的伟大遗产，是基于德鲁克对自己一生的评价。在1999年1月18日，他曾写下了《我认为我最重要的贡献是什么？》一文，他把创建管理学作为他一生最大的贡献。

德鲁克管理学中最重要的又是什么呢？我认为，德鲁克的"事业理论"应该是德鲁克最重要的管理思想。2001年，我曾经写过题为《事业理论：企业灵魂》一文，该文这次也收录在《百年德鲁克》一书中。我现在把德鲁克的"事业理论"称为"管理学中的太极"。经过多年的思考和实践，我提出了德鲁克的新五问。

- 我们的事业是什么？
- 谁是我们的客户？
- 客户的认知价值是什么？

- 谁是我们的非客户？
- 如何把非客户变成我们的客户？

德鲁克管理学中的核心是什么？是责任。责任的内涵应该是：Do well（高绩效），Do good（做好事），Do no harm（不作恶）。Do well 就是指管理者通过企业的平台创造高绩效，Do good 就是指管理者要做好事和行善，Do no harm 就是不要明知有害而为之。企业创造高绩效和成果是企业存在的目的，这是必要的前提。在此基础上，企业和管理者要行善，但不能没有绩效还要去行善。如果前两件事都做不到，那么最后一件事必须要做到，就是不作恶。不作恶是企业和管理者的底线。正如 2008 年 9 月 24 日温家宝总理在美国接见海外华人媒体时所期望的："企业家的身上应该流淌道德的血液。"

基于我对德鲁克管理思想 11 年的系统研究，我找到了灵魂与生活的相关关系：灵魂的质量决定管理的质量，而管理的质量决定我们生活的质量。

最后，了解你自己，控制你自己，奉献你自己是提升我们灵魂质量的不二法门。

我们纪念德鲁克的百年诞辰不是仅仅为他唱诵赞美诗，德鲁克是有自知之明的人，他曾经说过："上帝不需要管理咨询顾问。"我们也无须从他浩瀚的著作中因一两句话而吹毛求疵，因为他的贡献已经深深铸造在历史之中。正如美国《商业周刊》所说："德鲁克的故事就是管理学作为一门学科发展的历史。"雷富礼说："当我们说到管理，我们就会想到德鲁克。"德鲁克与管理学是同义词。我们不仅要继承他的遗产，还要面对未来，迎接新挑战：如何提高知识工作者的生产力。

那国毅

2009 年 9 月 29 日于北京

1

第1章

德鲁克的 1358

什么是"德鲁克的 1358"?"1"是指德鲁克关于管理的一个定义;"3"是指德鲁克提出的管理的三大任务;"5"是指德鲁克列举的管理者的五项工作;"8"是指德鲁克倡导企业需要设定的八大目标。

THE DRUCKER CENTENNIAL

德鲁克管理思想精髓

目前，中国的经济飞速发展，而管理却相对滞后。由于全球经济一体化和中国加入了世界贸易组织，我们面对的挑战是：如何迅速培养成千上万的管理者，使其与世界顶级强手同台竞技并在竞争中胜出。为了积极应对这个无法回避的挑战，我们首先要了解世界顶级强手的管理方式，经过多年的研究，我发现：不管是比尔·盖茨还是杰克·韦尔奇以及《财富》500强中许多管理者都深受一位管理大师的影响，他就是现代管理学之父——彼得·德鲁克。2000年，受北京光华管理研修中心的委托，我前往美国彼得·德鲁克管理研究生院学习，师从彼得·德鲁克。今天，我愿借此机会与中国的管理者一起来分享彼得·德鲁克管理思想的精髓，即德鲁克的1358。什么是德鲁克的1358呢？我们为什么要学习德鲁克的1358？它对于提升我们的管理能力有什么样的帮助？相信在本章结束之时，这些问题的答案将成为你管理思想的一部分。

1939年，彼得·德鲁克出版了他的第一本书《经济人的末日》(*The End of Economic Man*)，当时他只有30岁。2004年，彼得·德鲁克已95岁高龄，他又向我们展现了他的新作《德鲁克日志》(*The Daily Drucker*)。在过去的那65年里，彼得·德鲁克出版了40多本著作，这些书加在一起应超过10 000页，这还不算他在《哈佛商业评论》《华尔街日报》《大西洋月刊》等刊物上发表的各种文章。由于工作的关系，在过去的几年中，我在全国各地讲授德鲁克的管理课程，学员经常问我："德鲁克写了这么多书，我应该读哪一本？"有的学员对我说："我参加您的课是来听您讲德鲁克的书，其实，德鲁克的书我也有，就放在床头柜上，总想读，但总没有时间。"还有的学员说："德鲁克的著作浩如烟海、博大精深，那教授能不能用简短的话来概括一下德鲁克管理思想的精髓?"经过多年对德鲁克管理思想的系统研读和讲授,我尝试着将德鲁克管理思想精髓整合在一个框架之内。这样做的目的在于,能使工作繁忙的管理者在短时间内掌握德鲁克管理思想精髓,便于中国的管理者在他们的日常工作中有意识地去实践德鲁克的管理思想。管理是一种实践,管理者就是实践者。而管理者的实践是由其认知所决定的,因此,从这个意义上说,管理者能否认知正确的管理思想对于企业的成败至关重要。

通过对德鲁克管理思想系统的研究,我将德鲁克的管理思想整合在一个简明的管理框架内,我把这个框架称为"德鲁克的1358",所谓的"1"是指德鲁克关于管理的一个定义;"3"是指德鲁克提出的管理的三大任务;"5"是指德鲁克列举的管理者的五项工作;"8"是指德鲁克倡导企业需要设定的八大目标。这些就是德鲁克管理思想精髓(见图1-1)。

管理的一个定义
　　管理就是界定企业的使命,并激励和组织人力资源去实现这个使命。界定使命是企业家的任务,而激励与组织人力资源是领导力的范畴,二者的结合就是管理

管理的三大任务
　(1) 实现组织的特定目的和使命
　(2) 使工作富有成效,员工具有成就感
　(3) 处理对社会的影响与承担社会责任

管理者的五项工作
　(1) 制定目标
　(2) 组织
　(3) 激励与沟通
　(4) 绩效评估
　(5) 培养人(包括自己)

企业的八大目标
　(1) 营销
　(2) 创新
　(3) 人力资源
　(4) 财务资源
　(5) 实物资源
　(6) 生产力
　(7) 社会责任
　(8) 利润需求

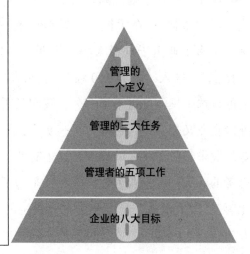

图1-1　德鲁克管理思想精髓(德鲁克的1358)

掌握德鲁克管理思想精髓，要从德鲁克对管理的定义入手。身为一名管理者，我们首先要弄懂：管理是什么？管理为什么？

管理的一个定义

> 管理就是界定企业的使命，并激励和组织人力资源去实现这个使命。界定使命是企业家的任务，而激励与组织人力资源是领导力的范畴，二者的结合就是管理。
>
> ——彼得·德鲁克

在德鲁克的管理定义中，他使用了一个关键词：使命。什么是使命呢？使命就是组织存在的原因、组织的目的；为什么做自己所做的事情；多年以后，你希望人们把关于组织的什么铭记在心。关于使命的假设规定了组织把什么结果看作有意义的，指明了该组织认为它对整个经济和社会应做出何种贡献。

现在，打开电脑或翻开报纸，每天都可以看到中国的企业在以不同的方式"做大做强"，在争做"世界500强"，希望自己的企业基业长青。于是乎，很多企业由于规模太小，短期内靠自己长不了太大，但目标又是"做大做强"、进入"世界500强"，怎么办？兼并收购外国企业就成了这些企业的首选工具。可过不了多久，我们又听到由于这样或那样的原因，收购的外国企业又被卖掉，可这一买一卖的损失少则几亿元多则几十亿元，这些企业的股东蒙受了巨大的损失。这里有两个问题，也许是我们的企业家应认真思考的。第一，企业为何而存在？是为了"做大做强"吗？是为了利润最大化吗？"做大做强"是企业为自己设定的"内部的"成长目标，客户没有义务为企业"内部的"成长目标的实现做出任何贡献。第二，正确的问题应当是：企业对整个经济和社会应做出何种贡献？企业为何而存在？高瞻远瞩的企业之所以能基业长青,是因为这些企业正确地回答了"企业对整个经济和社会应做出何种贡献,企业为何而存在"的问题。不同的企业有不同的目标,但是目标肯定都是来自外部,来自对社会的贡献,而不是向内看。伟大的公司都会有伟大的目标。

沃尔玛公司

- 我们存在的目的是为顾客提供价值。

通用电气公司

- 通过技术与革新改善生活质量。

默克公司

- 我们的工作是呵护和拯救人类生命。衡量我们一切行动的价值的标准是我们在这方面取得的成就。

案例 1-1 | 默克决定开发和捐赠"美迪善"

吉姆·柯林斯在《基业长青》中和我们分享了一个制药企业如何做出商业决策的案例。

第三世界有上百万人感染河盲症,这种疾病是大量的寄生虫在人体组织里游动,最后游到眼睛里,造成令人痛苦的失明。100万个顾客是规模相当大的市场,只是这些人都是买不起产品的顾客。默克知道这个计划绝对不会有很大的投资回报,却仍然推动这个计划,希望产品检验通过后,某些政府机构或第三方会购买这种药品,分发给病人。但默克没有这么幸运,于是决定免费赠送药品给需要的人,自行负担费用，并直接参与分发的工作，以确保药品确实送到受这种疾病威胁的上百万人手中。

默克为什么决定推动"美迪善"计划？默克的 CEO 魏吉罗指出，若不推动生产这种药品的话，可能会瓦解默克旗下科学家的士气——这些科学家服务的公司明确地认定是从事"呵护和拯救人类生命"的事业。魏吉罗也说过："我 15 年前第一次到日本时，日本的企业界人士告诉我，是默克在第二次世界大战之后把链霉素引进日本，消灭了侵蚀日本社会的肺结核。我们的确做了这件事，但我们并没有赚到一分钱，所以，默克今天在日本是最大的美国制药公司，一点也不意外。（这种行为的）长期影响并非总是很清楚，但是，我认为多多少少它都会有报偿的。"

默克公司在创建之后的大部分时间里，同时展现崇高的理想和本身的实际利益。乔治·默克二世在 1950 年解释了这个矛盾："我希望……表明本公司同仁所必须遵循的原则……简要地说，就是我们要牢记，开发药品是为了救人，不是为了赚钱，但利润会随之而来。如果我们记住这一点，就绝对不会没有利润；我们记得越清楚，利润就越大。"

默克公司在成立 100 周年时出版了一本书，名叫《价值观与远景：默克百年》，它强调的是 100 年来，默克是在价值观与远景的指引下走到了今天。所以，使命、远景与价值观不是挂在企业墙上的"装饰"，而是企业决策的出发点和落脚点。

也许有人会说，制药公司就应当这样，这和企业的性质有关。而我的公司是一家高科技企业，默克公司开发和捐赠"美迪善"的案例，没有普遍的意义。那就让我们听听惠普公司创始人戴维·帕卡德（David Packard）是怎么说的。

我首先谈一下公司为什么存在。也就是说，我们为什么要办公司呢？许多人错误地认为，办公司就是为了赚钱。虽然赚钱是公司的重要成果之一，但是如果我们进行更深一步的研究，我们必然会得出如下结论：一批人走到一起，并以我们所说的公司的形式存在，以便能够集体地成就一番单靠个人力量不能成就的事业，即为社会做出贡献——这句话听起来一点也不新鲜，但它却是至关重要的。留意一下周围的企业界，你会发现一些人只对金钱感兴趣，对其他事情漠不关心，但是对大多数人来说，潜藏在追逐利润背后的实际动力是一种要做一点事情的欲望，如生产一种产品或提供一种服务，总而言之是要做一点有价值的事情的欲望。因此，让我们在牢记这一点的基础上讨论一下惠普公司为何而存在。我们存在的真正目的是向公众提供某种独特的、有用的东西，从而为社会做出贡献。

德鲁克认为，组织并不是为了自己而存在。它们只是一种工具：每一个组织都是用以执行某种社会功能的社会机构。对于组织而言，光求生存是不够的。这是它与生物体很大的不同。组织的目标，是对个人和社会做出某种贡献。因此，对其功能的考验，都来自外部。这也是它与生物体不一样的地方。

使命、远景、价值观

在企业管理中人们经常使用使命、远景、价值观这三个词，可是很少有人能说清楚它们是什么，以及它们的区别和联系。**使命**：组织存在的原因，组织的目的。回答"组织为什么而存在"，使命给我们提供了方向，而不是具体工作。它告诉组织的每个成员，他们在一起工作是为了什么，他们准备怎样为这个世界做出贡献。使命、目的和宗旨都是同义词。例如，摩托罗拉公司存在的目的是"以公平的价格向顾客提供品质优异的产品和服务，光荣地为社会服务"。**远景**：未来所创造的图画。回答"组织将成为什么"，远景是实实在在的目标。**价值观**：在我们追寻使命过程中的生活方式。回答"组织如何采取行动"，价值观是组织决策时的试金石。每个企业都毫无例外地高喊"诚信"，但什么是诚信？美国通用电气公司伊梅尔特处理冰箱压缩机的做法就是对诚信的最好诠释。伊梅尔特在负责通用电气事业部的工作时，他发现通用电气生产的冰箱有质量问题——压缩机泄漏氟利昂。不幸的是已有100万台这样的冰箱投放市场。更换每个压缩机的成本是600美元，这意味着如果召回这100万台冰箱将使通用电气损失6亿美元。如果不召回，消费者也不知道压缩机有质量问题，通用电气可节省6亿美元，但这100万台冰箱的压缩机泄漏氟利昂会对环境产生负面影响——破坏臭氧层。出于对"诚信"的信仰，伊梅尔特认为还是应当召回这100万台冰箱，他请求杰克·韦尔奇批准他的这一决定。杰克·韦尔奇问了他一系列问题，面对人称"中子弹"的杰克·韦尔奇的追问，他也非常紧张，他的衬衫后背都湿透了。杰克·韦尔奇最后说，既然你认为这么做是对的，那么我们就这么做吧。这件事是从事后的角度来说明一个组织是否诚信。经商开店的人常说"童叟无欺"，可什么叫童叟无欺？看看英国的面包师父是怎么实践童叟无欺的？我们都知道"一打"是"12"，但很少有人知道"面包师父的一打"（a baker's dozen）是多少。"面包师父的一打"是"13"，为什么？面包师父做面包时是用手揪面团，他怕给客户的缺斤短两，因此，在卖一打面包时，再多给客户一个以确保足量。

使命、远景和价值观之间的联系可以归纳为：使命是一切的根本，一切源于使命；远景把使命转变为真正富有意义的预期结果；价值观是以什么样的方式和行动去实现真正富有意义的预期结果。

管理的三大任务

- 实现组织的特定目的和使命
- 使工作富有成效，员工具有成就感
- 处理对社会的影响与承担社会责任

任务之一：实现组织的特定目的和使命

一个组织的存在，是为了实现其特定的目的、使命，以及特定的社会功能。在企业中，这指的是经济绩效。企业与非营利机构是不同的，只有企业才有经济绩效这项特殊任务。企业的经济绩效任务，虽然绝不是社会中所须履行的唯一任务，但它是优先的任务，因为所有的其他社会任务，如教育、卫生、国防以及知识的更新均依赖于经济资源的剩余，这些经济资源的剩余源自经济绩效产生的利润和其他储蓄。因此，企业管理必须始终将经济绩效放在首位。管理层只能以它创造的经济成果来证明它的存在和它的权威是必要的。如果管理未能创造经济成果，管理便失败；如果管理层不能以顾客愿意支付的价格提供顾客需要的商品和服务，管理便失败；如果管理层未能用交付于自己的经济资源提高或至少保持其生产财富的能力，管理也是失败的。

在市场经济中，是顾客决定了企业是什么。因为只有顾客，通过其对商品或服务的购买，才使经济资源转化为财富、物品转化为商品。企业想生产什么并非十分重要。顾客想买什么，什么是他们的认知价值，那才是决定性的。他们决定着企业是什么、企业生产什么，以及企业是否会兴旺。

我经常引用海尔大地瓜洗衣机的案例来说明顾客决定企业，以及顾客的认知价值是有效决策的依据。为满足四川农民的需求，海尔开发了大地瓜洗衣机。故事的由头是四川农民反映海尔的洗衣机排水不畅、易阻塞。海尔通过实地调查发现，四川农民用海尔的洗衣机洗地瓜。但海尔并没有"教育"他们，顾名思义，洗衣机是洗衣服的，不是洗地瓜的。为满足四川农民的需求，海尔开发了大地瓜洗衣机。沿着这个思路，海尔在西藏又利用洗衣机的原理开发出可以打酥油茶的机器，在安徽开发出可以洗龙虾的机器等。海尔这样做主要是向用户传达一种信息，用户可以把他们更多的抱怨、不满、难题、遗憾告诉海尔。既然海尔可以满足洗地瓜的需求，那么顾客有别的需求，也可以大胆地向海尔反映。海尔有一个口号："用户的难题就是企业的课题。"没有非理性的顾客，满足顾客的需求是企业生存和发展的根本。企业唯有在满足顾客需求的同时才能创造其经济效益，才能证明自己存在的合理性。企业是社会的器官。它的存在并非为其本身的存在而存在，而是为了实现特定的社会目的，并满足社会、社群或个人的特定需求。其存在本身不是目的，而是手段。

任务之二：使工作富有成效，员工具有成就感

　　管理的第二项任务，是使工作富有成效，并使员工具有成就感。企业只有一个真正的资源：人。只有使人力资源具有生产力，企业才能运作。企业通过工作而达到其绩效，因此，使工作具有生产力就成了一项管理的重要功能。与此同时，今天社会中的这些组织，逐渐变成了个人赖以谋生、取得社会地位、接触社群、获得个人成就与满足的工具。因此，使员工有成就感，不仅越来越重要，也是一种衡量组织绩效的尺度。这些已逐渐成为管理的任务。

　　人力资源是所有经济资源中最未有效使用的资源，因此提高经济绩效的最大机会就在于提高人们工作的效率。企业能否运作，归根结底，取决于它促使人们尽职尽力、完成工作的能力。因此，对员工和工作的管理是管理层的一

项基本职能。德鲁克用IBM公司的例子解释了什么叫作使工作具有生产力。

据说，IBM公司前总裁托马斯·J.沃森先生，有一次看见一位女操作工无所事事地坐在机器旁，便问她为什么不工作。那位女工回答："我必须等安装工调换工具，设定新的运作程序。""难道你自己不能做？"沃森先生问道。"当然能做，"那位女工说，"但是，那不是我该做的事。"沃森就此发现每个工人每周要花好几个小时等待安装工。然而，只需额外花上几天时间就能使工人学会怎样安装他自己的机器。因此，工人的工作增加了安装机器一项。不久以后，成品的检验也纳入了工人的工作。因为人们再次发现，稍经培训，工人就能做检验工作。

以这样的方式扩大工作范围产生了令人始料不及的结果，产量增加，质量改进。IBM公司因此决定系统地扩大工作范围。操作本身被设计得尽可能地简单。但是，每个工人被训练得能够尽可能多地从事各种操作。工人要做的工作中至少有一项——例如，安装机器——被设计成需要具有某种技能或某种判断力，操作方法的差异允许工人工作的节奏可有种种变化。

这种方法不仅使得IBM公司生产率的持续增长，而且对工人的态度具有相当大的影响。事实上，公司内外许多观察到这一现象的人认为，工人对他们所从事的工作越来越自豪是最重要的收获。

只有当员工也能像管理人员那样去看待问题时，他们才会产生责任感，才会去追求最佳工作效益。这也就是说，员工在做好自己工作的同时，还必须像管理人员那样，对企业的成功与生存有一种责任感。只有通过亲自参与到企业的活动中去，员工才能获得这种责任感。

今天，我们常常听到这样的说法：要"让"员工有工作的自豪感、成就感，就要让他们觉得自己很重要。而自豪感和成就感是无法给予的。我们当然也无法"让"员工觉得他们很重要。即使总裁在一年一度的新年致辞时把他们称为"亲爱的员工伙伴们"，也并不能使他们觉得自己很重要。自豪感和成就感若离开员工的具体工作，是不可能存在的。只有通过做好他们的具体工作,员工才能获得这种自豪感和成就感。我曾在美国一家公司的管理学院学习过,这是一家《财富》500强榜上有名的公司。这家公司的大门前有一面大理石墙,墙上刻有为该公司服务25年以上员工的名字,我原来的美国老板就名列其中。用一枚特制的奖章来表彰某人25年忠心耿耿的服务,这也许会受到获奖者高度的珍惜。但是,只有当工作真正做出了成就之后,奖励才能确实起到作用。否则的话,人们就会讨厌这种做法,会认为那只是一种虚情假意。

我在深圳的一家大型国有企业看到了企业的领导是如何使工作具有成效、员工具有成就感的。这是一家保险公司,像许多公司一样,这家公司也有一本内部期刊。这家保险公司的领导把公司的内部期刊当成其管理工具。每期刊物上都刊登各区域的展业情况,按完成业务的实际情况排队。这样各个业务单位都处在相互的竞争之中。比如,某年10月8日某个单位率先完成了全年任务,总经理就把这个单位的管理者请到总部,为他们设宴庆功,总经理亲自为他们打开香槟酒。下一期的内部刊物上会登出总经理亲自为他们打开香槟酒的照片,不出两周可能又有一个单位也提前完成了全年任务,总经理还是给他们一样的礼遇。期刊和香槟酒成了这家公司总经理的有效管理工具。

好的管理都是有效的,不管管理的是美国公司还是中国公司,因为管理都是关乎人的。杰克·韦尔奇在他的图书《赢》中谈到领导者的八条准则,第八条就是"懂得庆祝"。他说:"庆祝能让人们有胜利的感觉,并且营造出一种认同感、充满积极活力的气氛。设想一支球队赢得了职业大赛的冠军,但没有香槟酒来庆贺,那会是什么样子?你可绝对不能那样!但是在现实当中,许多公司在取得重大胜利时,都忘了击掌相贺这个仪式。"

无独有偶的是,深圳这家保险公司的总经理也是德鲁克管理思想的忠实实践者。2002年,我在深圳讲授德鲁克的管理课程,他在百忙中还是抽出两天的时间来听我的课。我问他,你这么忙为什么还要来听我的课?他说:

"德鲁克的管理思想很受用，这些年来我受益匪浅。是德鲁克的书我就买，是德鲁克的课我就听。我的培训经理和我说，这个课很贵，贵我也要来听。"我问他："你读过哪些德鲁克的书？"他说："我读过《卓有成效的管理者》，我读过5遍教过1遍，但我只能懂该书内容的30%。"

我想，他在这里所说的"懂"其实是说"用"。正如德鲁克所言：管理是一种实践，其本质不在于"知"，而在于"行"；其验证不在于逻辑，而在于成果，其唯一权威就是成就。

任务之三：处理对社会的影响与承担社会责任

管理的第三项任务，就是处理对社会的影响与承担社会责任。没有一个机构能够独立生存并以自身之存在为存在目的；每个组织都是社会的一个器官，而且也是为了社会而存在的，企业也不例外。自由企业不能因为它是企业，就说它是好的，只有能对社会有益才能证明它是好的。

无论是一家企业、一家医院还是一所大学，它们对社会所要承担的责任可能在两个领域中产生：一个领域是机构对社会的影响，另一个领域是社会本身的问题。这两个领域中所产生的问题都与管理有关，但这两个领域的问题是不同的。第一个领域所讨论的是一个机构能够对社会做些什么事。第二个领域所讨论的是一个机构能够为社会做些什么事。

现代组织之所以存在，就是为了向社会提供某种特定的服务，所以它必须存在于社会之中，存在于社区之中，与其他机构为邻，在一定的社会环境中工作。它还必须雇用人员为其工作。因此，不可避免地，它会对社会产生一些影响。

医院的目的不是雇用医生和护士，而是医治病人。但为了医治病人，就必须有医生和护士。而一旦有了医生和护士，他们就形成了一个工作团体，有着本团体的任务和问题。

钢铁厂的目的不是制造噪声或排放有毒气体，而是为顾客制造高质量的钢铁型材。但为了达到这个目的，过程中必然会产生噪声、高温和有毒气体。

意识健全的人都不想造成交通堵塞事件。但如果许多人被雇用在同一个地方工作而又必须在同一时间进出该地方，那么，不可避免地会发生交通堵塞。

对社会的这些影响，从组织的目的来讲，是附带的，但在很大程度上又是不可避免的副产品。

社会问题则与之不同，不是组织及其活动对社会的影响，而是社会的机能失调。由于机构只能存在于社会之中，事实上是社会的一个器官，社会问题必然会影响存在于社会之中的机构。一家健全的企业、一所健全的大学、一家健全的医院不能存在于一个病态的社会之中。即使社会的弊病并不是由机构管理层的行为引起的，但从管理层本身的利益来讲，也需要有一个健全的社会。这也就意味着，企业不能对社会问题视若无睹。

无论是有意造成的还是无意造成的，管理层无疑要对他们的组织所造成的社会影响负责。这是管理层的一项责任——并不是因为它是一项社会责任，而是因为它是一项企业责任。这属于管理层的分内事务。

由于人们要对自己所造成的影响负责，他们就应该尽量减少这些影响。一个机构在自己特殊目的和特殊使命以外的影响，无论对机构内部的影响，还是对社会环境或物质环境的影响，都是越少越好，越少越能成为一个受欢迎的公民、好邻居和贡献者。不是必不可少的影响应保持在最低限度，最好予以消除。尽管这些影响看起来是有益的，但若它们已超出了本机构的正常职能范围，则迟早会引起怨恨、抵制，并被认为是强加于人的。

最理想的办法是把这些影响转化成对企业有利的机会。一个很好的例子，是美国最大化学公司之一的陶氏化学公司解决空气和水污染的办法。陶氏公司在第二次世界大战以后不久就确定，空气和水污染是一种不好的影响，应予以消除。早在公众激烈反对环境污染以前，陶氏公司就在其工厂中采取了完全消除污染的措施。它在那个时候就采取系统的步骤把烟囱和水道中排出的有毒物质转化为可以出售的产品，并为这些产品创造出各种用途和市场。

化问题为机会

社会问题是社会的机能失调引起的。社会问题是一些弊病，但对于各种机构及机构的管理层来说，它也是一些挑战。社会问题是机会的主要来源。因为，企业的职能就在于通过把一个社会问题转化为企业的机会来满足一项社会需要，同时也为本企业服务。

企业的职责就在于把变革转化为创新，即转化为新的企业。把社会问题转化为企业机会的最有意义的机会可能不在于新技术、新产品、新服务，而在于社会问题的解决，即社会创新。这种社会创新直接和间接地使公司或产业得到利益和加强。

把社会问题转化为企业的机会，在福特汽车公司早年的迅速发展中起到了巨大的作用。在第一次世界大战前，美国劳工市场处于极不稳定的年代，工人日益困苦而失业率却很高。技术工人的每小时工资可能低至15美分。福特公司正是在这种背景下，于1913年末宣布它保证付给其每一个职工5美元一天的工资——是当时标准的两三倍。詹姆斯·卡鲁斯是当时公司的总经理，他认为，由于当时工人的痛苦很大，只有采取重大而明显的行动才能取得效果，并说服了亨利·福特。卡鲁斯还表示，福特公司付给每个工人的工资虽然增加到之前的3倍，但实际的人力成本却会降下来——事态的发展不久就证明了他是正确的。在此以前，福特公司职工的离职率很高，以致在1912年为了保持10 000个工人，必须雇用60 000个工人。在实行新工资标准以后，离职率几乎趋于零。它所节约下来的金额是如此之大，以致在以后几年中，虽然所有的材料成本都急剧上升，福特公司还是能以较低的价格生产和销售T型汽车并获得更多利润,从而占据了市场统治地位。福特公司的这一行动还改造了美国的工业社会。它使得美国工人迈向中产阶级行列。

IBM公司的兴起在很大程度上也是由于正视并解决了一个社会问题。该公司在大萧条年代是一个很小的公司,并不引人注意。但它制定了一项政策:向职工提供职业保障,并支付固定的薪水而不是按小时计工资,其行动如同福特公司上述行动一样勇敢而富有创新精神。IBM公司的行动就是针对当时的一个主要社会问题——由于经济衰退而引起美国工人恐惧、不安和丧失尊严,把它转化为企业的机会。IBM公司迅速发展,以及10年以后向全新的电子计算机技术进军的人力潜力,首先是由于这一行动才产生的。

力所能及原则

但是,现实中还存在着一些重大、困难、危险的社会功能失调问题,一些没有人能找出一种解决办法的社会问题,一些不能通过转化做出成就的机会而予以解决或至少使之缓和的社会问题。

对于这些不是由企业或其他机构的影响而产生、又不能转化为它们的宗旨和使命方面的成就机会的问题,企业能够承担的社会责任有什么限度吗?这限度又是什么呢?

管理人员是仆人,而他所管理的组织则是主人。所以他的首要职责就是对他的组织负责,使他的组织执行其职能并做出贡献。他的组织正是为了这种职能和贡献才存在的。如果一个大组织的负责人利用其地位而成为一个社会知名人士并在处理社会问题方面处于领导地位,但他却忽略了自己所负责的公司或大学,以致其衰落下去,那么这个人就不能算作一个政治家,而是不负责任,有负于组织对他的信任。

组织完成其特定的使命,也是社会的第一位需要和利益所在。如果组织完成其特殊任务的能力减弱或受到损害,社会就不再能得到收益而必定遭受损失。一家破产的企业不会是一个令人满意的雇主,也不大可能成为社区中的一个好邻居;一所未能为未来培养出领导人员和专业人员的大学,无论它做了多少"好事",都不能说是对社会负责。

因此,组织的首要社会责任,是组织对其本身的特定使命所负的责任。对于工商企业及社会的其他经济组织来讲,更要强调这一点。在解决对社会的一种不良影响或社会问题时,除非把它转化为取得成就和成果的机会,否则都会造成社会间接成本。这种成本只能由流动成本或资本来支付。如果由流动成本来支付,那就是由消费者或纳税人来支付;如果由资本来支付,那就会使未来的就业职位更少、更差,并使生活水平降低。

案例 1-2 | 通用电气的变化

杰克·韦尔奇领导下的通用电气以在诚信和守法问题上十分严格以及股东回报高于市场水平而著称,却对像企业社会责任这种比较微妙的争论几乎毫无兴趣。韦尔奇认为,通用电气只要能维持生产效率、增长、提高利润和股东回报就足够了。他在这些方面取得了引人注目的成就——通用电气的市值在1981年为140亿美元,到20年后他退休时增加到了4000多亿美元。伊梅尔特除了想要维持通用电气的所有这些声誉,他还想做得更多。他喜欢说伟大的公司必须同时是好公司。"大家之所以来通用电气工作,"他对《财富》杂志说,"是因为他们想得到升华。他们想努力工作,想获得提升和期权。但是,他们还想为一家不同凡响、能为世界做出重大贡献的公司工作。"伊梅尔特重视价值观,这是他想使公司带有他个人特色的措施之一,而这在公司上下已产生了影响,影响了公司的经营和对待雇员的方式,影响了它选择与之开展业务的那些公司和国家,也影响了它投资进行的技术开发。伊梅尔特认为,企业的天职不仅是赚钱和守法,更有义务帮助世界解决难题。"优秀的领导者应当回报社会,"他说,"我们的时代属于既为自己谋利益也关注别人需求的人。"2002年，伊梅尔特任命了公司第一位负责履行企业公民义务的副总裁。通用电气曾对其在发展中国家的供应商进行审查，以确保它们能按照劳动、环保、健康和安全标准行事。这项工作自2002年开始至2009年，它已经做了3100次审查。它与那些自称对社会负责的投资基金机构展开讨论。2004年秋天，通用电气被纳入道琼斯可持续性指数，该指数汇集了300家在环保、社会和财政可持续性上符合其十分详尽的标准的一流企业。2004年，公司提拔一些妇女和非洲裔雇员进入高层管理者行列。与此同时，它还开始了全球性慈善活动，其中值得一提的是它在加纳农村开展的目标远大的卫生保健项目。2005年春天，通用电气已公布了它第一份有关履行公民义务的报告。这在杰克·韦尔奇时代是根本无法想象的。

管理者的五项工作

- 制定目标
- 组织
- 激励与沟通
- 绩效评估
- 培养人（包括自己）

管理者的价值在于创造出一个大于其各组成部分的总和的真正的整体，创造出一个富有活力的整体，把投入其中的各项资源转化为较各项资源的总和更多的东西。这就要求管理者在其每一个行动中同时注意到作为整体的企业的成就和成果，以及为取得综合成就而必须进行的各种不同的活动。管理者的工作中有五项基本作业。这五项作业合起来就把各种资源综合成为一个活生生的、成长中的有机体。

制定目标、组织、激励与沟通、绩效评估以及培养人，是正式规定的各项工作。只有与管理者的实际工作相结合，才能使它们成为活生生的、具体的、有意义的工作。

管理者的第一项工作是制定目标。管理者决定目标应该是什么，为了实现这些目标应该做什么，这些目标在每一个领域中的具体目标是什么。他把这些目标告诉那些与目标实现有关的人员，以便目标得以有效实现。

例如，制定目标是一个平衡的问题：在企业成果与个人信奉的原则的实现之间进行平衡，在企业的当前需要与未来需要之间进行平衡，在所要达到的目标与现有条件之间平衡。制定目标显然要求具备进行分析和综合的能力。

一个人能够制定目标，不一定就能成为管理者；正如一个人能在很小的空间范围内缝针打结，不一定就能成为外科大夫一样。但是，一个人没有制定目标的能力，决不能成为称职的管理者；正如一个人不能缝针打结，就不能成为好的外科大夫一样。而且，正如一个外科大夫可以通过提高缝针打结技术来使自己成为更好的外科大夫那样，一个管理者通过提高其各项工作的技术和成就，也可以使自己成为更好的管理者。

管理者的第二项工作是组织。管理者分析所需的各项活动、决定和关系。他对工作进行分类，把工作划分成各项可以管理的活动，又进一步把这些活动划分成各项可以管理的作业。他把这些单位和作业组合成为一个组织结构。他选择人员来管理这些单位并执行这些作业。

组织工作也要求有分析能力。因为它要求最经济地利用稀缺资源。但它是同人打交道的，所以要从属于公正的原则，并要求有正直的品格。培养人也要求有分析能力和正直的品格。

管理者的第三项工作是激励与沟通。管理者把担任各项职务的人组织成一个团队。他做到这一点的方法是，通过日常的工作实践，通过员工关系，通过有关报酬、安置和提升的"人事决定"，通过同其下级、上级和同级之间经常的相互信息交流等来实现。

激励和沟通所需的主要是社会方面的技能，不是分析能力，而是正直的品格和综合能力。正直的品格比分析能力重要得多。

管理者的第四项工作是绩效评估。 管理者建立绩效评估标准。而绩效评估标准对于整个组织的绩效和个人绩效至关重要。管理者要为每一个人确定一种绩效评估标准。绩效评估的标准不但要专注于组织的绩效，而且还要专注于个人的工作并帮助其做好工作。管理者对成就进行分析、评价和解释，并把绩效评估的意义和结果通报给其下级、上级和同级。

绩效评估首先要求的是分析能力，同时也要求通过绩效评估来促使实现自我控制，而不是控制他人。现实中常有人滥用绩效评估。因而绩效评估是目前管理者工作中最薄弱的领域。德鲁克提倡绩效评估的结果应告知当事人。绩效评估有时被用来作为一种内部秘密警察的工具，向上司汇报有关一个管理者工作成绩的审查和批评，却连副本也不送给该管理者本人。如果绩效评估还像这样被滥用，作为一种控制的工具，它就将始终是管理人员工作中最薄弱的领域。

管理者的第五项工作是培养人（包括自己）。

管理者的资源：人。

德鲁克认为管理者有一项特殊的资源：人。而人是一种独一无二的资源。它要求使用它的人有特殊的品质。

用人就意味着要培养人。这种培养的方向决定着人——既作为人，又作为一种资源——是否会变得更富有活力，或最终完全失去活力。这一点不仅适用于被管理的人，也适用于管理者自身。管理者是否按正确的方向来培养其下属，是否帮助他们成长并成为更高大和更丰富的人，将直接决定着他本人是否得到发展，是成长还是萎缩，是更丰富还是更贫乏，是进步还是退步。

人们可以学习一些管理人的技巧，如主持会议或进行谈话，也可以制定一些有助于培养人的方法，如在管理者和下属的关系结构方面，在升迁制度方面，在组织的报酬和激励方面。但是，即使这些都已经说了和做了，为了培养人，管理者还需要有一种基本的品质——正直，而这是不能依靠传授技巧或强调任务的重要性就能创造出来的。

常有人说：要成为一名管理者，必须能爱护人，能帮助人，能与人处好关系。但具备了这些条件还是不够的。在每一个成功的组织中总有那么一位上司，他并不爱护人，并不帮助人，也未与人处好关系。他冷酷，不讨人喜欢，对人要求高，但他常常能比其他任何人都培养出更多的人来。他比那最爱护人的人赢得了更多的尊敬。他对自己和下级都要求高质量地完成工作。他制定了高标准，并期望人们能达到这个高标准。他在判断是非时对事不对人。他本人虽然常常是一个很有才华的人，但在评价别人时，从来不把才华置于品格之上。一个管理人员如果缺少这些品质，那么无论他是多么爱护人，多么喜欢帮助人，多么和蔼可亲，甚至多么能干和有才华，都是一种威胁，而只能被评价为"不适合做一名管理者的人"。

企业的八大目标

- 营销
- 创新
- 人力资源
- 财务资源
- 实物资源
- 生产力
- 社会责任
- 利润需求

一个显而易见的事实是，企业没有目标就无法管理。这就如同一个人如果不知道目的地，他就无法去旅行。利润是一个易于被人理解，也易于衡量的目标。传统的观点认为，利润最大化是企业的唯一目标。

只强调利润就会错误地将管理人员引导到他们有可能危及企业生存的地步。为了获取今日的利润，他们往往会损害未来的利益。他们可能会推销今日最易销售的产品系列而忽视明日市场的产品。他们往往会削减研究、促销和其他可推迟的投资项目的费用。尤其值得一提的是，他们往往不再愿意拨出任何资本开支来扩大现有的投资资本基础，因为企业利润是对照这一基础计算的。由此产生的结果是企业设备老化，存在安全隐患。换言之，企业管理人员被误导从而从事最糟的管理实践。

例如，一个炼油设备制造商通过出售老式设备的零配件而获得利润。该公司在相当长一段时间内没有感觉到市场竞争，因为其竞争对手正在研制新型设备。新设备一上市，老式设备的零配件销售额就一落千丈。最后，该炼油设备制造商由于没有新型设备提供给客户，不得不宣布破产。

管理企业就是平衡各种各样的要求和目标。这需要进行判断。寻找一个目标，实质上是寻找一种无须进行判断的魔术般的公式。但是，用公式代替判断的企图总是非理性的，人们所能做的就是通过缩小判断的范围和精减可供选择的方案，给予判断以明确的侧重点、坚实的事实根据、可靠的标准来衡量自己行动和决策的有效性，以便做出判断。正是由于企业这种特有的性质，即管理企业实质上就是平衡各种要求和目标，因此，企业需要制定多项目标。

那么这些目标应该是什么样的目标呢？答案只有一个：任何一个其业绩和结果对企业的生存和兴旺有着直接和举足轻重影响的领域，都需要有目标，企业需要设定八大目标。管理就是管理一系列精心制定的目标。

如何确定目标

企业的使命必须转化为可实现的目标。在确定目标时，我们应当问以下两个问题：我们的事业是什么？我们的事业应当是什么？这不是一个容易回答的问题，但这却是一个最重要的问题。例如，美国贝尔电话系统以一种全新的思路确定企业的目标，它认为："我们的事业是服务。"

企业确定目标应满足以下要求。

第一，企业要确定自己所进入的领域，并提出实现其使命的纲领性指南。目标是实现使命的行为，承诺是评估绩效的标准。目标代表了企业最根本的战略。

第二，企业应将自己有限的资源集中到所确定的领域。如果企业同时做太多的事情，到头来必将一事无成。专注是企业的基本法则。换言之，如果企业专注于所确定的领域，成功还是有可能的。

第三，企业应当在所选择的领域里树立目标并评估绩效。

第四，任何单一的目标都会误导企业的发展，企业应当重视几个重要方面的发展，而企业的目标也应当与这几个重要方面相关。

第五，企业的目标应当与企业的生存与发展紧密相连。

企业首先必须能够创造顾客，因此，需要**市场营销**目标。企业必须能够**创新**，否则竞争者就会超前，所以，需要创新目标。所有企业都依赖经济学家所谓的三个生产要素——**人力资源**、**财务资源**以及**实物资源**。因此，就必须有资源供应、利用与开发的目标。企业如果要生存，就必须有效地利用资源、提升资源的生产力，因此企业需要有**生产力**目标。由于企业生存于社会与社区中，并且必须承担其社会责任，至少必须对其对环境造成的影响负责，所以企业需要有**社会责任**目标。

最后，企业需要有**利润**，否则，没有一个目标能够达成。这些目标都需要投入，也就是都需要成本。它们只能取自企业的利润，都有风险；换言之，它们都需要利润来抵消可能亏损的风险。德鲁克认为，利润是对经营有效性的验证，利润是风险的准备金，利润是未来运作的成本。因此，利润是确保企业永续经营的必备条件。

德鲁克认为企业应当在以下八个领域确立目标。

营销

我们以出版社为例。出版社出版什么书？各式各样的书，如教科书、小说、戏剧、艺术、百科全书、科技、医学、文史哲学等。没有一家出版社希望出版以上所有种类的书籍。出版社应当选择出版某一类书籍，如艺术类，然后集中资源专注于艺术类图书的出版。这是一个市场战略决策。

然后，出版社要考虑的是市场定位。如果出版社仅要占领艺术书籍 1% 的市场份额，那么这是一个无法立足的定位。因为，该出版社出版的书籍将不能引起人们的注意，进而很快就会倒闭。相反，想要占领 95% 的市场份额也是非常危险的。因为，在没有竞争的情况下，出版社可能会出版质量不高的图书，最终遭受重大损失。由此可见，市场定位既不能太低也不能太高。

接下来，出版社还要制定其他重要的决策，诸如图书的质量、装帧、价格政策等。

创新

每家企业基本上都有三类创新：产品或服务的创新，市场、消费者行为及消费者价值的创新，制造及行销产品与服务所需的各种技术与活动的创新。这些创新也许可分别称为产品创新、社会创新（例如分期付款）以及管理创新。

创新目标绝不会像市场营销目标那般有清晰的重点。在制定创新目标时，首先，管理层必须预期要达成市场营销目标需要哪些创新——这要依据产品线、现有市场、新市场以及服务需求。其次，管理层必须评估企业的所有领域及活动，因为技术进步已经带来或可能带来的发展。这些预测最好能够组织成两部分：其一是为最近的将来，预估出相当具体的发展，而这事实上只是执行早已完成的创新而已；其二则是为较遥远的未来，将目标放在可能的发展上。

虽然创新目标不像市场营销目标那么明显，但创新目标仍然必须力求具体化和数量化。例如，美国 3M 公司制定的创新目标是：每项业务单位销售额中 30% 必须来自过去 4 年推出的新产品。为此，3M 公司允许员工使用

15%的工作时间进行创新。另外,技术人员可以使用3M创新资金,它为不能通过正规渠道获得资助的创新项目提供资金。

创新不是发明,它是一个经济学或社会学术语,而非技术术语。其判断标准不是科学或技术,而是经济或社会环境中的一种变化。

创新是使用发明为客户带来益处的一种实践。发明是实验室里的事情,而创新则是发生在企业和市场里的事情。蒸汽机的发明是技术成就,而建造铁路则是企业家的创新。

人力资源

如果要实现目标,有必要建立一个合适的组织,这个组织应该包括不同种类的员工和管理人员;也有必要引入合适的工作方法,并组建一个有效的团队。英国玛莎百货公司特别注意招募、培训和发展管理人员,因为它认识到了管理是任何组织的关键要素。玛莎百货公司也因其人事管理而出名。它可能是第一家委派女性管理者来管理其女性雇员的商店。女性管理者具备同情心和对事物的敏感性。在女性管理者的管理下,女性员工的士气十分高昂,工作也十分愉快。所有这些都使公司销售额得到了大幅提升。

在人力资源方面,企业面对的主要挑战就是策划建立一个有能力和有奉献精神的高层管理团队,吸引年轻人,并使他们得到发展。企业可以制定具体的目标,例如,一年内招聘30名技术人员及20名管理者;同时要经常问自己以下3个问题:"吸引、留住我们所需要及期望的人才,我们的工作必须是什么样的?在人才市场上有哪些合适的人才?我们怎么做才能吸引这些人才?"

财务资源

基于企业现代化的扩展需求,一家企业可能会需要有一个关于资本的长期计划，当然也要考虑其他融资方式，如发行债券或向银行贷款，另外，投资养老基金也是非常重要的。

每一家企业都需要财务资源。在人寿保险公司中，这可能被称为"投资管理"，比营销或创新更为重要；而对于一个玩具批发商来讲，这可能就是获得一个季节性的信贷额度。然而，除非各自所需的财务资源确有保障，否则这两者的经营和运作都会面临困难。制定目标而无维持经营所需的资金的计划则如同将烤肉放入烤炉却不点火。目前，人们太习以为常地将实物资源、物质设施以及提供资本的目标当作"应急之策"，而非深思熟虑地谋算。

一般来说，管理人员只在碰到资金麻烦时才开始操心资本的供给。那时，往往为时已晚，难以做好这项工作了。一些极为重要的问题，如新的资本是否应通过自我在内部筹措资金，通过长期贷款或短期贷款借贷，或者通过发行股票筹措，不仅需要仔细的思考和研究，而且在很大程度上，这些问题决定了哪些资本开支应该予以承担。这些问题的决策进而导致形成一些重大事项的结论。例如价格、红利、折旧、税收政策等。另外，除非事先对这些问题已予以回答，否则公司很可能将其拥有的资本消耗在一些不重要的投资上，最后却发现它无法为一些重大投资筹措资金。为数甚多的公司，包括一些享有良好管理声誉的大公司，由于未能全面地考虑资本供给和制定资本目标的问题，致使公司的发展受到阻碍，并且，使管理人员在营销、创新和生产率许多方面所做的杰出工作亦变得徒劳无益。

实物资源

任何一个生产物质产品的企业都必须能够获取实物资源，必须确保实物资源的供应。物质设施——工厂、机器、办公室——都是需要的。企业经常会出现实物资源短缺的情况，所以做好计划以确保将来有足够的资源供给是必要的。例如，美国一家造纸公司制订了一个长期植树造林计划，以确保公司未来能够持续获得它所需要的木材供应。由于树木成材需要花费50余年时间，更新砍伐的树木意味着承担一笔今日投资直到50年后才能偿还的资金。鉴于公司估计纸浆和纸张的消费将趋于继续急剧增长，单纯的树木更新是不够的，所以，今天每砍伐一棵树，就得种植两棵，以便50年后使用。

无论什么决定，其目标必须着眼于提供实现市场营销和创新目标所必需的实物资源。

同样重要的是制定良好的设施规划。但在这方面规划良好的企业更是凤毛麟角。没有几家工业企业懂得何时停业整修旧工厂，何时着手建设新工厂，何时更换机器和工具，何时建造一座新的办公楼。使用淘汰的设施的代价常常是隐性的。的确，在账册上被淘汰的工厂或机器可能看上去非常有利可图，因为该工厂或机器被记录为零，所以使用该工厂或机器似乎不涉及任何成本。当然，大多数管理人员懂得，这纯粹是一种谬误，但是，我们很难彻底摆脱数字花招的迷惑。

然而，很明显，设施配置不足或设施配置过头，都极其危险。有形设施不可能临时拼凑而成，而必须按计划配置。

今天我们已经拥有一些工具可用于这方面的分析。这些工具主要是由哥伦比亚大学的企业经济学家乔尔·迪安创立的。这些工具十分简便，可使每一家企业——无论大企业还是小企业——决定为实现企业的基本目标，需要什么有形的设施和设备，并且对这些设备做出规划。

当然，这需要做资本预算。而这又提出一个问题：我们需要多少资本，资本的形式是什么，以及资本来自何方？

人寿保险公司制定资本目标已有很长时间了。他们知道每年必须获得一定数额的资金用于支付索赔。他们知道这笔资金必须来自他们投资准备金的收益。因而，他们制订出从这些投资中获取某种最低限度的投资回报率的计划。诚然，在人寿保险公司中，"利润"实质上只是投资收益超出公司所计划的最低限度的投资回报的盈余部分。

生产力

生产力是衡量企业绩效的一个重要指标。也可以说，生产力就是企业管理的酸性实验。但是，不幸的是，这是一个缺乏准确性的朦胧概念。然而，在缺少其他更好可替代指标的情况下，我们不得不依赖于生产力这个指标来比较不同企业的绩效。

传统上，生产力被定义为每人每小时的产出或每台机器每小时的产量。这个定义已经过时。德鲁克将生产力定义为"所有生产因素之间的平衡"。

这个定义也没有给我们一个容易和准确的定量。但它提示了这样一个事实，即生产力依赖于几个因素的结合。让我们看一看德鲁克是如何看待造纸业这个案例的。

造纸技术取得长足的进步，现代造纸设备高速运转，因此每台机器以及每个人的生产力都得到了迅速提高。销售额非常高，但利润却在下降，因为建立一座现代造纸厂的成本非常高。结果资本的生产力在下降。例如，早期1美元的投资足以产生1美元的纸张销售额，而现在3美元的资本投资才产生1美元的销售额。

生产力是对组织绩效的真实检测，是管理竞争力的一个指数。玛莎百货公司发明了一个简单实用的衡量指标——商店中每平方英尺销售面积的销售额。销售面积正好是零售商店的限制性因素，这种衡量生产力的手段既简单又有价值。它的计算也一目了然。

最有用的测定标准，是产出的数量单位（如所制造的汽车数或医院里的病人、床位、住院天数）与工资簿上知识工作者人数（或知识工作者的工时数或工资数）之间的比率。这可测出一家公司或一个行业的竞争地位。可以肯定的是，一家公司，不论其产品质量在市场上的声誉如何，若其知识工作者的生产力严重低于它的国内外竞争对手，那它就处于一种严峻的竞争劣势。

这个比率，使得我们能进一步确定知识工作者生产力低的方面及其原因。除了产出与知识工作者总人数之间的比率外，我们通常还能测定总产出与知识工作者中某一团体人数之间的比率。这一比率可以显示，我们能相当有把握地做出多少改进。它并不产生一个绝对的、理想的数字，而是将一个组织与另一个竞争组织相比较。可以肯定的是，一家公司能做到的事，另一家公司，不说做得更好，起码也会努力去做，并有望做到。

最后，这项测定告诉我们，一家公司或一个行业，不是在提高其知识工作者生产力，就是在丧失其地盘与竞争地位。

有三个非常有用的进一步测定知识工作者生产力的指标。

第一个指标是成功地开发出一种新产品或服务，并将之投放市场所需的时间长度。这一指标是决定企业在竞争市场上取得成功的最重要的一个因素。20世纪60～70年代，美国企业（尤其是制造业）在这一指标上的绩效严重下降。这一指标，也是最易获得的测定我们最宝贵资源的指标，即知识工作者实际工作效率的标准。

第二个指标与上面的密切相关，是在某一给定时间内，引入成功的新产品与新服务的数目，尤其是在和国内外竞争对手相比的情况下。这也是测定知识工作者生产力的指标。

第三个指标是某一给定的产出所需的辅助工作人员的数目，尤其是管理层次数。理想的状况是，这两者，尤其是管理层次数，都完全不随生产量一起上升。在现代机构中，这两者或许还应该下降，因为在现代机构中，存在"规模信息经济"，就如同制造业中存在"规模经济"一样。但是，倘若工作人员与管理层次的增加同产出的增加一样快，且不说比之更快，则企业就没有管理好它的知识工作者的生产力，不久必将丧失其竞争力。

社会责任

社会责任是一个有争议的问题，诺贝尔经济学奖得主米尔顿·弗里德曼认为企业是一个经济组织，不应当承担社会责任。如果企业承担社会责任，企业的首要目标：利润最大化将受到损害。德鲁克有不同的看法，他认为企业占有大量的资源，企业对社会影响很大，企业必须把履行社会责任作为一项企业目标。德鲁克的这一思想已成为一项新的国际标准。

1997年8月美国制定了企业社会责任的国际标准，即SA8000（Social Accountability 8000）。SA8000是全球第一个关于企业社会责任的国际标准，其内容主要包括：公司不能雇用童工；公司雇用员工时不应要求员工缴纳押金或身份证；公司提供安全、健康的工作环境；公司不能支持使用体罚、心理压迫和言语上的侮辱；公司不能要求工人每周工作时间超过48小时，每7天应允许工人至少休息一天，加班时间每周不超过12小时，加班应付加班费等。

1999年1月，在瑞士达沃斯世界经济论坛上，联合国秘书长安南提出了"全球协议"——号召公司遵守九项基本原则，并于2000年7月在联合国总部正式启动该协议。SA8000体系认证、"全球协议"均已在全球范围内推进，其对于企业发展、全球贸易将会产生越来越大的影响。

利润需求

任何企业没有利润都无法生存。利润可衡量一家企业所做努力的净效益和正确性，它的确是对企业绩效的最终检验。利润服务于以下三个重要目的。

第一，利润是检验一家企业是否健康的标准。长期不能盈利的企业注定要灭亡。

第二，利润能规避企业活动中的风险。商业环境是变化多端的，企业只有储备足够的资金才能经受商业起伏的波动。

第三，利润提供新岗位、新设备和新厂房所需要的资金。经济是通过资本积累和资金回报而发展的。

企业必须决定它在一段时期里的利润的最低限度需求。利润的这三种功能没有一种与经济学家的利润最大化有关。所有这三种功能的确是"最低限度"的概念——企业生存和兴旺所需的最低限度的利润。

找出这个"最低限度"的最简单的方法是注重利润三个功能中的最后一个功能：获得新的资金的手段。确定所需的利润率是很容易的，它是资本市场对所要求的融资种类的利率。在自我筹措资金的情况下，必须取得足够的利润，产生企业现有资金按资本市场利率应得的投资回报率，并且创造出所需的额外的资金。

今日美国企业所实行的大多数创利目标正是基于这个基础而形成的。"我们争取25%的税前投资回报率"，这是会计师的一种简略的表述方法，它表示：25%的税前投资回报率是我们对所需的资金所提的最低限度的要求。这是我们所需要的数额，也是我们愿意支付的成本。

这是一个理性的目标。它被越来越多的企业所采纳，这是一个巨大的进步。通过一些简单但重要的提炼，它将会更具有实用性。

首先，营利性必须包括时间因素。除非我们知道等多少年后我们有望得到利润，否则这种营利性毫无意义可言，并且会产生误导。因此，我们表述预期的总利润应将投资期的收益折算成现金的现值，而不是将预期的总利润视为年投资回报率。这是在计算债券或类似证券的投资回报率时，资本市场所采用的方法。毕竟，所有计算利润的方法都基于资本市场的考虑。

其次，我们应该始终将投资回报率看作好的年头与差的年头总和的平均值。企业也许确实需要25%的税前利润，但是，如果25%的税前利润是在好的年头获得的，那么，在整个投资期内就不可能获得这样高的利润。为了平均获得25%的投资回报率，企业就可能需要在好的年头获得40%的投资回报率。为了取得所需的平均投资回报率，我们必须知道实际究竟需要获得多大的回报。

美国《财富》杂志在开设了"《财富》500强"的评选活动后,又开设了"美国最受尊敬的公司"的评选活动。"美国最受尊敬的公司"的评价指标包括:

- 创新
- 管理质量
- 员工素质
- 产品/服务质量
- 长期投资价值
- 财务状况
- 社会责任感
- 公司资产运用等方面

这项评选活动旨在鼓励企业在以上8个方面都能平衡发展,而不是只在企业的规模上一较高低。此外,美国《财富》杂志又开展了"全球最受尊敬的公司"的评选活动。评价指标包括:

- 创新
- 公司资产使用
- 全球化程度
- 质量管理
- 员工才干
- 财务可靠性
- 长期投资价值
- 社会责任感
- 产品与服务质量

2004年美国《财富》杂志评选的"全球最受尊敬的公司"前10位包括:

1. 沃尔玛
2. 通用电气
3. 微软
4. 强生
5. 伯克希尔-哈撒韦
6. 戴尔
7. IBM
8. 丰田汽车
9. 宝洁
10. 联邦快递

从2001年起,北大案例中心和《经济观察报》联合举办"中国最受尊敬企业"的评选，其评价指标包括：

- 人力资源
- 财务能力
- 社会责任感
- 公司形象
- 领导

- 管理质量
- 发展潜力
- 创新能力
- 国际竞争力
- 对中国长期承诺

以上这三个评选活动都是基于德鲁克在1954年提出的企业设立目标的八大领域而设计的评价指标。由此可见，德鲁克的管理思想在许多领域深刻地影响着全球的企业。

"德鲁克的1358"涵盖了管理的定义、管理的任务、管理者的工作和企业的目标，从四个不同的维度透视管理。

管理的定义涉及企业的使命，而企业的使命是确定远景、优先顺序、战略、计划、工作安排的基础，企业只有确定了使命才能取得绩效。管理的三大任务中的每一项都有其自身的重要性。管理企业之所以有其重要性，是因为企业是一个经济机构；然而，使工作富有成效、使员工富有成就感之所以有其重要性，正是因为社会并不是一个经济机构，而是仰赖管理来实现其基本的信念及价值。管理企业的社会影响力之所以重要，是因为器官不会存活得比其效命的身体还久，而企业正是社会的一个器官。所谓管理者的工作，就是所有管理者，也不论他们担任什么职能，也不论其级别和地位，都必须做的一些工作，是各种管理者共同的工作，也是管理者特有的工作。管理者唯有了解自己的五项工作，才有可能改善和提高其自身的绩效。管理企业就是平衡各种各样的要求和目标。这需要进行判断。寻找一个目标实质上是寻找一种无须进行判断的魔术般的公式。但是，用公式代替判断的企图总是非理性的。正是由于企业这种特有的性质，即管理企业实质上就是平衡各种要求和目标，因此，企业需要制定多项目标。设定目标时，需要取得三种平衡：在目标与可达成的获利能力之间取得平衡，在短期和长期的需求之间取得平衡，以及各目标之间也要求取得平衡。同时，同一领域内的预期绩效之间以及不同领域内的预期绩效之间，也必须建立其权衡关系。

在本章结束之前，我真切地希望"德鲁克的1358"能为提高中国管理者的管理素质和管理能力尽一点微薄之力。管理者的素质和工作状况决定着企业的成败，甚至决定着企业的生存。因为管理人员的素质和工作能力是一家企业在竞争中唯一能够拥有的有效的优势。德鲁克的管理思想在过去的60多年里对西方的社会和经济的发展起到过重要的作用，他的管理思想影响了一代又一代的西方管理者（还有日本的管理者），我也真诚地希望德鲁克的管理思想能为21世纪中华民族的腾飞闪烁其应有的灵光。

（2005年）

2

第 2 章

德鲁克管理理念

THE DRUCKER CENTENNIAL

管理与企业管理

——彼得·德鲁克的贡献（上）

受北京光华管理研修中心委托，2000 年 9～12 月我在美国彼得·德鲁克管理研究生院学习。其间，有幸师从现代管理之父彼得·德鲁克，亲耳聆听了德鲁克先生主讲的"管理者的新挑战"和"基于信息的组织"两门课。在美期间，我多次到德鲁克档案馆了解德鲁克史料。2000 年 9 月 29 日，我发现了 1999 年 1 月 18 日德鲁克先生撰写的《我认为我最重要的贡献是什么？》一文（见彩插 9）。这篇定论性文章的原件打印在德鲁克的私人信笺上，并有先生的亲笔签名。

```
                                            January 18, 1999
What do I consider my most important Contributions?

  - That I early on—almost sixty years ago—realized that MANAGEMENT
    has become the constitutive organ and function of the Society
    of Organizations ;

  - That MANAGEMENT is not "Business Management- though it first attained
    attention in business- but the governing organ of ALL institutions of
    Modern Society;

  - That I established the study of MANAGEMENT as a DISCIPLINE in its own right;
                       and

  - That I focused this discipline on People and Power; on Values; Structure and
    Constitution; AND ABOVE ALL ON RESPONSIBILITIES- that is focused the
    Discipline of Management on Management as a truly LIBERAL ART.

                                  Peter F. Drucker
```

> **我认为我最重要的贡献是什么？**
> - 早在 60 年前，我就认识到管理已经成为组织社会的基本器官和功能；
> - 管理不仅是"企业管理"，而且是所有现代社会机构的管理器官，尽管管理一开始就将注意力放在企业上；
> - 我创建了管理这门学科；
> - 我围绕着人与权力、价值观、结构和方式来研究这一学科，尤其是围绕着责任。管理学科是把管理当作一门真正的综合艺术。
>
> 彼得·德鲁克
1999 年 1 月 18 日

"早在 60 年前，我就认识到管理已经成为组织社会的基本器官和功能。"

德鲁克在 20 世纪 30 年代末 40 年代初出版了三本重要著作：1939 年的《经济人的末日》、1942 年的《工业人的未来》以及 1945 年的《公司的概念》。在《公司的概念》一书中，德鲁克首次提到"组织"的概念，并且奠定了组织学的基础。传统社会学中根本没有"组织"的概念，因为传统社会学研究的是社会（society）和社群（community），而"组织"既不是社会，也不是社群，却兼有两者的成分。德鲁克在他 1942 年出版的《工业人的未来》一书中提出：工业社会需要一种取代传统社群和传统社会主要特征和功能的新器官（organ）。正是因为德鲁克在该书中提出"器官"这一概念，1943 年 12 月下旬，美国通用汽车公司副董事长唐纳森·布朗邀请他对通用汽车公司进行内部研究，以便分析它的组织和管理。

那时候，德鲁克最早的两本著作《经济人的末日》和《工业人的未来》已经为他在政治学领域的发展奠定了必要的成功基础。美国政治学协会甚至推举他进入政治理论研究委员会。但是，研究通用汽车公司这样一家企业与政治学却是风马牛不相及的。本宁顿大学的校长路易斯·琼斯这样评价德鲁克研究通用汽车公司所冒的风险："你将永远地毁了你的学术事业。你现在处于究竟是研究经济学还是研究政治学的十字路口。如果接受这个课题，你在这两门学科中都会失去别人的尊重。"

因此，当德鲁克决定用两年时间从内部对通用汽车公司进行研究时，他是冒着个人事业发展的风险的。但是，德鲁克却说："我认定自己必须深入内部，从内部来真正研究一个大公司，把它作为一个人类的、社会的和政治的组织——作为一个统一的机制来研究。"在谈到《公司的概念》这本书时，德鲁克说："《公司的概念》并不只是一本关于企业的著作，它是一本有关组织、管理和工业社会的书。事实上，这是一本从'组织角度'分析企业的著作，也是第一本审视'企业社会结构'的书，而这个社会结构有能力集合众人之力来满足众人的经济需要。这本书同时也是第一个把'管理'视为承担特定工作与责任、履行组织特定机能的著作。"

德鲁克在《管理：使命、责任、实践》(*Management：Tasks, Responsibilities, Practices*，1973年) 一书中指出："管理是一种器官，是赋予机构以生命的，能动的、动态的器官。没有机构（如工商企业），就不会有管理。但是，如果没有管理，那也就只会是一群乌合之众，而不是机构。机构本身又是社会的一个器官，它之所以存在，只是为了给社会、经济和个人提供所需的成果。可是，成果从来都不是由它们做些什么或怎么做来确定的，而是由其贡献来确定的。"

管理是我们的社会机构特别是工商业中领导、指挥和决策的器官，是一种普遍的职能。这种普遍的职能在每一个国家、每一个社会中都面临着同样的基本任务。管理者必须为他所管理的组织指引方向。他必须深入思考本组织的使命，为之制定目标，为了达到本组织必须做出的成果而组织资源。管理者就是法国经济学家萨伊（J. B. Say）所说的"企业家"，负责指引本组织的远景和利用本组织的资源，朝着取得最大的成果和做出最大的贡献而努力。

因此，所有管理者在履行这些重大职能时，都面临着同样的问题：他必须设定工作目标；必须把工作组织起来；必须激励员工以提高生产力；必须衡量成果；最为重要的是，他必须要培养人，包括他自己。

"管理不仅是'企业管理'，而且是所有现代社会机构的管理器官，尽管管理一开始就将注意力放在企业上。"

1930 年以前，少数几位从事管理研究的人，包括 20 世纪初"科学管理"的创始人泰勒（Frederick Winslow Taylor）和第二次世界大战之前的巴纳德（Chester Barnard）都认为，企业管理不过是一般管理的一个分支，基本上与管理其他组织没有什么不同。德鲁克在《21 世纪的管理挑战》（Management Challenges for the 21st Century）一书中指出："管理"最初并不是应用在企业中，而是应用在非营利组织和政府机构里。1912 年泰勒在美国国会上作证时谈到"科学管理"，美国因此初次注意到"管理"一事。当时泰勒并没有提及任何企业，却以非营利的梅奥诊所（Mayo Clinic）为例。而泰勒的"科学管理"最广为人知的实例也不是应用在企业中，而是应用在美国陆军的毕特城兵工厂中——虽然最后因工会的压力而放弃。

经理人（manager）这个名词，以今天的含义，最初也不是应用在企业中。城市经理人（city manager）是 20 世纪初美国的发明。而管理原则第一次被有系统地应用，则是 1901 年罗斯福（Theodore Roosevelt）任总统时美国国防部长鲁特（Elihu Root）对美国军队的重整，同样也不是始于企业。

1922 年在布拉格召开的第一次管理会议，不是由企业人士，而是由当时美国的商务部长胡佛（Herbert Hoover）和世界知名的历史学家、捷克国父马萨里克（Thomas Masaryk）所筹办。福列特（Mary Parker Follett）差不多在同一时期开始她对管理的研究，她从来没有区分过企业或非企业的管理。福列特讨论组织管理的原则，可以引用到所有不同形式的组织。

直到美国大萧条时期以后，因为人们对企业的敌视和对企业主管的不满，才使管理与企业管理开始有所区分。为了有别于企业，公共部门的管理自称为"公共行政"（public administration），主张自己的原则、自己的语言和自己的升迁方式。同样，医院管理自称为"医疗行政"（medical administration），因为管理一词在医疗界被认为是一个肮脏的词汇。

第二次世界大战后，情况发生了变化。主要是由于美国企业管理在第二次世界大战时的良好表现，企业成为一个"好字眼"。此后，在大众和学术界心目中，所有管理都被认定为"企业管理"。事实上，管理不等于企业管理，正如医学不等于妇产科一样。妇产科是医学的一部分，同理，企业管理是管理的一部分。

管理在不同的组织里会有一些差异。因为使命决定远景，远景决定结构。管理沃尔玛和管理罗马天主教堂当然有所不同，其差异在于，各组织所使用的名词（语言）有所不同。其他的差异主要是在应用上而不是在原则上。所有组织的管理者都要面对决策问题，要做人事决策，而人的问题几乎是一样的；所有组织的管理者都要面对沟通问题，管理者要花大量的时间与上司和下属进行沟通。在所有组织中，90%左右的问题是共同的，不同的只有10%。只有这10%需要适应这个组织特定的使命、特定的文化和特定语言。换言之，一个成功的企业领导人同样能领导好一家非营利机构，反之亦然。

（2001年）

管理是一门综合艺术

——彼得·德鲁克的贡献（下）

"我创建了管理这门学科。"

1954年11月6日是管理学中一个划时代的日子。彼得·德鲁克在这一天出版了他的《管理的实践》一书。该书的出版标志着管理学作为一门学科的诞生。在此之前，没有一部著作向经理人解释管理，更没有一部著作向经理人传播管理。

德鲁克在撰写《公司的概念》时，因为需要借阅有关管理方面的书籍而找到了哈里·霍普夫。在谈及哈里·霍普夫时，德鲁克如是说：

> 我老是听人讲起哈里·霍普夫，他是一位保险顾问，建立了一座图书馆。该图书馆成了纽约克顿维尔的通用电气管理学院的核心。于是，我前去拜访霍普夫先生。他是一位年长的绅士，身体欠安。他拥有当时世界上最大的管理文献图书馆，那也是当时世界上唯一的管理图书馆。他的图书馆是一个巨大的房间，拥有成千上万册书籍。当我看到这一切时，我的心沉了下去。他对我说："年轻人，我知道你对管理感兴趣。"我说："是的，先生。"他又说："可是这里只有6本关于管理的书，剩下的都是有关保险、销售、广告和制造的书。"最后我发现这6本书中有3本也不完全是有关管理的。因此，实际上管理书籍是一片空白。

因为当时管理作为自成一派的综合性学科尚未出现，只有会计学、销售、劳工关系，以及论述某一方面管理技能的书。因此当时有关管理方面的书，总是让德鲁克感到"像一本只讨论某个关节——如肘关节——连手臂都没有提到，更不用说提及骨架的人体解剖的书籍"。

1985年，德鲁克曾对一位来访者说："《管理的实践》一书的出版使人们有可能学会如何去管理。在这之前，管理似乎只是少数天才能做的事，凡人是无法做到的。我坐下来花了些工夫，把管理变成了一门学科。"

德鲁克在《管理：使命、责任、实践》一书中用独特的类比阐述道："管理是一门学科，这首先就意味着，管理人员付诸实践的是管理学，而不是经济学、计量方法或行为科学。无论是经济学、计量方法还是行为科学都只是管理人员的工具。但是，管理人员付诸实践的并不是经济学，正好像一个医生付诸实践的并不是验血那样；管理人员付诸实践的并不是行为科学，正好像一位生物学家付诸实践的并不是显微镜那样；管理人员付诸实践的并不是计量方法，正好像一位律师付诸实践的并不是判例那样。管理人员付诸实践的是管理学。"

管理是一门学科的含义之一是，有些专门的管理技巧适用于管理学而不适用于其他任何学科。这些技巧包括组织内的沟通、在不确定的情况下做决策，以及一种特殊的企业家的技巧——战略规划。

管理作为一门特别的学科，有它自己的基本问题、特殊方法和特别关心的领域。一个理解管理学科但并不具备各种管理技巧和管理工具的低能

管理人员仍不失为一个有效的管理者——甚至可能是第一流的管理者，而一个只知道管理技巧和管理手段但并不理解管理学基本原理的人却不是一个管理者，最多只能算是一个技术员。

管理是一种实用学科而不是一种纯理论学科。从这点讲，它可同医学、法律学、工程学相比。它所追求的不是知识而是成就。而且，它并不单纯是普通常识、领导方法，更不是财务技巧的应用。它的实践以知识和责任为基础。

需要提及的是，作为一种实践和一个思考与研究的领域，管理已经有了很长的历史，其根源几乎可以追溯到 200 年以前。但管理作为一门学科，其开创的年代应是 1954 年，即德鲁克的《管理的实践》的问世标志着管理学的诞生。德鲁克精辟地阐述了管理的本质："管理是一种实践，其本质不在于'知'

而在于'行';其验证不在于逻辑,而在于成果;其唯一权威就是成就。"

"我围绕着人与权力、价值观、结构和方式来研究这一学科,尤其是围绕着责任。管理学科是把管理当作一门真正的综合艺术。"

德鲁克针对"责任"、管理人员的"责任"、员工的"责任"以及企业的"责任"谈了很多。1973年,德鲁克将自己几十年的知识经验与思考浓缩到一本书中。这本共达800多页的浩瀚巨著以其简洁而浓缩的书名道出了管理学的真谛——《管理:使命、责任、实践》。据此,我们可以把管理诠释为:管理使命、承担责任、勇于实践。令人惊奇的是,当我在《管理:使命、责任、实务》中搜索"责任"这一词条时,发现该书索引中有多达36处谈到"责任",而竟无一处谈到"权力"。"权力和职权是两回事。管理当局并没有权力,而只有责任。它需要而且必须有职权来完成其责任——除此之外,决不能再多要一点。"在德鲁克看来,管理当局只有在他进行工作时才有职权(authority),而并没有什么所谓的"权力"(power)。

德鲁克反复强调,认真负责的员工确实会对经理人提出很高的要求,要求他们真正能胜任工作,要求他们认真地对待自己的工作,要求他们对自己的任务和成绩负起责任来。

责任是一个严厉的主人。如果只对别人提出要求而并不对自己提出要求,那是没有用的,而且也是不负责任的。如果员工不能肯定自己的公司是认真的、负责的、有能力的,他们就不会为自己的工作、团队和所在单位的事务承担起责任来。

要使员工承担起责任和有所成就,必须由实现工作目标的人员同其上级一起为每一项工作制定目标。此外,确保自己的目标与整个团体的目标一致,也是所有成员的责任。必须使工作本身富有活力,以便员工能通过工作使自己有所成就。而员工则需要有由他们承担责任而引起的要求、纪律和激励。

经理人必须把同他一起工作的人员看成是他自己的资源。他必须从这些人员中寻求有关他自己的职务的指导,并要求这些人员把帮助他们的经理能更好地、更有效地做好自己的工作看成是自己的责任，使他的每一个下属承担起对上级的责任和做出相应的贡献。

德鲁克在《知识社会》（*Post-Capitalist Society*，1993）一书中指出："现在，有关'应得权力'和'授权'的议论很多。这些术语表明以指挥和控制为基础的组织的终止。但是，它们与旧的术语一样是权力和地位的术语。现在我们应该谈论责任和贡献。因为没有责任的权力根本不是权力，它是不负责任。我们的目标应该是使人们负起责任。我们应该问的是，'你应该负什么责任'，而不是'你应该有什么权力'。在以知识为基础的组织中，管理工作不是使每个人都成为老板，而是使每个人都成为贡献者。"

从《管理的实践》问世近半个世纪以来，德鲁克通过著书立说、讲学、提建议等方法，不厌其烦地提出：管理既要眼睛向外，关心它的使命及组织成果；又要眼睛朝内，注视那些能使个人取得成就的结构、价值观及人际关系。

德鲁克在《管理新现实》（*The New Realities*，1989）一书中清晰地解释了为什么称"管理"为一门"综合艺术"。他说："管理被人们称为是一门综合艺术——'综合'是因为管理涉及知识的基本原理、自我认知、智慧和领导力；'艺术'是因为管理是实践和应用。"

我认为，知识的基本原理、自我认知、智慧和领导力这四个方面属于"知"，而实践和应用属于"行"。因此，德鲁克把管理视作一门真正的综合艺术，就是把管理看作"知行合一"的学科。这与中国明代思想家王阳明提倡的"知行合一"是不谋而合的。

（2001年）

事业理论：企业灵魂

企业的永续经营不是靠某个人的直觉，而应建立在明确、简单、深刻的事业理论之上。

《IT经理世界》杂志的编辑曾一直和我探讨，如何将"解读德鲁克"这一专栏办得更好。说实话，写一篇介绍德鲁克的文章不是一件难事。因为，不论从他浩瀚的著述（40多部著作）、丰富多彩的人生阅历（亲身经历两次世界大战）、世人对他无数的赞誉，还是从他众多的真知灼见中，似乎都可以找到切入点。但是，如何系统全面地将德鲁克的管理思想介绍给读者则并非一件轻松的事情。在撰写该专栏的文章时，我经常问自己这样一个问题："如果我只写一篇介绍德鲁克管理思想的文章，这篇文章的主题应该是什么？""如果我写两篇介绍德鲁克管理思想的文章，第二篇文章的主题应该是什么？"我把自我提问作为衡量文章相关性的一个标准。正是基于这样一个标准，德鲁克提出的"事业理论"一次又一次地浮现在我的脑海中，我不得不把德鲁克的"事业理论"作为介绍他管理思想的基础。

我们在现实生活中常常看到，企业在经历了多次高速成长之后，往往会出现停滞、衰退，甚至面临破产、倒闭的灭顶之灾。这样的例子在企业界比比皆是。反思企业的失败，人们最初的认识往往是企业的僵化、企业的快速扩张、资金短缺、官僚主义、员工的懒惰等，解决方案则是战略规划、重组、再造、团队激励等。但问题是，陷入困境的企业通常急于做出"反射性"的决策，即急于寻找答案，而没有提出正确的问题。

德鲁克在分析企业上述问题时独辟蹊径，提出了著名的"事业理论"。在德鲁克看来，每一个组织，无论其是否为商业性的，都会形成自己的事业理论。一个清晰、一致和目标集中的有效理论是无比强大的。例如，1870年，德意志银行的创始人和首任总裁、第一位全能银行家乔治·西门子（George Siemens）提出了一个清晰的理论：在工业化进程中用企业家融资的方式将停留在农业社会中的四分五裂的德国统一起来。在这一理论的指导下，德意志银行经过20年的苦心营造，终于成为欧洲最大的金融机构。它将这一优势地位成功地保持至今，其间经历了两次世界大战、通货膨胀和希特勒的破坏，始终岿然不动、坚如磐石。

同样，事业理论可以解释美国诸多公司的成功以及它们所面对的挑战。那么，究竟什么是"事业理论"呢？

事业理论的构成

德鲁克的事业理论由三个部分构成。

第一，组织对其所处环境的假设。社会结构、市场、客户和技术。

第二，组织对其特殊使命的假设。例如，20 世纪 20 年代，美国电话电报公司（AT&T）确定自己的使命为"让每一个美国家庭、每一个美国企业都能安上电话"。在这一使命的激励下，美国电话电报公司在其后的 30 年中取得了巨大的商业成功（后来，也是这一使命导致了它被肢解的命运——1984 年，因为触犯美国反垄断法而被分拆）。

第三，组织对其完成使命所需的核心竞争力的假设。例如，创立于 1802 年的西点军校认为，自己的核心竞争力在于培养值得信赖的领导人。美国 ServiceMaster 公司的核心竞争力在于为客户提供支援管理服务，而非一流的设备和工具。

我们知道，美国微软公司在创立之初提出的口号是"让每个办公室和每个家庭的桌上都摆上一台电脑"，而且"每台电脑都用微软的产品"。这一口号同美国电话电报公司当初为自己确定的使命如出一辙。微软公司在比尔·盖茨的领导下，正在迅速接近这一目标时，潜伏的危机也随之而来。其原因既非官僚主义，也非丧失技术优势，而是由于微软占有软件市场太多的份额，已构成垄断之嫌，正面临着被美国法院解体的危险。如果比尔·盖茨能痛定思痛的话，他当初的梦想——"每台电脑都用微软的产品"，注定是要遭到失败的。因为，他的梦想违反了美国反垄断法。由此，我们不难看出，组织的使命决定着组织的结果。⊖

⊖ 由于布什上台，微软案出现转机。微软提出的主要申辩理由是，由于 Linux 等技术的兴起，微软同样面临巨大挑战，已不可能构成垄断。

德鲁克认为，**外部环境的假设决定了公司的利润来源，而公司使命的假设则决定了哪些结果在公司的眼中是有意义的**。换言之，即从总体上它们认为自己应该为经济和社会做出什么样的贡献。最后，**核心竞争力的假设说明公司为了保持自己的领导地位所必须具备的特长**。

事业理论的特点

有效的事业理论应该具备哪些特点呢？德鲁克为我们总结了以下四点。

1. 环境、使命和核心竞争力的假设都必须是符合现实的。在 20 世纪 20 年代初，曼彻斯特一个身无分文的年轻人西蒙·马克斯（Simon Marks）和他的三位姻兄创办了玛莎百货公司。他们认为，开办一家为所有阶层服务的商店应该能成为推动社会变革的催化剂。当时，第一次世界大战的爆发极大地动摇了英国的阶级结构，同时也创造了大量追求时髦商品的新型消费者，这些新型消费者追求物美价廉的内衣、长筒袜。这些商品是玛莎百货公司最初的成功商品。紧接着，玛莎百货公司开始系统发展在零售业前所未闻的核心竞争力。当时，成功的百货零售商的核心竞争力是高超的采办货物的能力。玛莎百货公司却认为，百货零售商比生产商更了解客户。因此，应该由百货零售商，而不是生产商来设计产品和开发产品。百货零售商应该去寻找那些能够按照百货零售商的设计和成本要求生产的生产商，委托他们生产产品。玛莎百货公司花了五年的时间才实现这种新定位。

2. 三个方面的假设必须相互协调。在通用汽车公司近几十年长盛不衰的岁月里，这一条起到了至关重要的作用。当时通用汽车公司关于市场的假设与它的最优化生产流程就协调得非常好。在 20 世纪 20 年代中期，通用汽车公司还决心引入新的闻所未闻的核心竞争力：制造流程的财务控制和资本配置理论。由此出发，通用汽车公司发明了现代成本会计和第一套合理的资本配置程序。

3. 事业理论必须为整个组织内的成员所知晓和理解。这一要求在组织的创建阶段比较容易实现。此后，随着组织的日渐成功，它越来越倾向于将自己的理论视为当然，而对这一理论本身的反思却越来越少。整个组织养成了得过且过的风气，凡事只求能够走捷径；考虑问题只是从是否有利于自己出发，而不再以是非为依据。组织开始停止思考，停止向自己提出问题。它记住了答案却忘记了问题。事业理论变成了"文化"。"文化"是不能代替规则的，而事业理论恰恰就是一种规则。

4. 事业理论必须不断经受检验。事业理论不是刻在石板上供人顶礼膜拜的，它只是一个假说，是一个试图解释持续变化的事物——社会、市场、顾客和技术——的假说。因此，任何一个事业理论必须具有自我革新的能力。

启示

中国企业正面临着加入世贸组织带来的挑战，许多企业企盼着手持"魔杖"的天才管理者降临自己的企业，以为他们具有"点石成金"的"魔法"。在与一些企业领导人的交谈中，我发现，他们太关注企业面临的一般性经营问题，迫切需要一些操作层面上的工具，即"如何培养团队精神""如何编制预算"等，而很少谈到企业外部环境的变化、使命、核心竞争力。关注和解决企业的一般性经营问题固然是管理者的职责，但是如果管理者仅仅从企业经营运作的层面上，而不能从"事业理论"的高度上审视自己的企业，其结果只能是解决问题而非发现机遇，在修修补补的困境中度日。难怪有这样一种说法：三流的经理在解决昨天的问题，二流的经理在忙着今天的事，一流的经理在策划明天。

请记住德鲁克的告诫："任何组织要想取得成功，就必须拥有一套自己的事业理论。"首先，分析企业所处的外部环境，确定企业的使命和核心竞争力。如果你的企业已经获得成功，那么应当居安思危，未雨绸缪，引入新的事业理论；如果你的企业面临着挑战，那么应当设计出一套清晰、有效的事业理论，这意味着多年的艰苦工作、反复思考和探索实践。**一个没有事业理论的企业是一个没有灵魂的企业，而没有灵魂的企业是难以胜出的。**

（2001年）

企业是什么

> 企业存在于社会的目的，是为客户提供产品或服务，而不是追求利润的最大化。

在回答"企业是什么"这个问题之前，我们首先来看一看企业是如何建立的，这也许会有助于我们理解企业。德鲁克在《管理：使命、责任、实践》一书中这样解释一家企业创建的过程。

大约在20世纪初，美国最大的百货零售商——西尔斯公司宣告成立。西尔斯的创办人认识到美国的农民代表着一个被隔离而又独特的市场。说到被隔离，因为农民的闭塞使他们无法与当时的销售渠道接触；说到独特，因为农民的需求在某些方面与城市消费者不尽相同。就个体而言，农民的购买力水平是低下的，但是，农民在总体上却代表着一个巨大的、几乎未被开发的市场。

为了能把生意做到分布在全国各地的农家，在创建西尔斯时，需要对客户和市场进行分析，尤其要分析什么是农民的认知价值。此外，还需要在五个独特的领域进行创新。

第一，需要系统的营销规划，即发现和发展能提供农民所需的特殊商品的供货渠道，以农民所需要的数量和质量以及他们所能承受的价格供应商品。第二，需要邮购商品目录，该目录应能消除农民无法进城采购之苦。考虑到这一点，这份目录必须定期发布，而不能像拍卖商品的告示那样，无固定的发布日期；必须摒弃传统的邮购商品的做法，不以浮夸的语言来诱使农民购物，而是实事求是地向农民介绍所提供的商品。通过使农民相信该目录和目录背后的公司的可靠性来发展一个永久的客户。这份目录应该成为农民的"福音书"。第三，陈旧的"买主自行小心"的观念应转变为"卖主自行小心"的观念。西尔斯公司著名的"退您货款，不问任何问题"（无条件退货）的政策充分表明了这个观念。第四，必须寻找一种方式低成本、快捷地满足客户大量的订货。没有邮购工厂，企业的经营是完全不可能的。第五，必须组建起有关的人力组织。

正是基于以上的创新，到第一次世界大战结束时，西尔斯公司已发展成为一个全国性的机构，它的"福音书"是除了《圣经》之外唯一可以在许多农户家庭里找到的印刷品。

基于西尔斯创建的过程，德鲁克得出的第一个结论是：**不能以利润来界定和解释企业**。对"企业是什么"这个问题，一般的工商界人士可能会这样回答："企业是一个创造利润的组织。"（An Organization to Make a Profit.）一般的经济学家可能也会这样回答。但是，这样回答不仅是错误的，而且答非所问。

同样，流行的有关企业和企业行为的经济理论，即利润最大化——这不过是用复杂的方式来表达"贱买贵卖"这句老话——也是错误的。当代经济学家已经认识到这一点，并正试图修正这个理论。当代才华横溢、成果斐然的企业经济学家乔尔·迪安（Joel Dean）就一直坚持这个理论，但他是这样解释的：

> 经济理论中的一个基本假设是，追求利润最大化是每一个企业的基本目标。但是，近年来，利润最大化已由理论家做了重大修正，用来指长远的目标；管理人员的收入，而不是企业所有者的收

入；一些非财务上的收益，如向工作负担颇重的经理人员所提供的越来越多的休闲；以及用于特殊用途的津贴，如限制竞争、维持对管理的控制、满足工资要求、防止反垄断的起诉，等等。这个概念已变得如此笼统，以至于它似乎包括了人们生活中的大多数目标。

这种趋势反映了理论家们日益认识到许多企业，特别是大企业，就边际成本和收入而言，并不是根据利润最大化的原则经营的。

2001年以来，纳斯达克指数狂跌，很多高科技公司市值损失惨重。让我们听一听SUN公司总裁兼首席执行官爱德华·詹德是怎样看待股市与企业运作之间的关系的："遗憾的是，有许多人把企业在股市的表现等同于企业的发展。我认为对于我们而言，应该按照自己的意愿去建设企业。每天早晨起来的时候，我并不是去看纳斯达克股市有什么变化，我脑子里想的是去做我们想做的业务。我们所做的投资是长期投资，这一点我们已经和华尔街的人说清楚了，我们不想采取那些短期行为，把利润扩大到最大化。"

但这不意味着利润和盈利能力不重要。盈利能力不是企业和企业经营活动的目的，而是企业和企业经营活动的一个限制因素。利润不是企业行为和企业决策的理由或根本原因，而是对其有效性的一种检验。任何企业的第一项考验不是利润的最大化，而是获得足够的利润以抵偿经济活动上的各种风险，以此来规避损失。

企业的目的只有一个适当的定义：创造顾客。

德鲁克对企业的独特见解是，要想知道企业是什么，必须从理解企业的目的开始。企业的目的必须存在于企业本身之外。事实上，企业的目的必须存在于社会之中，因为企业是社会的一部分。企业的目的只有一个适当的定义：创造顾客。

是顾客决定了企业是什么，因为只有顾客，通过其对商品或服务的购买，才使经济资源转化为财富，使物品转化为商品。企业想生产什么并非十分重要；顾客想买什么，什么是他们的认知价值，那才是决定性的。他们决定着企业是什么，企业生产什么，以及企业是否会兴旺。

由于企业的目的是创造顾客，所以任何企业都有两项基本职能，也仅有这两项基本职能：营销和创新。营销和创新产生经济成果，其余的一切都是"成本"。

任何一个通过经营商品和提供服务来体现自己职能的组织都是企业。这就是德鲁克给企业所做的定义。

营销是企业独一无二的职能。企业不同于任何其他组织之处在于企业经营产品和提供服务。任何一个通过经营商品和提供服务来体现自己职能的组织都是企业。这就是德鲁克给企业所做的定义。

自1900年以来，美国的经济革命在很大程度上是一场销售革命。20世纪初，美国企业界人士对待营销的典型态度还是"销售部门销售工厂生产的任何产品"。今天，人们日益认识到"市场需要什么，我们就生产什么"。这标志着以产品为导向的时代的结束，以市场为导向的时代的开始。

只有营销一项还不能构成一家企业。在静态经济中，不存在所谓的"企业"，更不存在所谓的"企业家"。静态社会中的"中间商"只是一个收取佣金的"经纪人"或不创造任何价值的投机者。企业只存在于一个发展的经济之中。企业是经济社会成长、发展和变革的一种特殊器官。因此，企业的第二项职能就是创新，即提供更多、更好的产品和服务。

需要强调的是，**创新不同于发明**。创新是一个经济术语，而非技术术语。非技术性的创新（社会创新或经济创新）与技术创新至少是同样重要的。

蒸汽机的发明固然非常重要，但对现代经济的发展起同等重要作用的有两项非技术的创新：通过银行信贷动员创造购买力；把概率数学应用于计算经济活动的实际风险，即保险业。"有限责任"概念的创新及随之发展起来的公众拥有的有限责任公司也有同样的重要性。"分期付款购买"概念的创新则大大提高了人们的购买力。

大多数成功的创新都很平凡，它们只不过利用了变化而已。例如，不久前，我在电视节目中偶然看到一条有趣的报道：生产伏特加酒的俄罗斯厂商，对酒瓶盖做了一项创新，在酒瓶盖里安装了一块小芯片。当消费者打开酒瓶时，会听到一曲悦耳的劝酒歌，为饮酒者助兴。这种创新只是做了一个简单的变化而已，即将音乐贺卡的概念移植到酒瓶的包装上。然而，这个简单的变化却促进了销售，满足了客户的需求，给厂家带来了可观的收益。

德鲁克在《管理：使命、责任、实务》一书中提出了企业经营的八大目标，即市场营销、创新、人力资源、财务资源、实物资源、生产力、社会责任、利润需求。企业经营成功与否应从以上八个方面来衡量。无独有偶，美国《财富》杂志开设了"美国最受尊敬的公司"的评选活动。测评内容包括：公司的改革创新情况、管理质量、员工素质、产品/服务质量、长期投资价值、财务状况、社会责任感以及公司资产运用等方面。每一个评分因素的最高分为 10 分，各项的平均分是排序的依据。

由此可见，企业的绩效应该是各种目标的平衡。衡量企业绩效应采用"平衡计分卡"。⊖事实证明，不论新经济还是传统经济，不论是劳动密集型的服务业还是高科技产业，企业都必须回答的问题是：能否为客户提供令他们满意的产品或服务？这是验证企业能否存在的试金石。同理，作为一位经理人、一个企业家，应铭记企业存在于社会的目的是为客户提供产品或服务，而不是追求利润最大化。只有这样，企业才能在变化莫测的社会中，顶住各种压力和诱惑，在正确的轨道上前进。

（2001 年）

⊖ "平衡计分卡"的创始人是美国哈佛大学商学院的教授罗伯特·S.卡普兰（Robert S. Kaplon）和美国复兴全球战略集团总裁大卫·P.诺顿（David P. Norton）。他们经过与在绩效方面处于领先地位的 12 家公司进行为期一年的项目研究，发明了"平衡计分卡"。这种新的绩效评测体系使高级经理们从四个方面快速全面地考察企业，并为四个基本问题提供了答案：顾客如何看我们（顾客角度），我们必须擅长什么（内部角度），我们能否继续提高并创造价值（创新和学习角度），我们怎样满足股东（财务角度）。

德鲁克的三个经典问题

- 我们的事业是什么？
- 谁是我们的客户？
- 客户的认知价值是什么？

德鲁克因提出以下三个经典问题而享有盛誉：我们的事业是什么？谁是我们的客户？客户的认知价值是什么？全世界的几代经理人都在问着同样的问题。这些问题的答案——"事业理论"，已家喻户晓。德鲁克管理思想最具特色的标志就是：以"事业理论"指导运作。因此，重大决策和首创精神都在验证这一理论，因为在某种程度上，利润是重要的，因为利润可以说明你的理论是否奏效。但利润不是企业的目的，而是结果。如果你没有取得你所期待的结果，那么你应当重新审查你的事业理论。这样做就相当于采用科学的方法，一切始于假设，在实践中验证假设，必要时做相应的修改。只有明确企业的目的之后，企业才能有绩效。重温德鲁克的经典著作以及领悟他一系列精辟而深邃的思想是一个震撼心灵的过程，在"管理"这样一个因追风逐浪而备受嘲弄的领域中，他的真知灼见却经久不衰。

基业长青的企业，需要超越一个人或一代人的生命局限的持续性。它不能像过去单枪匹马的商人那样，看准机会，一段时间只从事一笔买卖，而在从事另一笔买卖以前把前一笔买卖完全清理掉。它必须把资源投入一个长期的未来，所以，必须对未来承担义务，这包括以下方面：业已建立的组织、政策、程序、投资、准备、产品/服务、市场、员工。如果不是以一种事业理论为依据，就不能合理承担这些责任，它就必然会使各种资源分散。而且，如果不以一种事业理论为依据，就不能合理地检查和修正所承担的各项责任。如果不把结果与由这种事业理论所提出的期望相比较，就没有办法确定是否需要进行某项变革。因此，企业领导人需要深入思考和清楚地表述其事业理论，明确地说明企业的宗旨和企业的使命，他们必须不断反躬自问："我们的事业是什么以及它应该是什么？"

德鲁克认为，企业如果不了解自己是什么，代表着什么，自己的基本概念、价值观、政策和信念是什么，它就不能合理地改变自己。只有明确地规定了企业的宗旨和使命，才可能树立明确而现实的企业目标。企业的宗旨和使命是确定优先顺序、战略、计划、工作安排的基础，它是设计管理职位特别是设计管理结构的出发点。战略决定结构，战略决定某一企业中的关键活动是什么。而制定战略的前提是，清楚地了解"我们的事业是什么以及它应该是什么？"

在德鲁克看来，回答"我们的事业是什么"这一问题，是高层管理者的首要责任。企业遭到挫折和失败的一个最重要的原因也许就是很少对企业的宗旨和使命进行必要且适当的思考。与此相反，在美国电话电报公司和西尔斯这样一些杰出的企业中，其成功在很大程度上都是由于创始人有意识地提出了"我们的事业是什么"这一问题，并通过深思熟虑明确地给予了回答。

但是，管理当局不愿提出这一问题，也是有理由的。首先就是这个问题会引起争吵、辩论和分歧。

德鲁克是如何看待不同意见的

绝大多数管理层都对这种意见分歧感到害怕，认为它会造成分裂和痛苦。但是判断"我们的事业是什么"是一个重大的决定，而重大的决定必须以各种分歧的观点为依据。对"我们的事业是什么"这个问题的回答始终是在各种可供选择的方案中做出一种选择，而任何一种可供选择的方案都是以有关企业及其环境状况的不同假设为依据的。它始终是一种有高度风险的决定。它总会导致企业在目标、战略、组织和行为方面的变革。

这个决定太重要了，所以不能在一片掌声中做出。当然，最终必须有个决定。但是这个决定必须以对各种备选方案的理性的分析为依据，而不能以压制不同意见和观点为依据。

一家企业不是由公司的名称、规章或组成公司的条款来规定的。满足客户的需求是每一家企业的使命和宗旨。因此，"我们的事业是什么"这个问题只能从外部、从客户和市场的观点来看，这样才能找到答案。

谁是我们的客户

在确定企业的宗旨和使命时，"谁是我们的客户"是首要且关键的问题。这不是一个容易回答的问题，更不是显而易见的。

客户，即一种产品和服务的最终使用者。对一家企业来讲，客户不会是唯一的一种，通常至少有两种——有时会更多。每一种客户都对企业有不同的期望，会购买不同的东西。但是，企业必须使所有的客户在"我们的事业是什么"这个问题的回答中感到满意。

德鲁克举例说，一家保险公司的业务可以说是出售保险。但是，一家保险公司同时也是一个投资者。事实上，可以把保险公司解释为一种把公众的积蓄导向生产性投资的渠道。一家保险公司需要有两个关于其企业的定义，因为它必须满足两种不同的客户。同理，一家商业银行既需要存款者，又需要借款者，若二者缺一，它就做不成生意。二者即使是同一个人或同一家企业，也有着不同的期望并规定着完全不同的银行业务。如果只满足这两种客户中的一种，就不能取得经济成就。

客户的认知价值是什么

与企业的宗旨和使命有关的最后一个问题是"客户的认知价值是什

么"。这可能是最重要的一个问题，但也是最少被提出的一个问题。

德鲁克一针见血地指出，原因之一是管理人员确信他们知道这个问题的答案——价值就是他们在企业中所规定的质量。但是，这几乎永远是一个错误的答案。

例如，对于十几岁的姑娘来说，一双鞋子的价值在于款式高级。鞋子必须"时髦"，价格只是次要考虑因素，而耐用性则根本不是什么价值。过了几年以后，这个姑娘成了一个年轻的妈妈，款式高级就成了一个次要条件。她不会买那些非常过时的东西，她首先要考虑的是耐用性、价格、舒适度和合脚程度等。

制造厂商常常认为这是一种不合理性的行为。但是，企业必须首先明确，从来都不存在什么非理性的客户。客户几乎毫无例外地是从他们自己的现实情况出发而合乎理性地行动的。客户不是在购买某一种"产品"，而是购买需求的满意度。他们购买的是一种价值。但是，按定义来说，制造厂商不能制造出一种价值来，而只能制造出一种产品。所以，制造厂商认为有价值的东西，对于客户来说可能是不相干的东西或纯属浪费。

美国通用汽车公司凯迪拉克汽车事业部前掌门人德雷斯沃曾经说过，凯迪拉克汽车是同钻石和貂皮大衣在竞争。凯迪拉克汽车买主购买的不是一种"运输工具"而是"地位"。

什么时候提出"我们的事业是什么"

绝大多数企业都是在处于困境的时候才提出"我们的事业是什么"这一问题。但这是一种不负责任的管理行为。正确的做法是在一家企业的初创时期就提出这一问题。西尔斯的伟大正在于此。当然，如果能在公司成功时认真地提出"我们的事业是什么"这个问题，也算相当不错了。

对于一个成功企业的管理层来说，提出"我们的事业是什么"这个问题是不容易的。因为在那个时候，企业中的每一个人都会认为其答案是显而易见和不值得去讨论的。对已经取得的成功进行争论，从来都是不得人心的。

20世纪20年代，美国最成功的两个产业部门是无烟煤矿业和铁路业。两者都认为上帝给予了他们不可动摇的永久垄断权，并且认为他们企业的定义是这样显而易见，根本用不着去考虑"我们的事业是什么"这一问题，当然更用不着去采取行动了。结果，他们从其领导地位上衰退下来了。

我们的事业将是什么

对"我们的事业将是什么"这一问题，即使是最好的答案，迟早也将成为过时的。

20世纪20年代，西奥多·维尔为贝尔电话系统公司（AT&T的前身）所做的回答是："让每一个美国家庭，每一个美国企业都能安上电话。"这一答案到20世纪60年代后期就不合时宜了，电话系统已经不像维尔时代那样有一种天然的垄断权了，其他的电话信息交流方法正在逐渐出现。维尔为贝尔电话系统所下的简明而出色的定义需要重新加以检验。

因此，德鲁克得出的结论是："关于一家企业的宗旨和使命的定义，很少有能维持30年的，更不用说50年了，一般只能维持10年。"高层管理者在提出"我们的事业是什么"这一问题时，还有必要问一问："我们的事业将会成为什么样子？环境已有什么可以看得出的变化，可能对我们企业的特点、使命和宗旨发生重大的影响？"

德鲁克建议我们从人口结构和人口统计方面入手。他认为，人口的变动是我们唯一的可能对未来进行有把握预测的因素。人口统计的重要性不仅在于人口结构对购买力和购买习惯的影响，而且对劳动力规模和劳动力结构也有影响。通过对人口动态和人口结构中发生的一些事件的分析，可以预测出市场、购买力和购买习惯、客户需求以及就业的主要趋势。

我们的事业应该是什么

提出"我们的事业应该是什么"这一问题的目的在于使企业适应预期的变化。它的目的在于修改、扩充、发展现有的、继续经营中的企业。

为了实现企业的宗旨和使命，有些什么机会或可以创造什么机会，以便促进企业的发展？

德鲁克为我们推荐的具体做法是，有计划地淘汰那些不再适合于企业的宗旨和使命，以及不能为客户提供满足并做出出色贡献的旧事物。在决定"我们的事业是什么、将会是什么以及应该是什么"的过程中，一个极为重要的步骤是对现存的产品、服务、生产过程和市场做系统的分析。它们是否仍然可行？它们看来继续可行吗？它们还能为客户提供价值吗？它们还能适用于人口和市场的现实、技术和经济发展的现实吗？如果答案是否定的，我们将如何有系统地抛弃它们，或者至少不再进一步投入各种资源和努力？1981年，当杰克·韦尔奇成为美国通用电气公司掌门人时，他将德鲁克"有系统地抛弃"这一概念作为他整合通用电气公司的理论基础。杰克·韦尔奇整合其公司的唯一标准是"每个事业部都要在其所处行业中居于第一位或第二位，否则就要重整、关闭或出售"。20年后，通用电气的营业额由270亿美元攀升到1290亿美元，并连续多年名列《财富》杂志"最受尊敬的美国公司"榜首。

确定企业的宗旨和使命是艰巨、痛苦并带有风险的。但是，只有如此，才能使一家企业树立目标、制定战略、集中资源并着手工作。只有如此，才能对一家企业进行管理并取得成效。

（2001年）

战略规划的是与非

德鲁克有关战略规划的思想独树一帜。跟随他深邃、犀利的目光，拨开笼罩在战略规划身上的层层迷思，我们发现，战略规划其实很简单，它不过是"为未来做现在的决策"，但它又不简单，别指望从左边输入一些东西，从右边就会生出战略。它不只是规划书，更是行动；它不是预测，而是承担风险和责任。

在"事业理论：企业灵魂"一文中，我们已经知道每个企业都应依据一套"事业理论"运作。这一理论，界定了企业的使命是什么，企业的核心竞争力是什么，客户是谁，客户的认知价值是什么。

德鲁克认为，战略可以将"事业理论"转变成行动。它的目的是使企业在变幻莫测的环境中，能够达成希望获得的结果。战略使一家企业能够果断地把握机会。战略也是事业理论的试金石。战略不能产生预期的效果，往往是事业理论需要重新思考的第一个严重警告。同时，出乎意料的成功也是事业理论需要重新思考的征兆。一家企业只有在拥有了一套战略以后，才能判定一个机会是否真的是机会。否则，就无法判断组织是往预期的方向前进，还是走上了歧途，分散了资源。

战略规划不是什么

战略规划不是魔术箱，不可能从左边输入一些东西，从右边就会生出战略。战略规划也不是预测，因为企业的目的是创造客户。战略规划不是要消除风险，而是要承担应该承担的风险。

德鲁克界定问题的思路确实与众不同，至少在我看来是这样的。他在界定问题时，不但界定问题是什么，而且还界定该问题不是什么。下面让我们一起按照德鲁克典型的思路，来认识和理解企业的战略规划。

1. **战略规划不是一个魔术箱，也不是一堆技术。**它是理性思考后把资源应用于行动所做出的承诺。

在制定战略规划的过程中，可能要用到许多技术，但这并不表明这些技术是必不可少的。战略规划可能需要计算机，但是最重要的问题，即"我们的事业是什么""我们的事业应该是什么"是不能量化并编制成计算机程序的。建立模型或模拟可能有所帮助，但它们不是战略规划，只是用于特殊目的的工具。

量化并不是规划。战略规划中一些最重要的问题只能用这样的语句来表达："较大"或"较小"，"较快"或"较迟"。这些语句虽然也是量化的，但都不易进行运算。还有些同等重要的领域，如政治气候、社会责任或人力资源（包括管理资源），则根本不能量化。它们只能作为限制条件或参数，而不能作为方程式中的一个因素。

战略规划不是"科学方法对企业决策的应用"（如一本有名的有关规划的教科书所下的定义），它是思想、分析、想象和判断的应用。它是责任而不是技术。

2. **战略规划不是预测。**战略规划并不是要掌握未来。任何想要掌握未来的企图都是愚蠢的。未来是不可预测的，如果我们试图预测未来，就只能使我们怀疑自己目前正在做的事。

如果还有人有这种幻想，认为人类可以预测未来，则请试翻阅一下昨天报纸上的头条新闻。请问有哪一条头条新闻，它能在10年以前被预测出来？谁能预测石油禁运、水门事件、苏联解体或全球经济一体化？

我们必须从这一前提出发，即预测并不是值得称道的人类行为，而且，短时期的预测也没有什么价值。之所以需要战略规划，正是因为我们不能预测。

预测不是战略规划，还有另一个更有力的理由：预测是试图找出事件发展的必经之路，或至少是一个概率范围，但是企业的问题是独特的事件，它将改变概率。企业的世界，是一个社会的世界，而不是物理的世界。企业之所以能有所贡献，正是促成某项"特定事件"的出现，也就是所谓的"创新"——改变经济状况、社会状况或政治状况的"创新"。

这正是施乐公司在20世纪50年代发明并销售复印机时所做的。这也正是生产活动房屋的企业家在60年代所做的。活动房屋已成为一种新的、永久性的固定住房，实际上占领了美国全部的低价住房市场。

因此，所谓"预测"以"概率"为基础，并不能适合战略规划的要求——战略规划在于将一个组织引向未来。战略规划的制定者要的是创新和改变我们的工作和生活方式，所以所谓"预测"对他们没有什么用处。

3. 战略规划并不是做未来的决策，而是为未来做现在的决策。决策只存在于目前。企业决策总是将现在的资源投入到不确定的未来之中。

战略规划并不是要预言将来要发生什么事，也不是提前做好未来5年的决策。战略规划只是一种思考的工具——思考为了取得未来的结果现在应该做些什么。战略规划的最终结果即不是信息，也不是一本装订精美的战略规划书，而是工作。我们现在就必须知道该做什么，应该让谁去做。如果我们想让新产品在3年后上市，我们就应具备服务客户所需的销售能力、售后服务能力，拥有经销商和适当的仓储支援，到那时才能真正地提供产品给客户。谈到战略规划，我不由得想起美国前总统艾森豪威尔的一句名言："规划书没有价值，规划过程有价值。"（A plan is nothing, planning is everything.）

4. 战略规划并不是消除风险的企图。它甚至也不是一种使风险最小化的企图。这样的一种企图只能导致不合理和无限的风险，甚至造成某些灾难。

经济活动的本质就是承担风险。经济学中有一个理论，贝姆-巴威克定律（Boehm-Bawerk's Law）认为，现有的经济手段只有通过更大的不确定性，即更大的风险，才能提供更大的经济成果。

德鲁克认为，虽然试图消除风险是无用的，试图使风险最小化是值得怀疑的，但是，所承担的风险是应该承担的风险，这一点却是极为重要的。任何成功的战略规划其结果必须是提高我们对风险的承担能力。因为这是提高企业绩效的唯一途径。但是，为了提高这项能力，我们必须了解我们所承担的风险。我们必须能够在各种承担风险的行动路线中合理地加以选择，而不是以预感、传闻或经验为依据而投入不确定性之中。

战略规划是什么

战略规划是"决策—执行—衡量"的循环。

战略规划是从事下列各项工作的持续过程：系统地制定目前企业的（承担风险的）决策，并尽可能地了解这些决策对未来所产生的影响；系统地组织执行这些决策；通过系统的反馈，对照着我们的期望来衡量这些决策的成果。

这样，规划（无论是长期规划还是短期规划）并不是什么新事物。规划不过是把一项老任务加以组织，否则这项任务就很难完成。尤其重要的是，如果不是有目的地进行，这项任务就很难取得成就。

摆脱过去

为了实现未来的目标，我们要做的第一件事始终是摆脱过去。系统地摆脱过去，本身就是一项规划。

规划从企业的目标开始。在每一个目标领域我们都应该提出这样的问题，"为了实现我们未来的目标，我们现在必须做些什么"。为了实现未来的目标，我们要做的第一件事始终是摆脱过去。绝大多数规划只讲到必须做的新的和增加的事物，如新产品、新生产程序、新市场等。但是，其关键在于摆脱不再具有生产力的、陈旧的、失效的事物。

规划的第一步就是对每一项活动、产品、生产程序或市场提出这样的问题:"如果不是因袭至今,我们会投入这项活动吗?"如果答案是否定的,那么就要问:"我们怎样才能摆脱它——迅速摆脱?"

系统地摆脱过去,本身就是一项规划——这对于许多企业来说都是适用的。它会迫使人们思考和行动。它会使新事物有可用的人力和财力。它会产生行动的愿望。

相反,一项规划如果只规定了要做的新的和增加的事物,而没有规定要摆脱旧的和无生产力的事物,那就不可能取得成果。它将始终是一个规划,而不会成为现实。但是,绝大多数企业的长期规划中却没有提出摆脱过去的决策——也许这正是使这些规划未能实现的一个主要原因。

一切都要转化为工作

管理不在于"知",而在于"行",这是德鲁克管理思想的精要所在。

最好的规划也只是一项规划,即良好的愿望,除非它转化为工作。管理不在于"知",而在于"行",这是德鲁克管理思想的精要所在。标志着一项规划能取得成果的突出特点是使关键人员从事于特定的任务。对一项规划的考验是,管理当局是否切实地把各项资源投入到将来会取得成果的行动之中。如果不是这样,那就只有诺言和希望,而没有规划。

工作不仅意味着由某个人来从事该项职务,而且意味着责任、完成期限以及成果的衡量,即对工作成果和规划过程本身成果的反馈。

在战略规划中,衡量提出了许多现实的问题,特别是概念上的问题。正因为"我们衡量什么"以及"如何衡量"决定了什么结果将被认为是有关的,因而不仅决定了我们看到的是什么,而且决定了我们(以及其他人)做的是什么,所以衡量在规划过程中极为重要。尤其重要的是,我们必须把期望包含于规划决策之中，以便我们能及早知道，这些期望实际上是否可以实现——包括比较清楚地了解在时间和数量方面有些什么重大的偏离。否则，就不能算规划，就没有反馈，没有什么从实际事件回到规划过程的自我控制方法。

决策过程应该基本上是一个理性的过程。由于企业决策的有效性取决于其他人的理解和自愿的努力，所以，决策的方法愈是合乎理性、有组织、以知识而不是以预言为依据，这种决策方法就愈是负责、有效。但是，最终成果不是知识而是战略。而战略规划的目的，则在于"现在即开始行动"。千里之行始于足下，为了明天的成果，我们今天必须迈出行动的步伐。

战略规划不是用事实来代替判断，不是用科学来代替管理人员。它也并不会降低管理能力、勇气、经验、直觉甚至预感的重要性和作用——正如科学的生物学和系统的医学并不会降低医生的这些品质的重要性一样。相反，规划工作的系统组织和为规划工作提供知识，加强了管理人员的判断力、领导力和远见。

（2001年）

为什么需要管理者

管理者是企业中最昂贵的资源，而且也是折旧最快、最需要经常补充的一种资源。

管理者和管理部门是企业的特殊需要，是其特殊器官和特殊结构。我们可以十分肯定地说，没有管理者，企业便无法运作。我们不能认为管理部门所做的只是所有者授权给它的工作。管理部门之所以被需要，不仅由于工作量太大，任何一个人都不可能单独完成，还由于管理一家企业同管理一个人自己的财产是根本不同的两回事。

德鲁克认为，管理者是企业中最昂贵的资源，而且也是折旧最快、最需要经常补充的一种资源。建立一支管理队伍需要多年的时间和极大的投入，但彻底搞垮它可能不用费多大劲儿。21世纪，管理者的人数必将不断增加，培养一位管理者所需的投资也必将不断增加。与此同时，企业对其管理者的要求也将不断提高。

企业的目标能否达到，取决于管理者管理得好坏，也取决于如何管理管理者。而且，企业对其员工及工作的管理如何，主要也取决于管理者的管理及如何管理管理者。企业员工的态度所反映的，首先是其管理层的态度。企业员工的态度，正是管理层的能力与结构的一面镜子。员工的工作是否有成效，在很大程度上取决于他被管理的方式。

为了更好地从企业发展的角度来审视管理者在企业运作中的重要性，德鲁克列举了福特汽车公司的兴起、衰落和复兴的实例。

亨利·福特早在1905年时，尚一贫如洗。但仅仅在15年以后，他就建立了一个世界上最大和获利最丰的制造业企业——福特汽车公司。当时，福特汽车公司在美国汽车市场上独占鳌头，在全世界的汽车市场上也占据着首屈一指的地位，累计盈余高达10亿美元。然而，福特的辉煌仅仅维持了几年，到1927年，高不可攀的企业王国已摇摇欲坠。它丧失了在市场上的领导地位，勉强维持着第三位；几乎长达20年，每年都赔钱，一直到第二次世界大战期间都无力参与竞争。

1944年，公司创始人的孙子亨利·福特二世，当时只有26岁，既无经验，又无训练，接管了这家公司，并在两年后发动了一场"宫廷政变"，驱逐了他祖父时代的遗老，引进了一整套全新的管理班子并拯救了公司。

这些故事，虽然人人都耳熟能详，但大多数人把它看成一个家族事业成败的故事。而德鲁克认为，在这个故事中蕴涵着更深层次的意义：这是一项"错误管理"的"人为控制的实验"。

福特一世之所以失败是由于他坚信一家企业不需要管理人员和管理。他认为，一家企业所需要的只是所有者兼企业家，以及他的一些"助手"。当然，福特也与他当年同时代的企业家有所不同；他的与众不同，在于他的所作所为，一切皆以他坚定的信念为依归。他坚持自己的信念，比如说，他的任何一个"助手"，如果敢于像一个"管理者"那样行事、做决定或没有得到福特的许可而采取行动，那么无论这个人是多么能干，他都要把这个人开除。福特的这种方式只能称为对一种假设的试验，而其结果证明完全行不通。

其实，使福特的故事具有特色且具有重要性的原因是：福特能够试验其假设，一方面是因为他长寿，另一方面是因为他有10亿美元支持他的信念。福特的失败并不是由于个性或气质，而是由于他拒绝承认管理者和管理是必要的；拒绝承认管理者和管理要以工作和职能为依据，而不能以"上司"的"授权"为依据。

20世纪20年代早期，当福特着手证明其无需管理者的假设时，新接任通用汽车公司总经理的阿尔弗雷德·斯隆在实验一种相反的假设。当时，通用汽车公司几乎要被庞大的福特汽车公司压垮了，只是勉强地维持着一个软弱的第二号位置。通用汽车公司像是一座偷工减料的建筑，由若干家在福特汽车公司强大竞争力之下倒下来的小工厂结合而成。它当时在产品上没有一款能胜过对手的汽车，既没有经销商的组织，也没有财务实力。以前各个小公司的所有者都拥有自主权，其实就是可以用自己的方式把公司当成自己的独立王国一样来进行不恰当地经营。斯隆掌权以后，深入思考了通用汽车公司的业务和组织结构应该是怎样的，并把他那批不守纪律的独立"诸侯"改造成了管理班子。结果通用汽车公司在5年内成了美国汽车工业中的领先者，并一直保持到现在。

20年以后，亨利·福特的孙子把斯隆的假设重新付诸实践。福特汽车公司当时濒临破产，20年代初期积累起来的10亿美元由于填补每年的亏空已用光了。年轻的亨利·福特二世在1946年发动"宫廷政变"以后，立即在其公司中着手推进斯隆在20年前在通用汽车公司所做的事。他创建了一套管理结构和管理班子，使福特汽车公司在5年之内就在美国国内外重新获得了发展和获利的力量。它成为通用汽车公司的主要竞争者，甚至在迅速发展的欧洲汽车市场上超过了通用汽车公司。

亨利·福特之所以未能看到采用管理者和管理部门的必要，是由于他认为复杂的大企业是由一个人经营的小店铺有机地"演变"而来的。当然，福特开始时规模很小，但其发展所引起的规模的变化到了一定程度，量变转变为质变，它不再是"他个人的企业"，而成了一家企业，即成了一个要求有不同结构和不同原则的组织——一个要求有管理人员和管理班子的组织。

从法律上讲，管理部门看来好像仍是接受所有者的授权。但是，缓慢演变的现实教训却是，管理部门优先于所有者，实际上是高于所有者，至少在大企业中是这样。即使对大企业拥有全部所有权的所有者也不得不从属于管理部门。所有者的所有权在法律上讲虽然是没有限制的，但是，如果所有者不使自己服从于企业对其所有权进行管理的需要，就会碰到困难，甚至会失去所有权。

德鲁克为我们列举了一个鲜为人知的例子来说明他以上的观点。美国空军在20世纪50年代早期同霍华德·休斯和休斯飞机公司进行谈判。休斯拥有该公司的全部股权和财产，他拒绝让专业管理人员管理该公司，而坚持由他自己来管理，正如30年以前由福特自己经营福特汽车公司那样。于是，休斯飞机公司的主要顾客——美国空军就给休斯一份最后通牒：或者你把你的股权交给一个信托基金会并让专业的管理当局来接管，或者我们使你的公司破产并迫使你完全离开。休斯通过一个信托基金会保持了自己的所有权，但完全放弃了对公司的控制权。

下一个案例也同霍华德·休斯有关。据说，作为美国一家大航空公司——美国环球航空公司的完全所有者，休斯把该公司的利益从属于他的其他一些公司的利益。对一个所有者来讲，这是完全合法的行为，他可以随意处置他的财产。但美国环球航空公司对休斯提起诉讼，要求赔偿1.5亿美元的损失。美国环球航空公司在初审和复审中都胜诉了，只是在1973年最高法院的审理中，才由于这是一个专门性事项而败诉了。最高法院认为，这是有关民用航空局的事情，普通法院无权受理。但是，即使是所有者也必须如同一个管理人员那样来行事（至少在大公司中是如此），这一原则是没有争议的。

通过以上的例子，我们不难看出，**管理的每一项成就都是管理人员的成就，每一项失败也都是管理人员的失败**。进行管理的是人，管理人员的理想、献身精神和人格决定着管理是否成功。

（2001年）

目标管理

> 目标管理把管理者的工作由控制下属变成与下属一起设定客观标准和目标，让他们靠自己的积极性去完成。

1954年，德鲁克提出了一个具有划时代意义的概念——目标管理（Management By Objectives，MBO），这是德鲁克发明的最重要、最有影响力的概念，已成为当代管理体系的重要组成部分。管理者不能监控其他管理者，老福特曾试图这样做，结果福特汽车公司濒临倒闭。管理者必须实施目标管理，这是德鲁克给管理者的忠告。从根本上讲，目标管理把管理者的工作由控制下属变成与下属一起设定客观标准和目标，让他们靠自己的积极性去完成。这些得到共同认可的衡量标准，促使被管理的管理者用目标和自我控制来管理，也就是说，要自我评估，而不是由外人来评估和控制。

美国南方卫理公会大学商学院的理查德·巴斯柯克指出，目标管理这一概念具有哥白尼"日心说"般的突破性效应："德鲁克注重管理行为的结果而不是对行为的监控，这是一个重大的贡献。因为它把管理的整个重点从工作努力（输入）转移到生产力（输出）上来。"德鲁克对这一概念做了精辟的解释："所谓目标管理，就是管理目标，也是依据目标进行的管理。"

德鲁克认为，任何企业必须形成一个真正的整体。企业每位成员所做的贡献各不相同，但是，他们都必须为一个共同的目标做贡献。他们的努力必须全都朝着同一方向，他们的贡献必须融成一体，产生一种整体的绩效：没有隔阂，没有冲突，没有不必要的重复劳动。

因此，企业的运作要求各项工作都必须以整个企业的目标为导向；尤其是每个管理人员必须注重企业整体的成果，其个人的成果是由其对企业成就所做出的贡献来衡量的。管理者必须知道企业要求和期望他做出些什么贡献。否则，管理者可能会搞错方向，浪费精力。

上级必须知道对下级的期待是什么，而下级必须知道自己对什么结果负责。每一位管理者，上至大老板，下至生产工长或主管办事员，都必须明确其目标，否则一定会产生混乱。这些目标必须规定该管理者所管理的单位应达到的成就，必须规定他和他的单位在帮助其他单位实现其目标时应做出什么贡献，还应规定他在实现自己的目标时期望其他单位给予什么贡献。换言之，从一开始就应把重点放在团队配合和团队成果上。

这些目标应该始终以企业的总目标为依据。即使对装配线上的工长，也应该要求他以公司的总目标和制造部门的目标为依据来制定自己的目标。公司可能非常之大，以致个别工长的生产工作同公司的总产出之间似乎有着天文数字般的距离。但工长还是应该把自己的注意力放在公司的总目标上，并用他的单位对整体做出的贡献来表述本单位的成果。如果一位管理者及其单位不能对明显影响企业繁荣和存在的任何一个领域做出贡献，那就应该把这一事实明确地指出来。这对于促使每一个职能部门和专业充分发挥技能，防止各不同职能部门和专业建立独立王国并互相妒忌，以及防止过分强调某一关键领域，都是必需的。

为了获得平衡的工作，各个阶层和各个领域中所有管理者的目标还应该兼顾短期的考虑和长期的打算。而且，所有的目标应该既包括各项有形的目标，又包括管理者的组织和培训、员工的成绩和态度以及公共责任这些无形的目标，否则就是短视和不切实际的。

每一位管理者的工作目标，应该用他对自己所属的更高一级单位的成功应做出的贡献来规定。高一级的管理当局当然必须保留是否批准下级制定的目标的权力，但是，制定自己的目标，却是每一位管理者的责任，并且是其首要责任。它还意味着每一位管理者应该认真地参与他所属的上一级单位目标的制定工作。做一位管理者就意味着承担责任。正因为他的目标应该反映企业的客观需要，而不仅是上司或他本人的想法，他必须以积极的行动承担起对企业目标的责任。他必须知道企业的最终目标，期望于他的是什么，为什么期望于他，对他进行衡量的标准是什么，为什么是这样的标准。在每一单位的整个管理当局中，必须有一种思想的交流。要做到这一点，每一位管理者都必须仔细考虑本单位的目标是什么，并积极且负责地参与制定目标的工作。只有下一级的管理者用这种方式来参与，上一级的管理者才能知道应该对他们提出什么要求。

目标管理的最大优点也许是它使得每一位管理者都能控制自己的成就。自我控制意味着更强的激励：一种要做得最好而不是敷衍了事的愿望。它意味着更高的成就目标和更广阔的眼界。目标管理的主要贡献之一就是它使得我们能用自我控制的管理来代替由别人统治的管理。

管理者要想能控制自己的成就，除了了解自己的目标以外，还必须了解一些其他情况。他必须能够对照目标来衡量自己的成果。在企业的所有重要领域中，应该提出一些明确而共同的衡量标准。这些衡量标准不一定是定量的，也不一定要十分精确，但必须清楚、简单合理。它们必须与业务有关并把人们的注意力和努力指引向正确的方向。它们必须是可靠的——至少其误差范围是大家所公认并为人所了解的。

每一位管理者都应该能得到他衡量自己的成就所必需的信息，并且要及时得到，以便做出必要的修正，获得所需的成果。而且，这种信息应该送交管理者本人而不是其上级。它应该是自我控制的工具，而不是由上级来控制的工具。

通用电气公司的例子表明信息可以有效地用于自我控制。

通用电气公司有一种专门的控制机制——流动审计员。这些审计员至少每年对公司的各个管理部门做一次全面的分析。他们的报告送交被分析的部门的经理。无疑，正是源于这种将信息用于自我控制而不是用于上级对下级的控制的做法，使通用电气公司的管理者产生对公司的信心和信任的感觉。

但是，通用电气公司的做法并未被普遍采用和得到广泛的理解。典型的做法与下面这家大的化学公司的做法相近。

在这家公司中，一个审计科负责对公司的每一个管理部门进行审计，但是，审计的结果不是送交被审计的管理者，而是送给总经理。然后，这位总经理将管理者叫来，向他们展示对他们经营的审计结果。这种做法对管理者士气的影响可从公司管理者给予这个审计部门的绰号——"总经理的盖世太保"上看出来。的确，现在越来越多的管理者管理他们的部门不是为了取得最佳的绩效，而是为了在审计部门审计时得到最佳的评价。

目标管理和自我控制要求自律。它迫使管理者对自己提出高要求。它绝不是放任自流。它很可能导致要求过高而不是要求过低。

目标管理和自我控制假设人们是愿意承担责任的、愿意做出贡献的、愿意有所成就的。这是一个大胆的假设，如果一位管理者从一开始就假设人们是软弱的、不愿承担责任的、懒惰的，那他就会得到一些软弱的、不愿承担责任的、懒惰的员工。如果一位管理者从一开始就假设人们是坚强的、愿意承担责任的、愿意做出贡献的，那么他也可能会遇到一些令他失望的事情。

但是，管理者的职责就在于从一开始就假设人们——特别是管理人员和专业人员——是想有所成就的。

企业所需要的是一种能充分发挥员工的长处、调动员工的责任心、统一各种见解和努力、建立起集体协作、协调员工目标和公共利益目标的管理原则。目标管理和自我控制使得公共利益成为每一位管理者的目标，把外部控制代之以更严格的、要求更高的、更有效的内部控制。它激励管理者采取行动，并不是别人要他行动，而是他自己认为他必须采取行动——换句话说，他是作为自由人而行动的。

德鲁克并不轻易应用"哲学"这个词，这个词太大了。但目标管理和自我控制却可以恰当地叫作一种哲学。它适用于各种层次和职能的管理者，适用于大大小小的各种组织。它把客观的需要转化成为个人的目标，通过自我控制取得成就。这是真正的自由。

德鲁克注重管理行为的结果而不是对行为的监控，这是一个重大的贡献，因为它把管理的整个重点从工作努力（输入），转移到生产力（输出）上来。

每一位管理者，都必须明确其目标。这些目标应该始终以企业的总目标为依据。制定自己的目标，是每一位管理者的责任，并且是其首要责任。

目标管理的主要贡献之一就是它使得我们能用自我控制的管理来代替由别人控制的管理。目标管理把客观的需要转化成为个人的目标，通过自我控制取得成就。这才是真正的自由。

（2001 年）

科学管理与知识工作管理

20 世纪，企业最有价值的资产是它的生产设备；21 世纪，组织机构最宝贵的资产（不论是商业机构还是非商业机构），将是知识工作者和他们的生产力。20世纪，管理最重要、最独特的贡献就是在制造业里将体力劳动者的生产力提高了50倍之多；21世纪，管理所能做的与此同样重要的贡献，是提高知识工作和知识工作者的生产力。

——彼得·德鲁克

体力劳动者的生产力是如何提高的

美国联合包裹运送服务公司（United Parcel Service，UPS）雇用了15万员工，平均每天将900万个包裹发送到美国各地和180个国家。为了实现他们的宗旨，"在邮运业中办理最快捷的运送"，UPS的管理当局系统地培训他们的员工，使他们以尽可能高的效率从事工作。我们以送货司机的工作为例，介绍一下他们的管理风格。

UPS的工业工程师们对每一位司机的行驶路线都进行了时间研究，并对每种送货、暂停和取货活动都设立了标准。这些工程师们记录了红灯、通行、按门铃、穿过院子、上楼梯、中间休息喝咖啡的时间，甚至上厕所的时间，将这些数据输入计算机中，从而给出每一位司机每天中工作的详细时间标准。

为了完成每人每天取送130件包裹的目标，司机必须严格遵循工程师设定的程序。当他接近发送站时，松开安全带，按喇叭，关发动机，拉起紧急制动，把变速杆推到空挡上，为送货完毕后启动离开做好准备，这一系列动作严丝合缝。然后，司机从驾驶室出溜到地面上，右臂夹着文件夹，左手拿着包裹，右手拿着车钥匙。他看一眼包裹上的地址把它记在脑子里，然后以每秒钟90厘米左右的速度快步走到顾客的门前，先敲一下门以免浪费时间找门铃。送货完毕后，他们在回到卡车上的路途中完成登录工作。

这种刻板的时间表是不是看起来有点烦琐？也许是，它真能带来高效率吗？毫无疑问！生产率专家公认，UPS是世界上效率最高的公司之一。举例来说吧，联邦快递公司（Federal Express）平均每人每天取送80件包裹，而UPS却是130件。在提高效率方面的不懈努力，显然对UPS的净利润产生了积极的影响。这是一家未上市的公司，但人们普遍认为它是一家获利丰厚的公司。UPS是世界上效率最高的公司之一就得益于泰勒的科学管理。

什么是泰勒的科学管理

弗雷德里克·泰勒是美国古典管理学家，科学管理的创始人。他在伯利恒（Bethlehem）钢铁厂工作多年，从一名学徒工干起，最后升到了总工程师。在他的管理生涯中，他不断在工厂实地进行试验，系统地研究和分析工人的操作方法和动作所花费的时间，逐渐形成其管理体系——科学管理。泰勒的主要著作是《科学管理原理》（1911）和《科学管理》（1912）。所谓科学管理，就是任务管理或管理任务。

泰勒的科学管理的根本目的是谋求最高效率，而最高的工作效率是雇主和雇员达到共同富裕的基础，使较高工资和较低的劳动成本统一起来，从而扩大再生产。要达到最高的工作效率，可采用的重要手段是用科学化、标准化的管理方法代替旧的经验管理。

彼得·德鲁克在《重新认识科学管理》（1973）一文中论述了弗雷德里克·泰勒当时的具体做法。

首先，需要大幅度地提高工资。 泰勒要求每个管理层将"科学管理"引进管理实践之中去，系统地研究工作和任务——这也是"科学管理"在一开始便要致力研究的原因。同时他还要求在系统引进科学管理理论之前，将工资大幅度上调30%～100%。他在《车间管理》一书中首先提出了"任务系统"这一概念。他说道："本书旨在提倡'高工资'，这也是最有效管理的基础。"他相信以正确的方法做事而带来的生产力的提高，使得工资的提高成为可能，同时，也使得我们走上了如今所谓的"富裕之路"。泰勒坚信工人应该得到由于采取"科学管理"，而使生产力提高所带来的全部好处，不管这种好处是提高工资还是缩短劳动时间。

然而，泰勒并不认为经济利益本身能起什么激励作用。他的预见后来都得到了人际关系学派和赫茨伯格（Fredrick Herzberg）研究的印证：高工资本身并不能带来所谓的激励作用。但是，对低收入的不满却会严重挫伤并摧毁员工的积极性。

其次，根据泰勒的主张，第二个需要根本改变的，就是要消除因不正确的劳动方式而造成的肌肉拉伤和身体损坏。他不止一次地指出"科学管理"可以减轻身体劳动的强度并使人维持体力，也不止一次地指出那种传统型的工作方式会使人的身体受到不同的损伤、疲惫、拉伤、能力的下降以及精力的耗散。在《科学管理原理》的引言中，泰勒有一段论述，他引用了一个很奇特的、完全超出了当时那个时代的比喻：无度地损害体力就好比滥用、摧毁人类宝贵的自然资源，比如森林、煤炭、石油等。

再次，泰勒认为"科学管理"能提供给管理者各种方法，最充分地发展员工人格，以期建立工业时代人与机器的和谐。在美国国会听证会上，他说道：管理层中应逐渐形成这种意识，就是要潜心研究每个员工的性格、人格以及工作绩效，以期找到他的弱点，但更重要的是，找到他在其他领域发展的可能性；然后，尽可能系统地、有计划地培养、帮助并教授这个员工以掌握这一领域的技能。并且，尽可能地给予这个员工各种获得提升的机会，最终使他的个人能力、禀赋得以充分发挥，同时为他所服务的公司提供最高、最有意义和最有价值的工作成果。科学择人、育人并不是一种一次性的行为，而应是长期的任务，也应是管理层需要不断深入探讨的一个主题。

泰勒不仅仅传授他的科学管理学说，同时也在实际工作中实践这些理论。他最有意义的创新之一，同时也是他在每一个引进他的"科学管理"的工厂中坚持要做的事就是委派一些人员进入工厂，这些人员的主要工作职责便是发现工人的优势，并帮助培训工人提高能力，使其变得更有责任心，最重要的是，能承担更大的工作任务。他强调——这一点，他在伯利恒钢铁厂的实践工作最为成功——由于引进"科学管理"，工厂里除了正常的减员或人员调整外，没有一个工人被开除。他一再强调需要丰富工作内容，而不要将工作局限为一种简单的重复性劳动。同时，他还强调管理的职责是去发现一个人适合干什么，然后，确保他能做好这类工作。泰勒认为除了那些极少数有能力但不愿去做工作的人之外，可以为各种类别的工人找到他可以成为"头等工人"的工作。管理层的工作就是确保他们能得到超越自己的机会。

最后，"科学管理"对于泰勒来说就意味着消除"老板"。如果要总结科学管理的特征的话，那么就是这样一个事实：在那些旧的管理模式中被称为"老板"的人，在科学管理模式中变成了员工的公仆。他们的职责就是时刻等待时机用各种方式帮助他们的员工。

泰勒既不关心盈利也不关心成本，他所关心的就是今天我们所说的"生产力"。泰勒坚信"科学管理"是管理层和工人的共同合作。科学管理在实质上不仅要求在任何一个具体机构中工作的工人进行一场全面的心理革命（Mental Revolution），即要求他们在对待工作同伴和雇主的义务上进行一场全面的心理革命，也要求管理部门的人——工长、监工、企业所有者以及董事会——同样进行一场全面的心理革命，即要求他们在对待管理部门的同事、对工人和所有日常问题的责任上进行一场全面的心理革命。没有双方的这种全面的心理革命，科学管理就不存在。

他的学说无论在哪里都很适用。生产力成倍地增长，工人的实际工资大幅上升，工作时间减少，工人的体力、精神压力减小。同时，销售收入和利润提高，而产品价格降低了。

众所周知，第二次世界大战爆发后，美国并没有做好参战的准备，也没有大量运输军队的商船队，没有熟练的光学业工人等，似乎很难支援欧洲。

不过，由于泰勒的"任务研究"，美国能使工人在60天或90天内转变成一流的电焊工、造船工和比德国更精密的光学业的工人。

泰勒式的培训也带来了亚洲的经济复兴，它使这类后起国家能很快就让基本上仍是工业化前的、低工资的劳动力拥有世界级的生产力。

泰勒让工人的实际收入大幅增加和工作时间大幅减少。1910年，发达国家的工人一年至少工作3000小时，如今，美国工人一年至多工作1850小时左右，德国工人一年至多工作1600小时，但他们每小时生产的东西却是90年前的50倍。

泰勒是历史上第一位真正认真研究过劳动的人，他在体力劳动的研究和实践方面取得了巨大的成功。泰勒曾预言："那时（100年以后），工人将生活得和现在的上等商人一样，有各种各样的生活必需品和许多生活奢侈品。"人们嘲笑泰勒的这种想法，然而，这是现在的发达国家走过的路，而这主要得益于应用泰勒的学说。这完全是按照泰勒的预测发生的——由于我们研究了任务，知道如何去组织任务、计划任务，提供给人们适合的工具和正确的知识，我们知道如何能"极大程度地提高人的产出，而不增加他的实际劳动强度"——尽管没有人宣称我们已经达到了最完美的境界。今天，作为美国中产阶级一分子的UPS的司机在过上了体面生活的同时，也为全世界UPS的客户提供迅速和便捷的服务。而且，UPS还是2008年北京奥运会的赞助商。

使知识工作更具生产力

至于要使知识工作更具生产力，需要许多条件，包括设立远期目标和近期目标、有重点和评估手段、系统地摒弃那些不再出成果的任务和不再需要的服务，以及有效的组织结构。

然而，要使知识工作更具生产力还需要"研究任务"以及"任务管理"，包括分析工作本身，理解所需要的步骤、它们的先后顺序和所需要的综合工具。所有这些都是"科学管理"的概念。它不需要"创造力"。它需要艰辛、系统、解析性、综合性的工作，正如泰勒从诸如铲沙、搬运铁器、操作造纸机、或砌砖等各种体力劳动中发展科学原理一样。

德鲁克认为，今天知识工作者的生产力和 1880 年体力劳动者的生产力一样低。实际上，我们有数据表明，虽然现在有这么多高新技术、电脑和各种新设备，但很多知识工作者，比如医院里的护士、企业的区域销售人员，他们中有的人的生产力可能比 1929 年体力劳动者的还要低。也许有人说，这是德鲁克的一家之言，那么就让我们一起来听听权威的经济学家又是怎么说的。

经济学家的数据

在以诺贝尔经济学奖得主罗伯特·索洛（Robert Solow）为首的著名经济学家组成的顾问团领导下，麦肯锡全球学院对美国经济的走势做了为期一年的研究和分析，并结合"9·11"之后的动向，发表了一份题为《美国经济的未来》的报告对 1995～1999 年期间美国的生产率增长进行了分析。

1995～2000 年，美国劳动生产率增幅为每年 2.5%，几乎是 1973～1995 年增幅（1.4%）的两倍。什么使美国的劳动生产率提高了呢？麦肯锡的研究报告表明，劳动生产率提高的推动因素：创新（IT 及其应用）、竞争和需求周期。

1995 年后美国劳动生产率提高表现最为突出的六大行业：零售、批发、证券、电信、半导体和计算机制造。而占整体经济 70% 的其他行业的劳动生产率，或减少，或基本持平。

该报告指出，如果我们对美国全国数据进行进一步的分析，就会发现 IT 和劳动生产率之间的关系其实还没有被充分揭示。美国迅速增长的 IT 投入的 62% 来自六大行业以外的集团经济行业，但很多这些行业的生产率都一度滑坡。事实上，如果我们把其他 53 个经济行业作为整体来看，其劳动生产率几乎没有提高（每年提高 0.3%）。

IT 的广泛应用并不是 1995 年劳动生产率提高的最重要的原因。互联网商务的发展对于劳动生产率的跳跃发展仅贡献了不到 0.01%。

IT 只是富有创造力的管理者所采用的工具之一，用来重新设计核心业务流程、产品或服务。IT 的应用并没有给零售银行、酒店的生产率带来增长。IT 的作用更类似于其他的资本形式，通过向工人和管理人员提供额外的工具来提高劳动生产率。

出现这种状况的原因与 1880 年体力劳动者生产力低下的原因是完全相同的，那就是：我们没有认真研究知识工作者的生产力。现在，知识工作者是劳动大军的中坚力量，他们的生产力不仅决定着个人的成功和所能取得的成就，也决定着组织的成功和最终在竞争中能否生存，还决定着国家的繁荣以及在世界经济中的地位。

德鲁克对提高知识工作者的生产力提供了什么解决方案？

"现代管理之父"彼得·德鲁克从历史的角度断言：21 世纪管理所面临的挑战是如何提高知识工作者的生产力。因为，21 世纪知识工作者的总体数量将高于体力劳动者。知识是发达经济中的主要产品，发达国家的绝大多数人口也靠它来维持生计。知识是体现一个国家经济实力的关键要素，中国也不例外。中国的管理者和世界上其他国家的一样，也需要理解如何领导知识工作者和提高他们的生产力。

中国正向"知识经济"迈进，知识工作者的数量在不断地增长。但知识工作者和体力劳动者的生产力没有保持同步增长，实际上，知识工作者的生产力一直在下降。管理必须要回答这一问题，而问题的关键是如何衡量和提高知识工作者的生产力。事实上，时至今日，知识工作者的生产力下降的问题还未得到足够重视。早在 40 年前彼得·德鲁克就意识到了这一问题。他认为导致知识工作者的生产力下降的原因有：把忙碌（填写文件、来回传递公文、参加各种会议）和生产力混为一谈；资本投资不能替代知识工作，资本投资创造了对知识工作更多的需求，同时还创造了对新的高薪雇员更多的需求；很少有人知道如何去管理知识工作者并提高他们的生产力。

对于知识工作者，恐吓管理是无效的。知识工作者受成就的激励——他们想看到工作的成果，认为工作成果的质量才是工作的生产力。他们愿意发现问题和寻找解决问题的办法，也愿意寻找组织发展的机会。在激励因素中，金钱和晋升机会占次要的地位，因为工作本身是对他们的最好奖赏。他们更期待自己的工作有意义并对组织有贡献，也就是拥有荣誉感。他们需要一个积极的组织环境，良好的环境有利于自我激励。管理者需要做的是明确知识工作者的职权和责任。

1959 年，德鲁克在《已经发生的未来》（Lardmarks of Tomorrow）一书中，创造了"知识工作"（knowledge work）和"知识社会"（knowledge society）这两个专有名词。1969 年，德鲁克在《不连续的时代》（The Age of Discontinuity）一书中，创造了"知识工作者"（knowledge worker）一词，并强调知识工作者对经济发展和社会进步起着决定性作用，因为"知识工作者"涵盖了"专业人员、管理人员和技术人员"。他对于"知识工作"的精辟论述源于自身对"知识工作"的深刻认识。德鲁克认为"工作"只是一项单纯的人类活动，而管理则是一种艺术。德鲁克深知人们从内心深处是反对被"管理"的，这是情有可原的。这一观点尤其适用于知识工作者，因为知识工作者对于自己所从事的工作的了解要比他们的老板深刻得多。对于知识工作者而言，"监督"是一座特殊的地狱，这就是为什么称职的管理者能够通过以下方法来帮助知识工作者发展：让知识工作者专注于结果，经常通过具体事例让他们仔细想一想，他们擅长什么，如何学习，他们看重什么。这种自我认识对于知识工作者取得绩效和提高自身的生产力是至关重要的。

管理者不可能像对待体力劳动者那样真正去时刻监督知识工作者的行为。当他们站在办公室的窗边向外放眼望去时，谁知道他们是在看窗外的鸟呢，还是在构思一件新产品？

知识工作者的流动性很高,因为他们占有生产工具,即他们头脑里的知识,而且他们有能力接受新工作的挑战。如果他们一旦认为没有学习和个人成长的机会,或在现有位置上没有充分发挥作用,他们就会去新的公司。所以,知识工作者更多是对职业的承诺而非对组织的承诺,对事业的尊敬而非对老板的敬畏。

知识工作者的生产力应如何提高

德鲁克对知识工作者生产力的研究长达40多年,他认为有以下5个因素决定了知识工作者的生产力:

- 提高知识工作者生产力的关键:界定任务
- 知识工作者必须对自己的贡献负责
- 界定知识工作的成果和质量
- 在知识工作中要不断地创新
- 不断地学习

提高知识工作者生产力的关键:界定任务

在体力劳动中,劳动者的任务总是由别人给定的。啤酒厂的生产线上出来的不会是洗发水,反之亦然。因为机器设备或生产线决定了生产工人的工作,所以提高体力劳动者的生产力永远涉及不到"应该做什么"的问题,问题始终是"如何做"。而且,对于绝大多数的劳动者来说,雇主掌握并控制着生产资料和工人的生产工具。

然而,对知识工作来说,关键问题却是"任务是什么"。原因之一就是:知识工作和体力工作不同。在知识工作中,"做什么"成为首要的和决定性的问题,因为知识工作者不受设备这类因素的限制。他们在很大程度上是自己控制着自己的工作，他们也必须自己控制工作，因为只有他们自己才能控制和掌握最昂贵的生产资料（即他们所受的教育，以及他们最重要的工具），也就是他们的知识。

当然，他们也确实要用到其他工具，比如护士要用静脉注射器，设计师要用电脑。但是他们的知识决定了他们如何使用这些工具以及用在何处。知识工作者首先回答的是**做什么**这个问题，然后才能开始思考**如何做**。

德鲁克有两个简单而直截了当的问题可以帮助界定知识工作者的任务，这两个问题是：**你靠什么得到现在的报酬？你应该做什么才配得上现在的报酬？**

有数据表明：美国护士工作量只有 1929 年护士工作量的 60% 左右。现在的美国护士受过大量专业培训，而且配备了先进的和昂贵的医疗器械，但他们常常感到失落和痛苦，这究竟是为什么呢？

德鲁克为了研究知识工作者的生产力，他亲自到一家大医院，向这些护士提出了两个问题：你们的任务是什么？你们靠什么得到现在的报酬？他却得到了两个完全不同的答案，一个是护理病人，另一个则是让医生满意，而这两个答案应该说都是正确的。

不管护士如何回答，她们都知道自己不应该做什么。她们知道是什么妨碍了她们的生产力，一个主要因素就是没完没了的案头工作、插花、接病人家属的电话。面对这种现实，所有的护士都知道应该做什么：所有这些琐碎的工作完全可以由薪水较低的非护理人员来做。如果把花在病人身上的时间当成生产力来衡量的话，那么这些护士的生产力提高两倍，病人的满意度也将提高两倍。更为重要的是，由于重新设计了护士的工作，将那些琐碎的常规工作外发给专业服务公司来做，这又催生了一个新的产业——支援管理服务，这个源自北美的外包（outsourcing）服务在 1998 年被邵明路先生引进到中国，创建了光华服务产业（中国）有限公司，该公司现隶属于美国 Armark 公司，也就是 2008 年北京奥运会的配餐供应商。

现在，在德鲁克研究过的这家医院里，护士的人数只是以前的一半，她们却照顾着更多的病人。而且,护士和病人都感到很满意。

案例 2-1 | 知识工作者必须对自己的贡献负责

在品质、产量、时间、成本上,知识工作者决定他应如何负责。知识工作者需要有这样的自主性,但这意味着责任也随之而来。德鲁克列举了 AT&T 的例子以说明这个问题。

早在 70 年前,AT&T 就已经开始对技术人员——在住家或办公室里装修、维修、更换电话的一般技工进行培训。20 世纪 20 年代早期,AT&T 派到客户处工作的技术人员已经成为主要的成本中心,同时也是顾客不满和抱怨的主要对象。AT&T 花了 5 年左右的时间,才体会到这些技术人员的任务不是装设、维修、更换电话和电话线。整个任务本身是要使顾客满意。

认清这一点之后,重整这个工作就非常容易了。首先,要由这些技术人员自己来定义,什么叫作"满意"。他们定出的标准是:不论装新电话还是架设电话线,都要在订购后 48 小时内完成。而在修理电话方面,如果在中午以前接到通知,那么当天就要完成,不然就要在第二天中午之前完成。每个服务人员要确实参与讨论并决定:"是由一个人专门负责装设电话、更换电话,而由另一个人专门负责维修,还是由同一个人负责所有的工作?哪一种方式比较好?"这些技师还需要相当多的理论知识,因此要教他们这方面的知识(当时这些人几乎没几个受过 6 年以上的教育)。他们必须了解电话怎样运行、总机怎样运作、整个电话系统又怎样运作。这些人并不是合格的工程师,也不是具有专业技能的技师,但是他们必须有足够的电子方面的知识,来诊断没有预料到的问题,并且能够当场应付。

然后,采用科学管理的训练方法,让他们学习一套正确、可重复的工作方式。他们要自己决定,怎样把一部电话加装到整个系统里,对某一个特定的家庭或办公室,什么样的电话和什么样的服务是最合适的。因此,除了技工以外,他们还要被训练成营销人员。

最后,AT&T 解决了"如何定义质量"的问题。技术人员在外独立工作,无法被监督,因此,他必须自己定义质量,并且提供高质量服务。AT&T 又用了几年的时间,才找到答案。首先,AT&T 认为,这表示管理人员要不定期出去突击检查——也许每隔二三十个工作日就去检查一次工作质量。不久他们就发现,这个方法是不对的。技术人员和顾客都抱怨。然后,AT&T 定义质量为"没有抱怨",却发现只有特别不满意的顾客才会抱怨。再后来,公司重新定义质量为"顾客的满意程度"。最后,还是服务员自己控制质量,他们必须在一个月或10天后打电话问顾客,对他们所做的工作是否满意,或者有没有其他需要提供更好服务的地方。

从这个案例中,我们可以得到以下启示:首先,我们可以看到"任务是什么"的答案。以 AT&T 的例子来看,答案最初并非显而易见。AT&T 终于了解,唯一知道这个答案的,是技术人员。事实上,在没有问技术人员之前,他们不断摸索;但是一问技术人员,这个答案就变得清晰而明确,那就是"满意的顾客"。

其次,技术人员负起全部责任,提供让顾客满意的服务,也就是提供好的质量。这就显示出技术人员需要哪些正式的知识。当技术人员充分具备了这方面的知识之后——也只有到那个时候,我们才能去提高其他体力部分的生产力。

最重要的是,这个例子表明,技术人员需要被当作知识工作者来对待。不论这项工作里的体力部分有多么重要,也很可能占他们最多的工作时间,重点仍然是要使技术人员有知识、能负责、有生产力,如同知识工作者。

界定知识工作的成果和质量

提高知识工作者生产力的下一个步骤，是界定知识工作的成果和质量以及如何提高质量。

明确界定知识工作者每一项任务应该取得的成果，这将是一个会引起争议的决策，而且要冒一定的风险。但重要的是，要通过这个步骤使知识工作者个人的任务与整个组织的使命结合起来，并使两者协调一致。这个任务应该是知识工作者个人所面临的挑战，而要取得的成果则是他对于组织的使命和整体绩效的贡献。

因此，这是一个需要深入思考的步骤，而且，在这个环节上，还需要组织及其管理层的参与。知识工作者个人必须在这时采取主动，因为他知道自己的任务可以取得哪些结果。而管理层需要做出决策，以决定组织需要什么样的结果。

例如，公司中的科研人员会从科学的角度来界定其任务的结果，很多首席信息官很容易把工作成果定义为获得更多的数据和配置更快、更先进的计算机。他们甚至从来不过问公司想取得什么样的结果。

要求知识工作者界定自己的任务和工作成果是必要的，因为知识工作者必须能够管理自己。

每个人拥有的知识是不同的，即使是在同一领域，每个知识工作者都有他自己独特的知识体系。由于知识工作者各自的专业知识，组织中任何人都不如他们更了解自己的专业领域。确实，他们必须比别人更了解自己的专业领域，而且公司聘用他们，也是因为这一点。

这就是说，一旦知识工作者明确了自己的任务，并正确地重新设计了自己的工作，他就应该制订出自己的工作计划并对其负责；应该让知识工作者认真思考并制订出自己的工作计划，然后把计划提交给管理层。工作计划的内容应该包括：我要把精力集中在哪些工作上，对于由我负责的工作可以期望得到什么样的成果，最后期限是什么时候。知识工作者既需要自我管理，也需要承担责任。

当我们谈到体力劳动的质量时，我们通常是从反面角度来说的，我们常常会考虑如何杜绝缺陷。在体力劳动中非常流行的"全面质量管理"首先产生于日本，后来又在美国普及。对于大多数体力劳动来说，我们利用现代统计学就能很容易地制定出质量标准。也就是说，用统计的方法就可以明确哪些缺陷以及什么样的缺陷会使体力劳动不符合质量标准，从而不能被认可。

在企业管理中也是如此。以电脑技术人员为例，提供更多的数据（即使这些数据是正确的）并不代表工作质量好，而提供管理层能够用来决策的数据才代表工作质量好。因此，在所有知识工作中，我们需要对质量进行明确的定义，而同样的，知识工作者自己必须认真思考这个问题。

我的一位同事曾给我讲过这样一个故事：他曾在一家设计院工作多年。一天，一位领导对一位设计师大发雷霆，怒斥道："我观察你一上午了，从一上班你面前就摆着图纸，现在都是中午了，你一条线都没画出来，看看人家小李（绘图员），一上午晒了那么多张图纸。"这位领导哪里知道，图纸上的一条线需要多少复杂的构思和计算，这不是简单的重复劳动。他用简单的"数量"来衡量设计师的工作。

还有一点需要提及的是：人与人的沟通和争取同事的理解对于知识工作者是非常必要的。

一旦你明确了自己应该集中精力做什么、不应该做什么、如何从自己的工作中去掉这些不该做的事情，以及你的工作成果应该是什么，你就应该确保每一个与你共事的人，以及每一个你在工作中需要依赖的人，都知道并理解你计划做哪些工作，以及你计划停止做哪些工作。

要做到这一点，只有一个办法，那就是：把你的计划写下来，与每个人讨论。如果你不这么做，你就不能创造生产力，而只能造成混乱。

在知识工作中要不断地创新

创新不是灵光乍现,它是系统的艰苦工作。创新机遇的七大来源:

- 意外的成功或失败
- 不协调
- 程序的需要
- 产业和市场结构的改变
- 人口结构的改变
- 认知的变化
- 新知识

只要以上任何一方面有所变化,我们都必须质疑:这是不是一个让我们可以创新的机会?它可以用来发展不同的产品吗?这会不会带来新的且不同的市场、客户、科技或销售渠道?

不断地学习

知识工作者必须在他们的工作过程中不断地学习,而一个知识型组织必须既是一个学习型组织,也是一个教育型组织。

在当今的所有领域中,知识都在不断变化,知识工作者如果不在工作中不断地学习,很快就会落伍。有数据表明,信息量每 5 年就翻一番。一份《纽约时报》周日刊的信息比 17 世纪一个英国人一生获得信息的总和还要多。这也就意味着,2003 年曾获得博士学位的人,如果他在过去的 5 年里没有学习,那么他的知识已经老化。我的一个学生不久前和我说,他在中国石油业工作过十几年,可谓业界的行家,几年前他到美国读 MBA,2002 年回到国内开始创业。他说中国石油业发生的变化之大,无论是在运作方式、融资渠道还是在游戏规则等方面与往日都已不能同日而语,对于现在的中国石油业，他简直就是一个门外汉。

而且，知识型组织需要知识工作者理解他们的同事正在做什么或正在试图做什么。由于他们每一个人都各有专长，所以知识工作者有责任向他们的同事传授专业知识，特别是当他们自己的专业知识发生变化的时候。

这尤其意味着，知识工作者需要每年思考一次下面这三个问题：我需要学习哪些知识才能赶得上本专业的发展？我的同事需要对我的专业领域了解多少？我的知识能在哪些方面对公司和同事的工作有所帮助？

当然，知识工作者还需要把自己对这三个问题的理解告诉同事，同事的工作、支持和理解对于知识工作者取得成效也非常重要。

德鲁克几十年来一直强调，知识工作者有责任让他的上级了解他的专业知识。在一个知识型组织中，每个人都是某个方面的专家。例如，从事过销售工作的营销副总裁很了解销售工作，但是他可能从来没参与过广告或促销工作，也没有参加过销售预测、价格制定和物流等工作。然而，当需要对广告活动做出决策时，还是需要由这位营销副总裁来负责。

如果负责广告工作的人没有帮助副总裁了解本公司、本行业和市场中有关广告的知识，那么我们可以想象，这位副总裁很有可能会在"在什么媒体上做广告"这一关键问题上做出错误的决策。我们应当牢记：知识工作是专业工作。古人讲的术业有专攻，说的就是这个道理。当代心理学的第一法则就是：对于你显而易见的，他人未必知悉。

在当今的商界，管理者犯严重错误的一个主要原因就是，下属没有向管理者讲解有关专业知识。一些非常成功的管理者现在已经养成了这样的习惯：他们每年都会问一次自己的每一个直接下属："为了让我知道现在存在的机会、事情和问题，你们有什么专业知识需要向我传授吗？"

根据德鲁克的经验，只要明确了任务，然后停止那些对工作成果没有帮助的工作，就可以使知识工作者的生产力提高一两倍，而且这个结果可以在很短的时间内实现，如护士只需要一年或者不到一年的时间；即使是首席执行官，也很少会超过一年。

当然，有了这样的提高以后，知识工作者的生产力每年提高的速度就会慢下来。但是，通过在工作中不断学习，生产力和工作质量每年还可以提高4%～6%。这意味着，知识工作者生产力提高的速度要比20世纪体力劳动者生产力提高的速度快得多。

而且，知识工作者的知识越渊博、承担的责任越大，他的生产力提高的速度也就越快。这种生产力的提高不仅表现在数量上，而且表现在质量上。

提高知识工作者的生产力需要管理层的参与和承诺，还需要管理层做出具体行动。它首先需要管理层认识到，知识工作者不是一种成本，而是一种资产。而资产需要不断增值，所以应该让知识工作者这种资产产生更多的效益，具有更高的价值。因此，提高知识工作者的生产力是管理层的责任。每个企业都在高喊"以人为本，人是企业宝贵的资产"。什么叫以人为本？是以人为成本，还是以人为资本？既然人是企业宝贵的资产，为什么在资产负债表上看不到人的价值？任何读过大学一年级财务课的学生都知道：资产负债表所列的资产必须是能以货币形式计量的资产。也许是难以给每个人标价，因此人的价值没有在资产负债表中表现出来。我们同时也知道：资产负债表是为企业破产清算而发明的一种度量工具。我们还知道：人在文明的社会是不能买卖的。但是，很少有人知道：人的价值在资本市场已得到了充分的肯定，并以货币的形式反映出来。

以宝洁公司为例，宝洁的市值为1450亿美元，而宝洁的固定资产和流动资产为450亿美元，两者之差为1000亿美元。这1000亿美元的价值源自两个方面：宝洁人员和宝洁的品牌。如果没有人来创造、发明和创建品牌的话，宝洁就不会有任何品牌，因此，宝洁人是宝洁公司的重要资产。我们终于明白了一个道理：人确实比机器厂房还值钱。

德鲁克每次看到的知识工作者的生产力迅速提高，都是因为知识工作者个人——特别是管理者和专业人员个人的努力，而与管理层是否督促他们这样做没有多大关系。决定知识工作者的生产力提高的大部分因素，都是掌握在知识工作者个人手里的。大多数情况下都是知识工作者个人首先采取行动并做出榜样，然后组织才发生了转变，才开始重视知识工作者的生产力。

需要强调的是，知识工作者的生产力问题对于管理层是一个挑战，而且也是管理层应该承担的责任。对于一家公司或一个国家来说，真正的也是唯一的竞争优势，就是知识工作者的生产力。21世纪管理者面对的挑战就是提高知识工作者的生产力，人类的福祉依赖于生产力的提高，这是被泰勒"科学管理"所证实的真理。德鲁克也通过对知识工作者的生产力长达40多年的研究，为我们总结了上面的提高知识工作者的生产力的5个因素。

剩下的事就是我们自己的了，那就是去实践。套用德鲁克那句家喻户晓的话来结束本节："管理不在于知，而在于行。"让我们起而行，去提高知识工作者的生产力吧。

（2003年）

21世纪CEO的职责⊖

2004年10月1日，美国德鲁克档案馆就21世纪CEO的职责举办了"智者对话"。德鲁克和宝洁公司CEO雷富礼就此各自发表了他们的看法。

以下是德鲁克的最新思想。

⊖ 本文由笔者译自美国克莱蒙特研究生大学校刊《知识之火》，2005年春季号。

德鲁克：21 世纪 CEO 的职责

CEO 是美国的发明。这可能是美国对现代组织所做的最重要的贡献。大家想当然地认为，CEO 没有自己的工作，他们基本上是教练和在困境时扭转乾坤的垒球内场手，否则只是在一旁指手画脚。但根据我的实践，CEO 的工作不是这样的。我坐下来仔细地思考了什么是 CEO 的具体工作。以下便是我对 CEO 工作的一些看法。

首先要说的是，CEO 要承担责任，而不是享有"权力"。你不能用工作所具有的权力来界定工作，而只能用你参与这项工作所产生的结果来界定。CEO 要对组织的使命、行动、价值观和结果负责。最重要的就是结果。有鉴于此，CEO 的工作因他们所服务的组织不同而有所不同。

CEO 是将组织与外界连接在一起的人。组织内部只有成本，结果存在于组织的外部。这意味着 CEO 应当仔细思考在他们的组织内部有什么信息，组织的外部又有什么信息，以及如何组织这些信息。到目前为止，只有少数 CEO 这样做了。整合组织内外部的信息是 CEO 未来的主要工作之一。

同样重要的是，只有 CEO 才能做的，就是决定"我们的事业是什么，我们的事业应当是什么"，更为困难的是决定"我们的事业不应当是什么"。只有做出了以上的决定，CEO 才能决定什么结果对他所服务的组织是有意义的。

这对非营利组织尤为困难。在所有发达社会中，非营利组织和企业的比例至少是 5∶1。从根本上来说，在发达社会中企业的有效运作提供了非营利组织实现其目的所需的社会资源。社会越发达，非营利组织就越普遍。

CEO 要做出平衡的决策，即在目前的需求和高度不确定的未来投资之间取得平衡。这种决策是所有经济活动的精髓所在。CEO 必须对此做出决策，否则，如果组织涉足各个领域，分散精力和资源，则最终将一事无成。

CEO 要配置组织的一项特殊的稀缺资源——高绩效的人。一个人越有能力，他就越有可能是高度专业化的。世界上没有通才。一位伟大的钢琴演奏家很可能连机票都订不了。你是把他当钢琴演奏家请来的，而不是看他是否能看懂航班表。CEO 的特有工作就是将高绩效的人安排在能让其产生结果的岗位，也就是用人之长。这一点我是从马歇尔将军那儿学来的，他是美国第二次世界大战期间的参谋总长。有一次，他的下属向他请示人事安排问题。他说："拿一份名单来，告诉我他们能做什么，而不是不能做什么。"卓有成效的管理者要能使人发挥其长处，因为只有长处才能创造结果。

最后，这一点很重要，CEO 要通过身体力行去树立组织的价值观和标准。太多的 CEO 认为组织的价值观和标准是靠讲话讲出来的。其实不然，组织的价值观和标准是靠 CEO 身体力行做出来的。

雷富礼：CEO 的作用是其职责所决定的

我完全同意德鲁克的两个重要观点：第一，CEO 是将组织与外界连接在一起的人。组织内部只有成本，结果存在于组织的外部。第二，CEO 最重要的工作是配置资源和人才。这两个问题是连在一起的。

在我看来，CEO 是将组织与外界连接在一起的人，这意味着，世界上任何地方的 CEO 都要思考一件最重要的事情：变化。变化是我们永远可以期待的永恒主题。变化变得越来越不可预测，越来越复杂，时刻都有来自四面八方的变化。

面对变化，人和组织有四种选择，忽视变化、抗拒变化、适应变化、影响变化，进而把变化转变成他们的优势。忽视和抗拒变化的人将不会生存；适应变化的人仅能生存；唯有引领变化的人才能赢，经常是大赢。

面对持续变化，CEO 的工作就是创造条件使组织有能力在不断转变的过程中最终胜出。这也是我为什么非常强调领导力发展。面对变化，唯一能使公司可持续发展的就是确保我们所有的岗位都有领导者，他们身体力行公司的宗旨、价值观和原则，他们有能力激发他们的组织将变化转变成优势。

一些人可能已经听说过，这是真的——我坚持每周日晚上与我的人力资源主管一起工作一段时间。每周我们一起审核宝洁人才发展计划。我对宝洁公司的100名总经理、20名总裁和300名经理人的情况了如指掌。

注重领导力反映了这样一个简单现实：人是我们公司的重要资产。公司不领导变化，公司不为消费者服务；是人领导变化，是人为消费者服务。

你知道吗？投资者懂得这一点。宝洁的市值为1450亿美元，而固定资产和流动资产为450亿美元。两者之差为1000亿美元。这1000亿美元的价值源自两个方面：我们的人员和我们的品牌。如果没有人来创造、发明和创建品牌的话，我们就不会有任何品牌，因此，宝洁人是我们重要的资产。

所以，我每隔一个月就把我的高管团队聚在一起，花上两天的时间来讨论人员发展问题。每个周一早上我们一组人检讨公司人员发展的工作。我们为他们的成长和培训投资。我们正在培养目前和未来的变化的领导者。

作为CEO，这是我最重要的工作。衡量我绩效的最好方法，既不是看公司每年的成长，也不是看10年的成长，而是看这些未来的领导人引领变化和影响变化的能力，进而使宝洁人在其强大品牌的推动下有能力改善消费者的日常生活——这也是宝洁公司存在的原因。

3

第 3 章

解读德鲁克

THE DRUCKER CENTENNIAL

管理学：德鲁克留给人类的伟大遗产㊀

1954年11月6日是管理学界一个划时代的日子，彼得·德鲁克在这一天出版了他的《管理的实践》一书。该书的出版标志着管理学作为一门学科的诞生。在此之前，没有一部著作向管理者解释管理，更没有一部著作向管理者传播管理。

1985年，德鲁克曾对一位来访者说："《管理的实践》一书的出版使人们有可能学会如何去管理。在这之前，管理似乎只是少数天才能做的事，凡人是无法做到的。我坐下来花了些工夫，把管理变成了一门学科。"

很少有人能享有开创一门学科的殊荣，作为公认的"现代管理之父"，彼得·德鲁克对享有此殊荣当之无愧。在过去的60余年里，他的著作、讲座和咨询工作为攻读管理学的学生建立了丰富的宝库，并且为管理者与企业家提供了取之不尽、用之不竭的灵感和相关方法的源泉。

企业界和学术界对德鲁克有各种各样的评价，尤其在德鲁克离开后，人们对他的评价更是莫衷一是。而这些评价都是基于他们各自不同的角度。德鲁克也许早就料到，他百年之后，人们会不惜笔墨对他的一生和他的工作品头论足，因此，他早已给他的一生做了定论，不必再由他人代劳了。为了准确地了解彼得·德鲁克在过去60余年里对世界的贡献，我愿意和读者一起分享2000年9月29日我在美国德鲁克档案馆发现的彼得·德鲁克的《我认为我最重要的贡献是什么？》一文。这篇定论性文章被打印在德鲁克的私人信笺上，并有先生的亲笔签名（见第36页）。

德鲁克指出："管理是一种器官，是赋予机构以生命、能动、动态的器官。没有机构（如工商企业），就不会有管理。但是，如果没有管理，那也

㊀ 本文为2005年笔者为机械工业出版社出版的德鲁克《管理的实践》一书所作的推荐序。

就只会有一群乌合之众,而不会有机构。而机构本身又是社会的一个器官,它之所以存在,只是为了给社会、经济和个人提供所需的成果。"

管理是我们的社会机构,特别是工商业中领导、指挥和决策的器官,是一种普遍的职能。这种普遍的职能在每一个国家中,实质上在每一个社会中都面临着同样的基本任务。管理者必须为他所管理的组织指引方向,必须深入思考本组织的使命,为之制定目标,并为达到本组织必须达成的成果而组织资源。

需要提及的是,作为一种实践和一个思考与研究的领域,管理已经有了很长的历史,其根源几乎可以追溯到200年以前。但管理作为一门学科,其开创的年代应是1954年,即《管理的实践》的问世标志着管理学的诞生。而正是彼得·德鲁克创建了管理这门学科。2005年11月28日的美国《商业周刊》的封面故事是:"彼得·德鲁克:发明管理的人。为什么彼得·德鲁克的思想仍然重要?"德鲁克精辟地阐述了管理的本质:"管理是一种实践,其本质不在于知,而在于行;其验证不在于逻辑,而在于成果;其唯一权威就是成就。"

德鲁克对"责任",包括管理者的"责任"、员工的"责任"以及企业的"责任"谈了很多。1973年,德鲁克将自己几十年的知识、经验及思考浓缩到一本书中,即《管理:使命、责任、实践》。这本浩瀚巨著以其简洁而浓缩的书名道出了管理学的真谛。据此,我们可以把管理诠释为:管理使命、承担责任、勇于实践。令人惊奇的是,当我在《管理:使命、责任、实践》这本书中搜索"责任"一词时,发现本书中有多达36处谈到"责任",而竟无一处谈到"权力"。"权力和职权是两回事。管理当局并没有权力,而只有责任。它需要而且必须有职权来完成其责任——除此之外,绝不能再多要一点。"在德鲁克看来,管理当局只有在它进行工作时才有职权,而并没有什么所谓的权力。2004年10月1日,德鲁克在美国德鲁克档案馆举办的"智者对话"活动中,精辟地阐述了21世纪CEO的职责,他又一次也是他最后一次面对众多高管人员强调了管理者的责任。他讲道:"首先要说的是,CEO 要承担责任,而不是享有'权力'。你不能用工作所具有的权力来界定工作,而只能用你参与这项工作所产生的结果来界定。CEO 要对组织的使命、行动、价值观和结果负责。最重要的就是结果。有鉴于此,CEO 的工作因他们所服务的组织不同而有所不同。"

德鲁克反复强调,认真负责的员工确实会对管理者提出很高的要求,要求他们真正能胜任工作,要求他们认真地对待自己的工作,要求他们对自己的任务和成绩负起责任来。

责任是一个严厉的主人。如果只对别人提出要求而不对自己提出要求,那是没有用的,而且也是不负责任的。如果员工不能肯定自己的公司是认真的、负责的、有能力的,他们就不会为自己的工作、团队和所在单位的事务承担起责任来。

要使员工承担起责任和有所成就,就必须由实现工作目标的人员同其上级一起为每一项工作制定目标。此外,确保自己的目标与整个团体的目标一致,也是所有成员的责任。必须使工作本身富有活力,以便员工能通过工作使自己有所成就。而员工则需要有由他们承担责任而引起的要求、纪律和激励。因此,进入德鲁克管理世界的捷径就是从认识管理者的责任、员工的责任和企业的责任开始。

自《管理的实践》问世近半个世纪以来,德鲁克通过著书立说、讲学、提建议等方法,不厌其烦地提出:管理既要眼睛向外,关心它的使命及组织成果;又要眼睛朝内,注视那些能使个人取得成就的结构、价值观及人际关系。

德鲁克在《管理新现实》一书中清晰地解释了为什么称"管理"为一门"综合艺术"。他说:"管理被人们称为是一门综合艺术——'综合'是因为管理涉及知识的基本原理、自我认知、智慧和领导力;'艺术'是因为管理是实践和应用。"

为了表彰德鲁克对世界所做出的杰出贡献，2002年6月20日美国总统乔治·布什授予德鲁克"总统自由勋章"。布什总统对德鲁克的评价是："彼得·德鲁克是世界管理理论的开拓者并率先提出私有化、目标管理和分权化的概念。"为什么德鲁克在92岁的高龄才得到"总统自由勋章"？我们也许都还记得：安然、世通、安达信等美国大公司都因为做假，而纷纷倒闭。如果长此以往，华尔街将有崩盘的危险，到时不但美国的经济遭到重创，世界的经济也会受到严重的影响。面对这种情况，布什到华尔街做了题为"公司的责任"的演讲，要求美国公司的管理人员要恪尽职守。在这样的背景下，布什授予德鲁克"总统自由勋章"无疑是在向公众传达这样一个信息：责任是维系经济和社会发展的根本原则。而德鲁克管理学的核心就是：责任。

管理是关系到人类福祉和世界未来的决定性因素

1954年，德鲁克在《管理的实践》中指出，无论就经济还是社会发展而言，美国都居于领先地位，如果美国要避免走下坡路，只有提高管理能力和持续改善管理绩效。而在美国以外的其他国家，管理更具有决定性的作用，欧洲在战后能否恢复经济繁荣，这首先取决于其管理者的工作绩效。至于发展中国家能否成功地发展经济，在很大程度上取决于它们能否迅速地培养出称职负责的管理者。管理者的能力、技能和职责的确对人类福祉和世界未来至关重要。

《管理的实践》在德鲁克的管理思想发展过程中是一部承上启下的著作。

第二次世界大战期间，德鲁克花了18个月研究通用汽车公司并撰写了《公司的概念》一书。德鲁克在该书中首次提出"组织"的概念，并且奠定了组织学的基础。《公司的概念》成为第一部试图描写组织实际工作情况、挑战、问题和原则的著作。德鲁克在该书中提出的"分权""事业部"仍是我们21世纪企业组织设计的基本原则。

50年后，吉姆·柯林斯在《基业长青》中坦言："我们也发现，我们的研究和德鲁克的著作深深契合，事实上，我们对德鲁克的先见之明深为敬佩。研读他的经典之作，如1946年出版的《公司的概念》、1954年出版的《管理的实践》、1964年出版的《为成果而管理》，你会深深叹服他遥遥领先今日管理思潮的程度。事实上，在我们做这个研究时，遇到很多深受德鲁克作品影响的公司，惠普、通用电气、宝洁、默克、摩托罗拉和福特只是其中几家而已。"

《管理的实践》一书中所提出的许多重要概念，又发展为德鲁克日后许多管理著作的主题。其中包括1964年出版的《为成果而管理》、1973年出版的《管理：使命、责任、实践》以及1980年出版的《动荡时代的管理》等。如果说《圣经》和《希腊神话》是欧洲文学的土壤，那么，《管理的实践》就是管理学的肥沃土壤。

《管理的实践》是"第一本"将管理视为整体的管理书籍。更具有创新意义的是，德鲁克视社会和企业为有机体，因此，管理成为组织社会的基本器官，而器官只能按照其功能来定义。管理作为企业的具体器官，它具有以下三个功能。

管理企业

德鲁克对企业的独特见解是，要想知道什么是企业，必须从理解企业的目的开始。企业的目的必须存在于企业之外。事实上，企业的目的必须存在于社会之中，因为企业是社会的一部分。企业的目的只有一个适当的定义：创造顾客。

由于企业的目的是创造顾客，任何企业都有两项职能，也仅有这两项基本职能：营销和创新。营销和创新产生经济成果，其余的一切都是"成本"。

要管理好企业，首先得回答德鲁克的三个经典问题：我们的事业是什么？我们的事业将是什么？我们的事业究竟应该是什么？我们的事业是什么，并非由生产者决定，而是由消费者来决定；不是靠公司名称、地位或规章来定义，而是由顾客购买商品或服务时获得满足的需求来定义。因此，要回答这个问题，我们只能从外向内看，从顾客和市场的角度，来观察我们所经营的事业。企业最高管理层的首要职责就是提出这个问题："我们的事业是什么？"

德鲁克的关于企业需要设定目标的八大领域——市场营销、创新、人力资源、财务资源、实物资源、生产力、社会责任、利润需求，得到了美国商界和媒体的认可。美国《财富》杂志评选"美国最受尊敬的公司"和"世界最受尊敬的公司"时，其评价指标都是基于德鲁克关于企业的八大目标而设定的。从2001年起，中国也开始举办"中国最受尊敬的企业"的评选活动，其评价指标也是基于德鲁克关于企业的八大目标而设定的。

更为重要的是，德鲁克在《管理的实践》中率先提出"企业的社会责任"这一概念。20世纪50年代他所提出的概念，在1997年已成为一项新的国际标准。1997年8月，美国制定了企业社会责任的国际标准，即SA8000（Social Accountability 8000）。SA8000是全球第一个关于企业社会责任的国际标准。SA8000体系认证已在全球范围内推行，其对于企业发展、全球贸易将会产生越来越大的影响。有报道说，不久前，一家中国企业竞标法国电信的设备采购，开始接受法国电信严格细致的考察和认证，而其中非常重要的一项内容就是企业的社会责任。

为了规范中国的企业管理，实现可持续发展，自2006年1月1日起执行的《中华人民共和国公司法》里增加了"公司的社会责任"。至此，公司履行社会责任和依法纳税都已成为强制行为，没有讨论的余地。这又印证了德鲁克的一个观点：如果企业不尽社会责任，政府一定要强制企业去履行这个责任。我们应当明白这样一个道理：一个健康的企业不可能在一个病态的社会中生存和发展。企业是社会的一个器官，而器官不会活过它所效命的机体。

由此可见，德鲁克是改变世界的人。

管理管理者

三个石匠的寓言完美地解释了什么是真正的"管理者"。有人问三个石匠他们在做什么。第一个石匠回答："我在养家糊口。"第二个石匠边敲边回答："我在做全国最好的石匠活。"第三个石匠仰望天空，目光炯炯有神，说道："我在建造一座大教堂。"

当然，第三个石匠才是真正的"管理者"。

在管理管理者这一部分中，德鲁克创造性地提出"目标管理和自我控制"，他把这项管理原则视作"管理哲学"。

管理员工和工作

德鲁克认为，如果我们视员工为人力资源，我们就必须了解这种资源的特性是什么，而当我们把重点分别放在"资源"或"人"上时，会得到两种截然不同的答案。作为一种资源，人力能为企业所"使用"。然而作为"人"，唯有这个人本身才能充分自我利用，发挥所长。这是人力资源和其他资源最大的区别。使员工有成就感，使工作富有成效是对管理者永恒的挑战。管理者不只通过知识、能力和技巧来领导员工，同时通过远景、勇气、责任感和诚实正直的品格来领导员工。

在《管理的实践》的结语中，德鲁克给我们带来了一缕思想的清风，他说："公司不能自称（绝对不可自称）是员工的家、归宿、信仰、生命或命运。公司也不可以干预员工个人的私生活或者员工的公民权。将员工与公司连在一起的，只是一份自愿的、随时可以被取消的聘用合同，而并不是一条神秘的、不可撤销的纽带。"正确地定位个人与组织的关系，可以为组织和个人减少许多不必要的烦恼。那么，个人与组织应当是一种什么样的关系呢？"组织需要个人为其做出所需的贡献，个人需要把组织当成实现自己人生目标的工具。"德鲁克用清晰和简单的语言帮助我们理清了个人和组织的关系。

最后，也是最重要的，我们要重新审视曼德维尔的那句"私利邪恶成了公共利益"的格言。100年前，曼德维尔的原则被美国全盘接受。然而，时过境迁，20世纪"美国革命"的真正含义是：企业在管理过程中必须把社会利益变成企业的自身利益。管理者必须继续把这个基本信念落实到每一个决策和每一个行为之中。这是管理者最重要的终极责任。

管理的终极之善是改变他人的生活。

德鲁克眼中的世界㊀

给《大师的轨迹》写序不是一件容易的事。杰克·贝蒂是研究德鲁克的权威人士。他曾做过美国《大西洋月刊》的编辑，为了撰写《大师的轨迹》一书，他研究了大量关于德鲁克的史料，还多次登门拜访德鲁克以求证一些事件的细节。该书对德鲁克的研究从1914年到1994年，地点从奥地利、德国、英国到美国和日本，内容涉及德鲁克的25本主要著作，涵盖了德鲁克在政治、经济、社会和管理等方面的思想。所以我认为，用"大师的轨迹"来概括该书丰富的内容是合适的。第一次看到该书，是2000年在彼得·德鲁克管理研究生院学习时，我偶然翻到Chapter 6 Inventing Management

---

㊀ 本文为笔者2005年为机械工业出版社出版的《大师的轨迹》一书所作的推荐序。

(第6章"发明管理的人"),一下就被作者优美的文字和翔实的史料吸引住了。感谢机械工业出版社华章分社给我这个机会和读者来分享该书的精彩篇章。

彼得·德鲁克最早的记忆始于1914年8月奥匈帝国的维也纳,他只有5岁,当时正值第一次世界大战的开始。德鲁克的童年是在第一次世界大战中度过的。战争带来的不仅有恐惧,还有饥饿。德鲁克在他的自传《旁观者》中意味深长地说道:"像每个维也纳孩子一样,我也是赫伯特·胡佛救的。他的食物赈济组织提供了学校午餐,这些午餐使我后来一直对麦片粥和可可茶厌恶之极——但是毫无疑问,这些东西拯救了我的生命,也拯救了欧洲大陆数百万孩子的生命。"奥匈帝国的政府对在饥饿中挣扎的臣民毫无帮助,而一个外国的"组织"却能拯救他们的生命。这也就是德鲁克把组织看作一种人类创造性工具这一概念形成的根源。同时,也能使我们理解,为什么德鲁克在一生中始终以不同的形式帮助非营利组织。他坚信:非营利组织的使命在于改变人类的生活。

德鲁克的父亲阿道夫·德鲁克是一位经济学家,美籍奥地利著名经济学家、创新理论的鼻祖约瑟夫·熊彼特就是阿道夫·德鲁克的学生。彼得·德鲁克的母亲卡罗琳学的是医学——这在当时的奥地利妇女中非常少见。这也许能解释为什么在德鲁克的管理学中有许多医学的类比。德鲁克把"企业"看作一个有机体,是社会的"器官",而器官的寿命不会长于它效力的机体。这样的家庭背景也使我们能理解为什么德鲁克把理想的管理者比喻成乐队的指挥。

德鲁克17岁时去了德国的汉堡,他本应在汉堡大学学习法律,结果,他在汉堡一年半的时间里,一次法学课都没有听过。每个周一到周五的晚上他都在汉堡的市立图书馆读书。他每周去一次汉堡歌剧院,在那儿,他有了一次改变人生的经历。19世纪意大利伟大的作曲家威尔第(Verdi)所作的最后一部歌剧《福斯塔夫》给他留下了深刻的印象。因为对于来自音乐之乡的德鲁克来说，这部歌剧的完美使他感到震撼（德鲁克的父亲阿道夫·德鲁克创办了"萨尔斯堡音乐节"）。德鲁克到图书馆去查找威尔第的背景资料，他惊奇地发现，威尔第于1883年（时年80岁，当时欧洲男子的平均寿命只有50岁）谱写了他最后一部歌剧《福斯塔夫》。威尔第在谈到创作最后一部歌剧《福斯塔夫》时说道："我一生都是音乐家，且一直极力达到完美的境界，而我一直很困惑自己是否已达到这个境界，只是下定了决心再努力一试。"这段话成了德鲁克一生追求完美的座右铭。德鲁克立下誓言：如果我能活到80岁，我就要写到80岁。德鲁克以他的实际行动履行了他的诺言，他在85～95岁这10年中，又出版了10本著作，以每年一本的速度为人类贡献他的智慧！

德鲁克在政治学、经济学、社会学和管理学方面的精深造诣不是因为他的才智，而是因为他的勤奋。德鲁克每隔三四年的时间会选择一个新的主题来研究。它们可能是统计学、中古史、日本艺术或经济学。60多年来，德鲁克仍然保持着每隔一段时间选择一个主题来研究的习惯。他身体力行地实践着"活到老，学到老"的准则。

1939年，德鲁克出版了他的第一本著作——《经济人的末日》。在该书中，他深入剖析了法西斯主义的荒谬性："它是反自由的，但同时又是反保守的；反宗教而又反无神论；反资本主义又反社会主义；反战争又反和平；反对大企业，却又反对工匠和小店主。""极权主义发源于整个西方普遍的价值崩溃、信仰崩溃和制度崩溃。"第二次世界大战是"一场为西方社会未来而进行的内战"。1940年在法国沦陷后，英国首相丘吉尔把该书列为英国军官学校的必读书，并在伦敦《泰晤士报》上撰文，高度评价德鲁克的洞察力和对法西斯极权主义的深刻批判。

德鲁克后来转入法兰克福大学学习法律，他获得了法兰克福大学的国际法和公共法博士学位。德鲁克在德国读法律的真正收获是他遇到了一位德国姑娘——多丽丝·施米茨，后来成为陪伴他终生的妻子（他们一起生活了

67年！后来他们住在美国加州的克莱蒙特）。

"写作是我的职业，咨询是我的实验室。"德鲁克这样定位他70多年来的工作。德鲁克共出版了40多本书（在1998年出版《大师的轨迹》时，德鲁克已出版了29本书）。德鲁克从20岁起开始写作，至2005年已是95岁高龄的老人，仍笔耕不辍。2005年的夏天，他又为我们呈现了他的第36本著作——《德鲁克日志》。而写书只是他工作的一部分，70多年来，他撰写了大量的文章。1975～1995年，他每月为《华尔街日报》评论版撰写专栏文章。同时，他还为《哈佛商业评论》《公共利益》《大西洋月刊》《外交事务》《经济学家》《新视角》《福布斯》等写了不少文章。

这数以百万计的文字，都是他在加州克莱蒙特家中的书房里写就的。他一直使用一台老式的电动打字机，拒绝使用电脑，因为这会使他写得太冗长。而且，他打字只用两根手指敲打，他的大部分时间都是在打字机前度过的。

《公司的概念》一书的重要成果之一就是提出了"分权"的组织原则。"到20世纪80年代，《财富》杂志500强公司中的75%～80%进行了大幅度的分权改革，而这些改革都应归功于德鲁克的影响。"为了表彰德鲁克对世界所做出的杰出贡献，2002年6月20日，美国总统乔治·布什授予德鲁克"总统自由勋章"。布什总统对德鲁克的评价是："彼得·德鲁克是世界管理理论的开拓者并率先提出私有化、目标管理和分权的概念。"

第二次世界大战期间，德鲁克花了18个月研究通用汽车公司并撰写了《公司的概念》一书。这是第一本把"管理"视为承担特定工作与责任、履行组织特定功能的著作。该书的重要贡献还在于，德鲁克在该书中首次提出了"组织"的概念，并且奠定了组织学的基础。《公司的概念》成为第一本试图描写组织实际工作情况、挑战、问题和原则的著作。因此，德鲁克成为第一位企业管理咨询顾问。德鲁克在该书中提出的"分权""事业部"仍是我们21世纪企业组织设计的基本原则。

在德鲁克看来，在公开的现实后面还有更深的现实，在表面的趋势下还有隐藏着的趋势。德鲁克借用地理学来解释《不连续的时代》的全新意图："它力图……发现并界定在深层基础上正在发生或已经发生了的变化，它研究的主题是大陆漂移如何形成新大陆，而不是战争如何分割新国界。"那些不连续是"社会和文化基本现实中的重大变化"。将现实状态与理想状态相对比，这便是贯穿于德鲁克著作中的基本思想活动。

德鲁克在 1969 年出版的《不连续的时代》中指出，"四种新产业已经在望"。第一种新产业是信息产业。信息是思想的"能源"，它使我们的时代成为"能够获得脑力工作能源的第一个时代"。他颇具前瞻性地指出："若干年后，年轻人肯定会把信息系统当作一般工具来使用，就像他们使用打字机和电话一样。"看看我们所生活的世界，人们正按照他 30 多年前的假设生活着！

第二种新产业仍在展望之中，人类对海洋这个"地球上所能找到的最大经济资源"进行再发现。7000 年前，人们在同一时代建成了金字塔和发明了犁。德鲁克说："在我看来，太空探险可能是我们的'金字塔'，而海洋开发可能就是我们的'犁'。"

第三种新产业是"材料"。德鲁克认为，由于塑料在 20 世纪的出现，人类不再单一地依靠自然材料——纸张、木材、玻璃、钢铁，将有更多像塑料这样的化合材料问世，完成"从自然界有什么就用什么，到人类想什么就造什么"的转变。这不仅是对人类历史发展的精辟总结，也体现了德鲁克对人类伟大创造力的赞美。

第四种新产业就是大城市将产生一整套新产业。比如，人们在家工作。企业是主人、员工是仆人的假设已不再成立。现在，人们有了更多的选择，他们可以自我雇用。推动这一切的就是知识。知识已成为生产手段，而知识是由知识工作者所拥有的，知识的流动性很强。而德鲁克早在 1969 年就看到了知识工作者足不出户在家工作的可能性。

德鲁克提出了教育方向的一个重大改变：从专门为年轻人提供"普及教育"转到为成年人提供"继续学习"这一重点上。德鲁克指出："学术界在某种程度上对那些过了少年期但仍然想学习的人抱有成见，当知识用于工作后，我们需要……有经验、有成就的成年人经常回来进行正规学习。"他为此甚至重新定义了什么是受过教育的人："我认为将来受过教育的人就是那些认识到不断学习的必要性的人。这是一个新的定义，它将改变我们生活和工作的这个世界。"

对受过教育的人重新定义，这不仅是经济发展的需要，也是维护机会平等原则的需要。"把机会限定给那些有文凭的人是对一切基本信念——而且是那些已被经验普遍证明的信念的全面否定。让教授成为社会希望的守门人，会限制、压抑并且伤害个人和社会。"从《经济人的末日》到《不连续的时代》，德鲁克坚持认为，主要社会机构不能与社会的基本信念相抵触，他在《管理的实践》中也旗帜鲜明地表达了他的立场，所以，他的思想是一贯的。

1985年，德鲁克出版了《创新与企业家精神》一书，这是他35年的管理教学和企业咨询经验的结晶。早在1950年，德鲁克在纽约大学教授管理学的时候，他每个周末都和他的学生与企业家一起研讨创新和企业家精神。从他的《创新与企业家精神》一书中，我们可以清楚地看到，他不但继承了熊彼特的创新理论，而且还把创新发展成了大众可以学习和实践的工具。

德鲁克认为："创新是企业家特有的工具，借此工具，他们把变化看作开创与众不同的企业或服务的机遇。创新可以作为一门学科展示给大众，供人学习，也可以实地运作。企业家应当有目的地寻找创新的机遇，寻找预示成功创新的机遇的变化和征兆，他们还应懂得并应用成功创新的原则。"

德鲁克的独特见解是："创新不是发明，它是一个经济学或社会学术语而非技术术语。"基于对创新的深入研究，他提出了脍炙人口的"创新机遇的七个来源"。

1950年1月3日，德鲁克和父亲一起去看望著名经济学家熊彼特。当时熊彼特是哈佛大学经济学教授并担任美国经济学会主席。德鲁克的父亲问熊彼特："你现在还跟人提起你想被后人记得什么吗？"这里有一段鲜为人知的轶事：熊彼特是德鲁克父亲的学生。熊彼特年轻时很帅，人们曾问过熊彼特：你想被后人记得什么？他答道："我要成为伟大的经济学家和欧洲美女的情圣！"30多年后，师生重逢时，老师又问起这个问题。

他答道："是的。这个问题今天对我来说仍然很重要，但答案却和原来大不相同了。我希望被后人记得的是，我曾是一名将许多优秀学生培养成一流经济学家的老师。到了这个年纪，人们是不是记得我写的书和理论已经变得不重要了。一个人如果不能使别人的生活有所不同，那么他就什么也没能改变。"这一次经历帮助德鲁克确立了衡量成就的标准：一个人必须使别人的生活有所不同。

2002年德鲁克在接受《商务2.0》(*Business 2.0*)的采访时被问道："你希望将来被后人记得的是什么？"，德鲁克答道："那就是我曾经帮助过一些人实现了他们的目标。"

吉姆·柯林斯与彼得·德鲁克

1994年12月，当吉姆·柯林斯完成了他在管理学的重要著作《基业长青》后，他做的第一件事就是驱车到加州的克莱蒙特去拜访彼得·德鲁克。当吉姆·柯林斯来到德鲁克的住处时，他不禁犹豫了一下，他再一次对照了一下地址以确认没有走错门，这是一处颇为简朴的住宅，房前停着两辆小型丰田轿车。对于一位普通的大学教授，这样的房子也许还能说得过去，可是他要拜见的是现代管理学之父、美国彼得·德鲁克管理研究生院①的创始人、美国企业家的导师——彼得·德鲁克。吉姆·柯林斯时年36岁，在管理学界还没有什么影响，而彼得·德鲁克已是85岁高龄的老人，并且已到了"只要一提到彼得·德鲁克的名字，在企业的丛林里就会有无数双耳朵竖起来倾听"的境界。

那一天，德鲁克给吉姆·柯林斯留下了深刻的印象。在谈到德鲁克与其他管理大师的不同之处时，吉姆·柯林斯说："别人都在问'我如何成功'，而德鲁克却在问'我如何贡献'。"前者是在追问：我怎么做才能使自己有价值？而后者在问：我怎么做才能对别人有价值？吉姆·柯林斯说："回想一下跟85岁的彼得在一起的那一天的价值，那天他彻底改变了我的生活，就在那一天！"

其他的管理大师都试图给别人指点迷津，而德鲁克却依然把自己看作一名学生。吉姆·柯林斯深知德鲁克对时间的珍惜。在占用了大师一天的时间后，吉姆·柯林斯问道："我如何感谢您？我如何报答您？"德鲁克答道："你已经报答我了，从我们的谈话中，我已从你那里学到了很多东西。""走出去，使自己成为有用的人"是德鲁克送给吉姆·柯林斯的忠告。吉姆·柯林斯是个才华横溢的人，可德鲁克一直认为，如果才华不能被用于实践之中，那么才华本身毫无用处。事实上，许多有才华的人，一生都碌碌无为，因为他们把才华本身看作一种结果。知道这一点，我们就不难理解，为什么个人的智商是120而组织的智商只有60。吉姆·柯林斯没有辜负德鲁克对他的期望。在写完《基业长青》之后，他又出版了《从优秀到卓越》。需要提及的是，德鲁克在2004年和约瑟夫·马恰列洛教授联合出版了他的第36本著作《德鲁克日志》，为了认可这位晚辈在管理学方面的建树，德鲁克打破一直以来由自己为作品写序的惯例，让吉姆·柯林斯为自己的新书写序。在我读过的德鲁克所有著作中，《德鲁克日志》是唯一由他人作序的著作。

---

① 现为彼得·德鲁克－伊藤雅俊管理研究生院。

这一例外体现了两代管理大师在管理思想上的高度一致。

当吉姆·柯林斯向德鲁克问道："在您业已出版的26本著作中，哪一本您认为写得最好？""下一本。"德鲁克不假思索地答道。这是他对自己著作的标准回答。

《基业长青》与《管理的实践》

吉姆·柯林斯对于管理的贡献在于，他和他的团队花了6年的时间通过对38家美国一流企业的系统研究，回答了"是什么使那些高瞻远瞩的公司基业长青"。高瞻远瞩的公司能基业长青不是因为有了伟大的构想，也不是因为有了一位富有魅力的领导人，更不是以追求最大利润为首要目的，而是因为高瞻远瞩的公司具有指导实际运营的核心价值观。高瞻远瞩的公司的成就绝不只是创造了长期的经济报酬而已，它们已经融入了社会的机构里。我认为，吉姆·柯林斯的《基业长青》为彼得·德鲁克《管理的实践》一书提供了进一步的实证支持：1954年德鲁克在《管理的实践》一书中主要以通用汽车、通用电气、IBM、西尔斯、俄亥俄铁路公司、美国研究所、美国邮政管理局为研究的对象，他当时对企业目的的假设，40年后在吉姆·柯林斯的《基业长青》一书中再一次得到了验证。

1954年德鲁克在《管理的实践》一书中就提出，企业的目的是创造客户，为客户提供产品或服务，而不是利润最大化。但这并不意味着利润和盈利能力不重要。盈利能力不是企业和企业经营活动的目的，而是企业和企业经营活动的一个限制因素。利润不是企业行为和企业决策的理由或根本原因，而是对其有效性的一种检验。任何企业的第一项考验不是利润最大化，而是获得足够的利润以抵偿经济活动上的各种风险，以此来规避损失。

德鲁克对企业的独特见解是，要想知道什么是企业，必须从理解企业的目的开始。企业的目的必须存在于企业本身之外。事实上，企业的目的必须存在于社会之中，因为企业是社会的一部分。企业的目的只有一个适当的定义：创造客户。是客户决定了企业是什么。因为只有客户，通过其对商品或服务的购买，才使经济资源转化为财富，物品转化为商品。企业想生产什么并非十分重要。客户想买什么，什么是他们的认知价值，那才是决定性的。他们决定着企业是什么，企业生产什么，企业是否会兴旺。

创造客户是这样一种事情，只要你不掌握它，你就会失去它。在变化万端的服务经济中，求得生存的唯一之路，就是创造和留住顾客。你可以拿出世界上最好的产品和服务，但是如果无人问津，那你肯定要失败。企业的成功，其出发点和落脚点都在于你为客户服务的方式，即不但满足客户的需要，而且向他们提供超值的服务。要是经营策略、制度和服务员工的焦点不能凝聚于客户的需要和期望上，企业将无法存活。

《管理的实践》的问世，标志着现代管理学作为一门学科的诞生。由于彼得·德鲁克将管理学发展成为一门可以传授和可以供人们学习的学科，他被誉为"现代管理学之父"。其实，德鲁克对于世界的贡献不只限于管理学。1939年德鲁克出版了他的第一本著作《经济人的末日》，在该书中，他深入剖析了法西斯主义的荒谬性："它是反自由的，但同时又是反保守的；反宗教而又反无神论；反资本主义又反社会主义；反战争又反和平；反对大企业，却又反对工匠和小店主。""极权主义发源于整个西方普遍的价值崩溃、信仰崩溃和制度崩溃。"第二次世界大战是"一场为西方社会未来而进行的内战"。1940年在法国沦陷后，英国首相丘吉尔把该书列为英国军官学校的必读书并在伦敦《泰晤士报》上撰文高度评价德鲁克的洞察力和对法西斯极权主义的深刻批判。

第二次世界大战期间，德鲁克花了18个月研究通用汽车公司并撰写了《公司的概念》一书。这是第一本把"管理"视为承担特定工作与责任、履行组织特定功能的著作。该书的重要贡献还在于，德鲁克在该书中首次提出了"组织"的概念，并且奠定了组织学的基础。《公司的概念》成为第一本试图描写组织实际工作情况、挑战、问题和原则的著作。因此，德鲁克成为第一位企业管理咨询顾问。2000年，我在美国彼得·德鲁克管理研究生院学习期间第一次阅读该书，我难以相信这是一本出版在半个世纪以前的管理学著作。如果你不看出版日期，你一定会认为这是一本刚刚出版的管理学著作。德鲁克在该书中提出的"分权""事业部"仍是我们21世纪企业组织设计的基本原则。

50年后，吉姆·柯林斯在《基业长青》中坦言："我们也发现，我们的研究和德鲁克的著作深深契合，事实上，我们对德鲁克的先见之明深为敬佩。研读他的经典之作，如1946年出版的《公司的概念》、1954年出版的《管理的实践》、1964年出版的《为成果而管理》，你会深深叹服他遥遥领先今日管理思潮的程度。事实上，在我们做这个研究时，遇到很多深受德鲁克作品影响的公司，惠普、通用电气、宝洁、默克、摩托罗拉和福特只是其中几家而已。"

杰克·韦尔奇将其重要的企业决策归功于德鲁克。"1981年，我整合通用电气的第一个核心思想来自彼得·德鲁克。通用电气的相关业务要么是业内第一位或第二位的位置，要么就退出这个领域。""我认为，如果这个世界上真的有一个天才管理思想大师的话，那么这个人应该是彼得·德鲁克。"

他在管理学方面的真知灼见不但影响着美国的企业和美国的管理者，同时也深刻地影响着中国的企业和中国的管理者。2001～2003年，我在《IT经理世界》杂志曾通过"解读德鲁克"专栏系统介绍过德鲁克的管理思想，但我发现，在短时间内了解德鲁克管理思想的精髓是工作繁忙的管理者的共同需求。为此，通过对德鲁克管理思想系统的研究，我将德鲁克的管理思想整合在一个简明的管理框架内，我把这个框架称为"德鲁克的1358"。

我想借用德鲁克常讲的一个寓言来结束本节。公元前440年，古希腊雕刻家菲迪亚斯被委任雕刻一座雕像。今天，这座雕像仍然伫立在雅典的帕提农神殿屋顶上。但是当菲迪亚斯完成雕像后要求支付薪酬时，雅典市的会计官却拒绝了。他说："这座雕像伫立在殿堂屋顶，而殿堂又位于雅典最高的山坡上，你为什么把雕像的后面雕刻得和正面一样美丽？没人能看到雕像背面！"菲迪亚斯反驳说："你错了！众神会看见的。"

（2005 年）

卓有成效的管理者的八项实践[⊖]

  德鲁克一生在《哈佛商业评论》上共发表文章 38 篇，其中 7 篇获"麦肯锡奖"。这是他长达半个多世纪的辛勤耕耘而创造的管理界的"吉尼斯"纪录，希望后来的"大师们"能打破这个纪录。1950 年，德鲁克第一次在《哈佛商业评论》上发表文章，时年 41 岁。2004 年 7 月，他在《哈佛商业评论》上发表了《高效经理人为何高效》（*What Makes an Effective Executive*）一文，时年 95 岁，该文使他第 7 次获得"麦肯锡奖"（见彩插 12）。"麦肯锡奖"是用来表彰那些在《哈佛商业评论》上发表最佳文章的作者。

  管理者为什么要卓有成效？现代社会是组织的社会，我们赖以生存的产品和服务都是由相关的组织所提供的。因此，我们的生活质量依赖于这些组织的管理质量。而管理质量是由管理者的成效所决定的。卓有成效是管理者的职责所在。2002 年，德鲁克在向中国的管理者致辞时说："中国发展的核心问题，是要培养一批卓有成效的管理者。"

  德鲁克坚信：卓有成效的管理可以提高人类的生活质量。从 1966 年出版的《卓有成效的管理者》到 2004 年在《哈佛商业评论》上发表的《高效经理人为何高效》，充分体现了他的这一信念，这也解释了为什么他一生如此地关心管理者的成效。

  ⊖ 本文发表在 2008 年 7 月《哈佛商业评论》在线讲堂。

《高效经理人为何高效》一文超越了《卓有成效的管理者》，该文不但涵盖了该书中提出的五个技能，而且这八个实践提出的顺序体现了德鲁克晚年的最新研究和实践成果。

这八项实践是他 65 年管理咨询实践的结晶，也是他作为独立实践者的心路历程。他在文章中引用的实例都来自他的客户，从通用电气的杰克·韦尔奇、通用汽车的阿尔弗雷德·斯隆到纽约的红衣主教弗朗西斯·斯佩尔曼。

这八项实践是：

- 他们会问："什么事情是必须做的？"
- 他们会问："什么事情是符合企业利益的？"
- 他们制订行动计划。
- 他们承担决策的责任。
- 他们承担沟通的责任。
- 他们更专注于机会而不是问题。
- 他们召开富有成效的会议。
- 他们在思考和说话时习惯用"我们"而非"我"。

什么事情是必须做的

管理者问正确的问题是卓有成效的必要条件。什么是正确的问题？在《高效经理人为何高效》一文中，"什么事情是必须做的"就是正确的问题。只有在提出"什么事情是必须做的"这个关键问题后，卓有成效的管理者才能确定哪些属于优先要务。对于 CEO 而言，应对外部环境的变化，第一要务是重新定义公司的使命。杰克·韦尔奇每隔 5 年就会自问："现在，什么事情是必须做的？"每一次，他都确定了优先要务。

对"什么事情是必须做的"和如何确定优先要务，我也有切身的体会。2000年，在美国彼得·德鲁克管理研究生院学习时，我在结业论文中列举了七八项我回国后要做的工作。虽然德鲁克给我的论文评的是"优"，但是他给我论文的批语是："你要做的工作太多了，太多了，你的优先要务是什么？"他的问题真是让我醍醐灌顶。根据他的追问，我首先将德鲁克管理课程的录像带研制成标准的课程，然后把课程推向市场，这些课程得到了客户的高度认可。

什么事情是符合企业利益的

卓有成效的管理者要问的第二个问题是："什么事情是符合企业利益的？"为什么把企业的利益作为判断的标准？管理是一种职业。像其他职业人士，如医生或律师一样，职业经理人也有"客户"：企业。对客户负责是"职业化"的特征。

制订行动计划

管理者是实干家，他们的任务就是执行。计划是一个思考的工具，用以思考为了取得将来的结果现在应该干什么。计划的最终结果并不是信息，而是工作。光有计划没有行动，就是徒劳。管理者要通过提出以下问题来确定未来的成果："在未来18个月到2年的时间里，企业期望我做出哪些贡献？我要致力于取得什么成果？什么时间取得这些成果？"据此，将有限的资源分配到最需要的领域，然后就马上开始干。

承担决策的责任

只有人们了解以下信息，决策才算制定了：

- 谁对决策的执行负责。
- 最后期限。
- 哪些人会受到决策的影响；这些人必须知道、理解和赞成（至少不会强烈反对）这个决策。
- 必须把决策通报给那些人，即使决策对他们并无直接影响。

美国 NASA 曾设计和生产了一颗人造地球卫星，该卫星还没有到运行的轨道就起火爆炸了。原因是一组人设计用的是公制，而另一组人设计用的是英制。这就是组织面对的现实：个人智商为 138，而组织的智商却不到 60。

承担沟通的责任

卓有成效的管理者要通过提出以下问题来承担沟通的责任："我工作中需要什么信息？应向谁索取？用什么方式得到？应什么时候得到？我应该给其他人什么信息？用什么方式传递？应该什么时候给他们？"这 7 个问题也是德鲁克在教授"基于信息的组织"这门课程时让我撰写论文回答的问题。学习德鲁克管理思想最有效的方法，莫过于将他提出的方法付诸实践。我建议每一位管理者，你和你的管理团队都分别从自己的角度以书面的形式回答以上 7 个问题，然后再坐在一起彼此交流，你们一定会取得意想不到的收获。

专注于机会

卓有成效的管理者专注于机会而非问题。专注于机会有两个关键的步骤，第一步，我们应当从德鲁克提出寻找机会的七个窗口去审视企业内部和外部的变化，把变化视为机会。这七个窗口分别是：意外的成功或意外的失败，不协调，程序的需要，产业结构和市场结构的变化，人口结构的变化，认知的变化，新知识或新技术。第二步就是把最优秀的人员与最佳的机会进行匹配。日本丰田公司成功推出雷克萨斯汽车就是这方面的经典案例。日本丰田总工程师铃木一郎亲自挂帅，成功地将雷克萨斯打入美国市场，现在雷克萨斯是美国市场上最畅销的豪华车。

提高会议成效

召开高效会议的关键除了要事先确定会议的类型外，因为不同类型的会议有不同形式的准备工作，更为重要的是会后的跟进和落实。掌管美国通用汽车公司长达 35 年的斯隆就是会后跟进的高手。他每次会后做的第一件事，就是给每位与会者写一份简短的备忘录。这份备忘录的内容包括：会议讨论的议题和结论，会议决定的工作任务和完成这些工作的人员，以及完成的最后期限。斯隆就是通过这些备忘录把自己打造成卓有成效的管理者。

以"我们"来思考和说话

不要以"我"来思考和说话，而以"我们"来思考和说话。管理是一种团队工作，一个人再强，也无法完成团队的工作。卓有成效的管理者的工作不是提供能量，而是释放他人的能量。对结果负责是卓有成效的管理者的责任所在。

《高效经理人为何高效》一文主要论述了卓有成效的管理者的八个实践。在管理方面，德鲁克一生都在强调两件事：第一，管理是实践；第二，管理者要卓有成效。为此，1954年德鲁克出版了标志着现代管理学诞生的《管理的实践》一书。1966年德鲁克出版了《卓有成效的管理者》。德鲁克这样解释他的这两本书的作用："回溯到柏拉图和亚里士多德的年代，从那时起就有了相互平行而又彼此独立的两种治理方式。一种是立宪主义，政治（或组织）的治理必须建立在一个清晰的结构之上。这种结构最重要的是使权力交接井然有序和避免暴政。另一种方式则在政治思想史上被称为'君主教育'——最为要紧的是统治者的品格和道德准则。我们一直都很清楚，这两者都是不可或缺的。实际上，我的著作可以纳入这两个范畴之中（1954年出版的《管理的实践》基本上就是立宪主义，而1966年出版的《卓有成效的管理者》则秉承了'君主教育'的传统）。"

《管理的实践》是一本非常结构化的管理著作，涉及一系列企业制度的安排，我们可以把它比喻为企业的宪法。《管理的实践》讲的是"机制"的设定，《卓有成效的管理者》讲的是"人"的修养。管理者只有坚持以绩效为导向，以道德为基础和基本原则，才能在竞争激烈的市场经济中处于不败之地。因为，管理者的素质与绩效是企业唯一能拥有的有效优势。

案例 3-1 | 五菱集团是如何实践德鲁克的

多年来，五菱的高层管理者系统学习和实践着德鲁克管理思想，许多重大的企业决策都是以德鲁克的管理思想为行动指南。

2002年6月，五菱集团领导班子面对市场的变化和企业的发展，在思考"什么事情是必须做的"，以及"这些事情是否符合企业的利益"后，组建了上汽通用五菱汽车股份有限公司，退出了对汽车整车企业——柳州五菱汽车股份有限公司的控股，同时进入了与上汽集团和通用汽车这两个国内国际大集团的三方合作联盟。2007年，上汽通用五菱汽车股份有限公司销量55万台，销售收入175亿元，同行业市场占有率43%，五菱集团销售收入66亿元，是2002年合资前的4倍。

完成三方合资后的五菱集团要思考的问题是："谁是我们的客户"和"客户认知的价值是什么"。

找准客户：一开始，五菱集团曾天真地认为自己与上汽通用五菱的关系是牢不可破的，因为产权纽带、产品纽带、感情纽带把他们连接在一起。于是理所当然地以"母公司的身份"，与上汽通用五菱开展各项经营活动。但是，市场化的运作一下子把曾经并肩浴血奋战的兄弟关系变成了顾客与供应商的关系，这是一件痛苦的事情。而更痛苦的是，五菱集团习惯了以内部计划的方式，来组织内部管理活动。五菱集团把上汽通用五菱的市场化行为，如产品价格、质量要求、准时性供货以及批评，当成了不可接受的行为。五菱集团如果仍然以内部供应商的定位，按内部计划方式来应对上汽通用五菱的发展，结果只有一个，那就是上汽通用五菱的市场逐渐萎缩，最终失去这个主要市场。

如何把集团内部计划合同关系，调整为基于市场的客户关系，这是五菱管理者必须做的事情。2003年，五菱集团开展了"用户满意工程"活动，把上汽通用五菱当成他们真正的客户。结果是，2003～2007年，五菱集团与上汽通用五菱保持了共同快速发展的步伐，并且通过上汽通用五菱，五菱集团习得了一套当今世界先进管理模式——全球制造体系（GMS）以及相应的国际市场运作的供应商管理体系。

在建立客户理念的过程中，五菱集团对上汽通用五菱所认知的价值的深刻理解是：价值最终是由客户来确定的，由具有一系列特定的价格、能在特定的时间内满足客户需求、特定的产品/商品、服务来表达的。我们只有满足客户所认知的价值，才能够为客户创造价值，才能最终获得市场。五菱集团按客户认知的价值,以市场运作规则开展合作,达到了共同快速发展的目的。

在企业的每一个发展阶段,都会有很多需要做的事,但卓有成效的管理者应该理清什么是必须做的,重新定义企业所从事的事业,真正去了解客户认知价值,以市场需求为导向,满足客户需求,寻求永续发展。

创新:从熊彼特到德鲁克

两位创新大师:熊彼特与德鲁克都是奥地利人。1883年2月8日,熊彼特出生于奥地利一个叫特利希的乡间小镇;1909年11月19日,德鲁克出生于奥地利的维也纳。熊彼特是德鲁克父亲的学生,而德鲁克并没有子承父业。熊彼特1932年去了美国,在哈佛大学任教;德鲁克1937年去了美国,在纽约州的萨拉·劳伦斯学院任教。熊彼特1950年1月8日在康涅狄格州塔科尼克的家中逝世,德鲁克2005年11月11日在加利福尼亚州克莱蒙特的家中逝世。

熊彼特在离开波恩去美国之前,在他的学生为他举办的饯行晚宴上,学生们请他说几句话。他讲话的主题是《科学的起源与目的》,在对学生的这次告别演说中,熊彼特表达了他的经济学和教育学的观点:"我从未想过要创建一个熊彼特学派。它不存在,也不应该存在。经济学不是哲学而是科学,因此在经济学领域不应该存在任何学派。与政治和商业不同,科学上一时的成功是没有用的。就我而言,我接受未来各代人的评判。我的作用,如果我有作用的话,是开门,而绝不是关门。"为学生开门,是他一生的重要工作。

熊彼特的这些思想是从哪里来的?它们来源于他阅读了在过去的300年中以英文、法文、德文、意大利文、希腊文和拉丁文出版的,有关经济理论的每一本书和每一篇文章。

德鲁克的思想又是从哪里来的呢？德鲁克在德国汉堡学习时，读了好几百本书。德鲁克每隔三四年的时间就会选择新的主题来研究，它们可能是统计学、中古史、日本艺术或经济学。60多年来，德鲁克仍然保持着每隔一段时间就选择一个主题来研读的习惯。2002年，他又在重读莎士比亚。博览群书是两位大师的共同点。

熊彼特最终在教学中发现了他的使命，他生命中的大部分时间是作为教授和导师度过的。他在波恩和哈佛教了25年书，哈佛的400个经济学博士、几千名本科生曾在他的指导下学习经济学。他的门下有2名诺贝尔经济学奖得主，他们是萨缪尔森和托宾。

德鲁克在写作和咨询中实现了他的使命。德鲁克是这样定义他70余年的工作的，"写作是我的职业，咨询是我的实验室"。德鲁克为世界许多政府机构、企业和非营利机构提供咨询和帮助。为了表彰德鲁克对世界所做出的杰出贡献，2002年6月20日美国总统乔治·布什授予德鲁克"总统自由勋章"。布什总统对德鲁克的评价是："彼得·德鲁克是世界管理理论的开拓者并率先提出私有化、目标管理和分权的概念。"如果管理学有诺贝尔奖，每年的得主都一定是德鲁克。

熊彼特的著作和文章被引用的次数很多，远超过美国的另一位大经济学家欧文·费雪。近20年出版的经济学教科书几乎没有一本不引用熊彼特的文章，而且经常是多次引用。讨论经济发展、增长、技术和资本主义、社会主义、经济体制、经济学史和创新的著作，不提及熊彼特几乎就不能出版。

过去半个多世纪的专业文献表明，德鲁克是在管理学领域里文献引用次数最多的作者。他的著作被陈列在数以万计的书架上。至今为止，彼得·德鲁克已出版了36本书籍，并被译成25种语言，销量已超过800万册。他的著作、讲座和咨询工作成为管理者、企业家和管理学者取之不尽、用之不竭的思想宝库。《蓝海战略》《平衡计分卡》《追求卓越》《基业长青》的思想，在德鲁克的管理学中都能找到出处。正如英国管理学家查尔斯·汉迪在其《大师论大师》一书中所说:"所有现代管理学流行的观念,彼得·德鲁克早在我们出生以前就写文探讨过了。任何管理思想家的名单,都应把他放在首位。"

创新鼻祖熊彼特

谈创新,不谈熊彼特就像一部没有哈姆雷特的《王子复仇计》,它一定索然无味。熊彼特 1911 年在《经济发展理论》(The Theory of Economic Development)一书中首先提出了"创新理论"。他认为,所谓"创新",就是"建立一种新的生产函数",也就是说,把一种从来没有过的关于生产要素和生产条件的"新组合"引入生产体系。

在熊彼特看来,企业家的职能就是实现"创新",引进"新组合"。据此,熊彼特对企业家和企业做出如下的定义:"将这些新组合加以推行的组织称为企业,职能是实现新组合的人们称为企业家。"所谓"经济发展"也是指整个社会不断实现这种"新组合"而言的。

这种新组合包括五项内容:(1)引进新产品;(2)引进新技术;(3)开辟新市场;(4)掌握新的原材料供应来源;(5)实现新的组织形式。根据熊彼特的理论,"创新"是一个"内在的因素","经济发展"也是"来自内部自身创造性的关于经济生活的一种变动"。

熊彼特创新理论的来源是什么呢? 1907 年末,新婚燕尔的熊彼特为了谋生来到了埃及,他在开罗开始了他的律师职业。也就是在开罗,熊彼特获得了商业实践经验。他帮助重组了一家在开罗的制糖厂,通过引进新的生产技术,大大地提高了工厂的效率和利润水平。甜菜制糖厂在当时使用的是过时的提取方法,而这家甘蔗制糖厂使用了降低成本的技术。熊彼特参与的这次创新给他留下了不可磨灭的印象,他经历了创新的过程并看到了最后成果。因此,熊彼特创新理论是来自对实践的观察和总结,而非象牙塔的假设。

熊彼特的贡献是他把创新定义为企业家的职能。但熊彼特称创新者为企业家，也给我们带来了一些话语上的混淆。"企业家"（entrepreneur）一词来自法语，意思是承包人。在德语里是"unternehmer"，它相当于英语的"owner-manager"，意思就是"既是所有者又是管理者的老板"。企业家这个词在两种语言中都没有暗示熊彼特所说的企业家的本质。熊彼特应该使用"创新者"这一术语，用以表示一个引进新事物的人，这和他要表达的意思几乎完全相当。用"企业家"而不用"创新者"，这就造成了语义上的混乱，因为熊彼特赋予了经济学一个流行的术语以新的含义。如果熊彼特使用"创新者"，他就能避免人们对谁是企业家和企业家做什么的多年争论和混乱。

1983年5月23日，为了纪念熊彼特100周年诞辰，德鲁克在《福布斯》杂志上发表了一篇题为《现代预言家：是熊彼特还是凯恩斯？》的文章，文中写道："在某种方式上，凯恩斯和熊彼特重演了西方历史上最著名哲学家的对抗——才华横溢、精明机智、锋芒毕露的诡辩者巴门尼德，与动作迟缓、面貌丑陋却富有智慧的苏格拉底之间的柏拉图式的论辩。在两次大战期间，没有人比凯恩斯更有才气、更精明，熊彼特则表现得平淡无奇——但他有智慧。聪明的人赢得一时，而智慧的人天长地久。"为什么德鲁克对熊彼特有这么高的评价？德鲁克写道："熊彼特一开始就宣称，经济学的中心问题不是均衡而是结构性变化。熊彼特由此引出了关于创新者是经济学真正主题的著名原理。"熊彼特认为，"创新是创造性地破坏。"他坚信，只有当经济吸收了变化的结果，永远改变了它的结构时，经济才能发展。这种变化破坏旧的均衡，创造新的均衡条件，而发展就是在新旧均衡之间发生的事件。

德鲁克全方位的创新思想

1985年，德鲁克出版了他的《创新与企业家精神》一书。德鲁克所说的企业家就是创新家，所谓的企业家精神也就是创新精神。该书始于企业家经济，而结于企业家社会。创新是微风细雨，创新是革命的替代品，这是本书要表达的核心思想。他写道："无论是社会还是经济，是公共服务机构还是商业机构，都需要创新与企业家精神。创新与企业家精神能让任何社会、经济、产业、公共服务机构和商业机构保持高度的灵活性与自我更新能力，这首先是因为创新与企业家精神不是对原有的一切'斩草除根'，而是以循序渐进的方式，这次推出一个新产品，下次实施一项新政策，再下次改善公共服务。其次，因为它们并没有事先规划，而是专注于每个机会和各种需求。最后，是因为它们是试验性的，如果它们没有产生预期的和所需的结果，就会很快消失。换言之，是因为它们务实而不教条，脚踏实地而不好高骛远。

"我们需要的是一个企业家社会。在这个社会中，创新和企业家精神是一种平常、稳定和持续的活动。正如管理已经成为当代所有机构的特定器官，成为我们这个组织社会的整合器官一样，创新和企业家精神也应该成为我们社会、经济和组织维持生命活力的主要活动。

"这要求所有机构的管理者把创新与企业家精神作为企业和自己工作中的一种正常、不间断的日常行为和实践。"

让我敬佩的是，德鲁克不但通过著书立说来传播他的创新思想，而且他还亲自践行他的创新思想，德鲁克基金会就是德鲁克实践他创新思想的载体（熊彼特的创新载体是开罗的甘蔗制糖厂）。

1990年在德鲁克的支持下，美国女童子军原CEO赫塞尔本和布福德（《人生下半场》的作者）创建了德鲁克基金会。德鲁克基金会的使命是"提供非营利机构最好的思想、实务与经验"。这些最好的思想、实务与经验从何而来呢？德鲁克基金会每年举办两次论坛，出版书籍（《未来的领导》《未来的组织》《未来的管理》等）和发行季刊《从领导到领导》。许多管理大师都是德鲁克基金会的义务讲师，例如，彼得·圣吉、吉姆·柯林斯、史蒂文·科维等。德鲁克为该基金会捐款 25 万美元，这是他《非营利组织的管理》一书的稿费。德鲁克基金会在过去的 15 年中，每年都要颁发"德鲁克非营利创新奖"。从环保组织、妓女从良所到收养艾滋病患者子女的路德教会都曾获得过该创新奖。德鲁克还亲自为该基金会设计和研发了一个"非营利机构自我评价工具"，用来帮助非营利机构提高管理成效。德鲁克向非营利机构提出 5 个经典问题令人醍醐灌顶：我们的使命是什么？谁是我们的客户？客户的认知价值是什么？我们的成果是什么？我们取得这一成果的计划是什么？

德鲁克为什么研究创新与企业家精神

这要从彻底改变了德鲁克人生的两本书说起，一是埃德蒙·柏克于 1790 年完成的《法国大革命反思录》，二是斐迪南·滕尼斯于 1887 年写就的德文社会学经典著作《社群与社会》。德鲁克写道："柏克要告诉我们的是，在这样的时代，政治和政治家的第一要务是要在延续和变化之间找到平衡。这样的精神，随即成为我的政治观、世界观和日后所有著作的中心思想。"从德鲁克 1939 年出版的第一本书《经济人的末日》到 2002 年他出版的最后一本书《下一个社会的管理》，他一生都在探索延续和变化之间的平衡。德鲁克用 46 年的时间（从 1939 年出版第一本书《经济人的末日》到 1985 年出版《创新与企业家精神》），对延续和变化的系统思考和提出的解决方案，体现在他 1985 年出版的《创新与企业家精神》一书中。

德鲁克在《一个社会生态学家的反思》一文中写道："经过多年思考，我认识到，变化也是需要管理的。实际上，我逐渐认识到所有机构——无论是政府、大学、企业、工会，还是军队——只有通过在其自身结构中建立系统化、有组织的创新，才能保持延续性。这最终促使我写成《创新与企业家精神》（1985 年）一书，尝试把创新这一学科作为系统化的活动来管理。"

历史告诉我们，德鲁克超越了熊彼特。因为，熊彼特是从经济发展的角度来研究创新，德鲁克不但从经济的角度，还从社会的角度来研究创新。最为重要的是，德鲁克为延续与变化之间的平衡提供了解决方案：创新。唯有创新才能在"动态不均衡中建立社会，只有这样的社会才具有稳定性和凝聚力"。这不仅是对人类历史发展高瞻远瞩的总结，也体现了德鲁克作为社会生态学家对人类的终极关怀。德鲁克终其一生，旨在建立一个功能社会。神圣的心灵必将与日月同辉。

（2007年）

什么是下一个社会的管理⊖

《下一个社会的管理》是德鲁克后期最重要的一部著作。该书出版于2002年，由四个部分组成：信息社会、商机、变化中的世界经济和下一个社会。其中许多章节正是2000年我在美国彼得·德鲁克管理研究生院学习时，德鲁克在课堂上所讲的内容。在谈到信息革命时，我的脑海中仍然回响着他那带有浓郁维也纳口音的英文。当时我师从于他的第一门课就是"基于信息的组织"。我原以为，他会讲信息技术以及财务报告对组织的影响，可是我听到的是文字的发明、文艺复兴、修道士、古登堡印刷术、铁路。一开始，真有些"丈二和尚，摸不着头脑"的感觉（准确地说，这是我知识底蕴不足的表现）。慢慢地我才明白，他是在说当下的信息革命的标志是人类历史上第四次信息革命。第一次信息革命的标志是文字的发明。第二次信息革命的标志是手抄书的出现，当时的信息产业是由欧洲的修道院组成的，其从业人员就是修道士，他们的工作就是每天抄写四页书（这是一个经过良好训练的修道士的最高生产力）。第三次信息革命始于古登堡印刷术的发明，新

⊖ 本文为2006年笔者为机械工业出版社出版的德鲁克《下一个社会的管理》一书所作的推荐序。

的印刷术不但把原本是奢侈品的书变成大众产品（贫穷的德国农民都能买得起印刷的《圣经》），更具有革命意义的是，普及教育和现代的学校也应运而生。所以说，印刷术造就了新型组织。

从历史的角度来看，这一次信息革命与以往的三次信息革命相比，其影响有限。而推动这种影响的并不是"信息"本身，而是任何人都未能预测到的电子商务。电子商务在信息革命中的地位，就像铁路在工业革命中的地位一样，是史无前例的。1829年铁路的发明使人类掌控了距离，而电子商务的发明使人类消灭了距离。这意味着，即使企业只在本地或地方市场中制造或销售产品，每家企业也都必须具有全球竞争力，因为竞争不再是地区性竞争了。

在谈到未来的新兴产业时，德鲁克认为，只有很少的新兴产业会源于信息科技、电脑、数据处理或互联网。未来几十年，最为重要的新兴行业将是生物技术行业。我们正从海洋渔业的捕捞者和采集者角色向水产养殖者角色转变。还有其他一些新兴行业也在孕育当中，而这些行业也与信息技术无关，它们更多的是涉及新的思维模式。

当读到这本书第3章"从电脑普及到信息普及"时，我感到非常亲切，因为这一章的内容就是德鲁克给我们讲的第一门课"基于信息的组织"的一部分。更令我感到激动的是，他在这一章中对CEO提出以下问题："**我工作中需要什么信息？应该向谁索取？用什么方式得到？应该什么时候得到？还有，我应该给其他人什么信息？用什么形式传递？应该什么时候给他们？**"这正是他要求我们撰写本课论文所要回答的问题。近日，我又再次阅读当年的论文，重温德鲁克先生在我论文上的批语，再次感受到他那精准而深刻的提问所带来的冲击。在这一课中，我得到的最大收获就是系统地回答了他提出的7个问题。学习德鲁克著作的最有效方法，莫过于将他提出的概念和方法付诸实践。因此，我建议每一位管理者，你和你的管理团队都分别从自己的角度以书面形式回答以上7个问题，然后再坐在一起彼此交流，我相信，你们一定会取得意想不到的收获!

什么是下一个社会

德鲁克所说的"下一个社会"并不是人们常说的"新经济"。无疑,"下一个社会"是德鲁克发明的新名词。德鲁克以他特有的句式说道:"新经济可能会出现,也可能不会出现,但是毫无疑问,下一个社会将很快来临。无论对发达国家还是新兴发展中国家而言,这个新社会的重要性很可能会远远超过新经济的重要性(如果新经济存在的话)。它不同于20世纪末的社会,也不同于大多数人期望的社会。新社会中有很多东西是史无前例的,而且其中大部分已经来临,或正在迅速形成。"在德鲁克看来,下一个社会出现的时间,大约在2030年左右。他认为,下一个社会将是知识社会。知识会成为社会的关键资源,知识工作者将成为主要的劳动力。它具有下列三种主要特质。

- 没有疆界,因为知识的传播甚至比资金流通还容易。
- 向上流动,每个受过正规教育的人,都有力争上游的机会。
- 成功和失败的概率均等,任何人都可以获得"生产工具",即取得工作所需的知识,但不是每个人都能成功。

这三种特性加起来,会使知识社会变成一个充满激烈竞争的社会,无论对组织和个人而言都是如此。

知识工作者是下一个社会的主力军。知识工作是高度专业化的工作,知识工作者在其专业方面一定要比他的老板知道得多,否则老板就请错了人。"知识工作者是伙伴,而不是下属。"知识是知识工作者的生产工具,由知识工作者拥有,这也许能解释为什么知识工作者具有高度的流动性。基于知识工作的特点,企业只能要求员工提供绩效,而不能要求员工忠诚。知识工作者愿意献身于他所从事的事业，而不是他所服务的组织。在谈到竞争优势的关键时，德鲁克说："让传统劳动力有生产力的保障是体制，然而，在知识型组织中，让体制有生产力的却是个别员工的生产力。在传统组织中，员工为体制服务，但在知识型组织中，体制必须为员工服务。"这些精辟的论断，也许会给那些不知道如何管理知识工作者的领导者提供一个正确的思路，但最大的挑战在于，他们是否愿意按照德鲁克的建议去做。

德鲁克对于制造业的独到分析令我们有茅塞顿开之感。制造业在 21 世纪前几十年将要经历一场根本性的转变，这种转变就像第二次世界大战后在全世界范围内农业发生的变化一样。这种变化不局限于某一个方面，而是在几个方面。首先，预计到 2020 年发达国家制造业的产量将会翻番。其次，制造业的就业人数将很快减少。这是因为，新技术的巨大影响正在显现，全球范围内制造业的生产力得到极大发展，其劳动密集程度大大降低。比如，在美国，制造业的就业人数，现在已经降低到只占全部就业人数的 15% 左右。有数据表明，1995～2002 年，由于生产力的提高，美国制造业减少了 200 万个工作岗位。同一时期，中国制造业减少了 1500 万个工作岗位。制造业不再扮演创造财富和就业机会的主要角色了，这种状况改变了世界经济、社会以及政治格局。

人们需要注意的是，当制造业的人工成本大约占制造业总成本 12%～15% 时，廉价劳动力变得不再重要。资本的成本更加重要，质量变得更加重要。东南亚国家曾经用廉价劳动力创造经济奇迹的模式将不再奏效。这对中国企业意味着什么？我们将采取什么举措？我们怎么做才可能在全球经济一体化中胜出？宝洁公司的做法也许能给我们带来一点启示。宝洁公司能有现在杰出的绩效，是因为宝洁的 CEO 雷富礼在听取了德鲁克对制造业的分析后，带领宝洁做出重大转变。宝洁已经把业务的重点从食品和饮料的日用品业务，转移到成长更快、利润更高、资产密度更低的健康护理、个人护理及美容护理业务。宝洁公司收购伊卡璐、对威娜公司控股以及在

2005年以570亿美元巨资收购吉列公司都是为实现这一战略转移而采取的相关举措。

德鲁克在书中提出了一个发人深省的问题：诞生于19世纪70年代的有限责任公司能够幸存下来吗？如果你的公司举步维艰，那么你应系统地审视公司的五个假设。下一个社会中能够生存的公司必须拥有"引领变化的能力"以及打造熊彼特所主张的"创造性破坏"的能力，即创新的能力。需要强调的是，创新的目的是有效利用资源、提高生产力、创造价值，进而提供政府和非营利机构发展所需要的资金，旨在促进经济和社会的和谐发展。

最后，在下一个社会中，要成功地进行管理，管理者应当铭记德鲁克的忠告："**社会变化对于组织和管理者的成败而言，可能比经济事件还要重要。**"这就是下一个社会的管理。身为一名管理者，你是否曾经这样思考过？为此，你将采取什么行动？

德鲁克的终极目的是创建美好社会

2014年11月12日，我在维也纳寻访彼得·德鲁克的故居。他的童年和青少年时代都是在这栋房子里度过的。到彼得·德鲁克的出生地和他的故居看一看是我多年的梦想。2014年11月，我去维也纳参加第六届全球彼得·德鲁克论坛，我向论坛组委会询问彼得·德鲁克的故居在哪里，德鲁克论坛组委会把我介绍给了维也纳犹太人档案馆。在档案馆工作人员的热情帮助下，我在维也纳的郊外找到了彼得·德鲁克的故居。根据维也纳犹太人档案馆的原始资料，彼得·德鲁克父母曾居住在维也纳一个繁华的犹太人社区。德鲁克的祖先是犹太人，但是德鲁克的父母皈依路德教。德鲁克自己说："我偏巧不是犹太人，尽管有犹太血统，但要追溯到几代以前。"了解了彼得·德鲁克的身世，有助于我们理解他思想形成的过程。知道他有犹太血统，我们就不难理解为什么他的第一本书《经济人的末日》的主题是反法西斯主义；为什么他在 1933 年冬天逃离了德国，在英国栖身三年后，于 1937 年定居美国。1932 年，德鲁克告诉他的朋友："如果纳粹掌权，我不会留在德国。"他永远无法忘记纳粹的崛起，因为他亲眼见到了社会制度的瓦解和欧洲文明的崩溃。德鲁克的《德国犹太人问题》一书被纳粹焚毁。如果他不离开德国，奥斯维辛集中营可能是他的归宿。他的独特经历引发了他对社会的关注。他一生所关注的是个体在这个社会中的处境。他希望企业能成为一个"自治的社群"，在那里工作的每个人都能获得尊严并实现自己人生的意义。

彼得·德鲁克最早的记忆始于 1914 年 8 月奥匈帝国的维也纳。他五六岁在桌子底下玩耍时，可以听到许多专业的讨论，因为每周一的晚上，他的爸爸和妈妈都会举办一场沙龙，沙龙的参加者都是维也纳的精英，包括经济学家（其中之一就是约瑟夫·熊彼特——创新理论的鼻祖）、政治家、音乐家、作家、科学家。德鲁克成长的家庭为他提供了丰富的学术营养。德鲁克后来回忆道："其实那就是我受过的教育。"

现在让我们从源头来了解德鲁克思想形成的来龙去脉。本书的出版试图还原德鲁克思想体系，我提出的问题是：德鲁克一生为什么要写这么多的书？他的终极目的是什么？我发现，从德鲁克 1939 年出版的第一本书《经济人的末日》，到他 2005 年出版的最后一本书《卓有成效管理者的实践》，德鲁克一生都在试图回答：怎样才能创建一个"功能社会"（美好社会）？他的结论是：一定要创造能够发挥作用的**组织**。这个结论又引出同样重要的问题：怎样创造能发挥作用的组织？他的结论是：培养卓有成效的**管理者**，由他们创造可以发挥作用的组织，进而创建美好**社会**。因此，德鲁克的终极目的是创建美好社会。德鲁克终其一生研究了人、组织、社会这三者之间的相互关系。

我想用一个故事把大家带入德鲁克思想的世界。这个故事要从改变德鲁克的两本书说起。1927 年，德鲁克离开维也纳去德国汉堡大学读法律，其间他读了数百本书，其中两本书彻底改变了他的人生，一是埃德蒙·柏克于 1790 年完成的《法国大革命反思录》，二是斐迪南·滕尼斯于 1887 年写就的德文社会学经典著作《社群与社会》。德鲁克写道："滕尼斯希望能挽救工业革命前的乡村社群，不过就连一个无知的 18 岁青年也知道，乡村社群时代已经一去不复返了。柏克要告诉我们的是，在这样的时代，政治和政治家的第一要务是要在延续和变化间找到平衡。这样的精神，随即成为我的政治观、世界观和日后所有著作的中心思想。"

在这两本书的影响下，德鲁克提出的问题是：什么将取代乡村社会的那种"有机社群"呢？什么可以再次把工业时代的个人、社群和社会融合在一起呢？他的结论是：企业必须成为社会组织，承担起融合个人的责任。只有在企业赋予了其成员社会身份和社会功能的情况下，社会才能发挥功能，成功运转，进而构建"功能社会"（美好社会）。我认为，德鲁克的贡献就是发现了从"有机社群"到"功能社会"（美好社会）这条人类社会发展的路径。"有机社群"是滕尼斯在《社群与社会》这本书中提出的一个重要概念。在农业时代，什么是社群呢？农业时代的社群就是张家庄、李家村等，以宗族、姓氏、血缘为核心的共同体。比如，张家 600 年来都住在这里，有家谱、祠堂，按照辈分来，世世代代都是有血缘联系的。血缘社群、地缘社群和宗教社群等作为社群的基本形式，它们不仅仅是各个组成部分加起来的总和，更是有机地浑然生长在一起的整体。正如中国民间所说：姑舅亲，辈辈亲，打断骨头连着筋。即使藕断还要丝连。

从"有机社群"到"功能社会"（美好社会）的转变，这对我们意味着什么？企业家应该承担什么责任呢？企业首先要成为社会组织。企业家的责任是承担起融合每个个体的责任，也就是给予每个个体一份工作，让他负责一个岗位，因此他获得了一个身份，这样企业就是一个社群。**人在社群中获得身份，人在社会中发挥功能，这是创建美好社会的路径。**比如写字楼的保安，他的学历可能没有你高，但是进门的时候他让你量体温、扫健康码，没问题你才能进来,这是他的职责所在。保安是他在酒店这个社群中所获得的身份。保安这个职位赋予了他测量客人体温的职权(authority)。不管你是谁,是企业家、教授还是领导,来到这里都无一例外要遵守这样一个规则。这位保安的社会功能就是维护酒店的安全和秩序。他在履行自己职责的同时,为社会创造了价值,获得了尊严,得到了成长和发展,过着有意义的生活,这样的社会岂不是美好社会?

德鲁克在《管理的实践》中指出:"管理的第二种职能是利用人力和物质资源创造一家高效的企业。根据定义,企业必须能够生产出比这家企业所投入资源更多、更好的产品。它必须是一个真正的整体——大于或者至少不等于它的所有部分的总和,它的产出大于所有投入的总和。能够增大的资源只能是人力资源,所有其他资源都受机械法则的制约。人们可以更好地利用这些资源,或者较差地利用这些资源,但是这些资源绝不会产生出比投入的总量更大的产出。在人类能够运用的所有资源中,只有人才能成长和发展。的确,自柏拉图以来,'美好社会'的定义就是让整体大于部分的总和。"由此可见,**一个让人得到成长和发展的社会就是美好社会**。这也是德鲁克终其一生想要通过构建能发挥作用的组织,来创建美好社会的思想源泉。

现在有一些机构在举办"好企业"的论坛。只有好企业才能构造美好社会,而好企业需要好人,要求我们的道德伦理、知识、能力和格局具有一定的高度。因为我们是榜样,我们的客户、股东、员工、父老乡亲、亲朋好友都在看着我们的一举一动。德鲁克的终极目的是创建美好社会这一思想特别重要。这是我们理解德鲁克思想体系的出发点和落脚点。我的一位企业家朋友对我说:"我认为学习并了解德鲁克思想的形成非常重要,否则人们会把他的经典著作当工具书来读。"

如何创建美好社会呢?我们需要方法论。美好社会是一个远景。怎么创建?按照德鲁克的思想,我们首先要创造能够发挥作用的组织,包括政府、非营利机构、企业。例如,我们出行坐飞机,飞机能否安全起降,这关系到我们的生命安危。食品是否安全，这关系到我们的健康。我们的衣食住行都是企业提供的产品和服务。因此，企业能否发挥社会功能，关乎我们的生活品质。这是我建立的一个如何构建美好社会的模型（见图3-1）。这个模型是我们学习德鲁克思想的理论基础。

德鲁克通过社会生态学来研究人、组织、社会这三者之间的相互关系。人在社群中获得身份，人在社会中发挥功能。这两句话如果大家能够深刻地理解，那么我后面所讲的内容，包括德鲁克思想是什么，我想每个人都能有自己正确的答案。

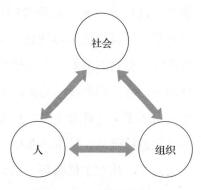

图3-1　如何创建美好社会

什么是社会生态学？以下是我译自彼得·德鲁克《一个社会生态学家的反思》这篇文章中的一段话，德鲁克在这里讲了什么是社会生态学。"'生就双目，受命观察'（Born to see；Meant to look），歌德所著《浮士德》中的观察者唱道。这是社会生态学家，以及作为一门学科的社会生态学的座右铭。社会生态学建立在观察而非分析的基础上。社会生态学的基础是感知。我认为，这就是社会生态学与一般意义上的科学的不同之处。社会生态学注重的是行动。知识是行动的工具，知识本身并不是目的。正如我前面所说，社会生态学是'实践'。最后，社会生态学是有价值取向的。如果非说它是科学，那么，它就是'伦理学'——一个早已过时两百年的老术语。自然生态学家信奉且必须信奉自然万物的圣洁。社会生态学家信奉且必须信奉精神世界的圣洁。今天，很多人都在讨论'授权'他人。这是我从未用过，也永远不会用的词语。社会生态学这门学科的基础，不在于信奉权力，而在于信奉责任，尤其在于信奉以能力和慈悲为基础的职权。社会生态学的目的是要在动态不均衡中建立社会。"

我们怎么理解社会生态学的目的是要在动态不均衡中建立社会呢？德鲁克在《现代预言家：是熊彼特还是凯恩斯？》一文中写道："熊彼特一开始就宣称，经济学的中心问题不是均衡而是结构性变化。"他坚信，只有当经济吸收了变化的结果，永远改变了它的结构时，经济才能发展，这种变化破坏旧的均衡，创造新的均衡。发展就是在新旧均衡之间发生的事情。熊彼特在《资本主义、社会主义与民主》一书中提出了，"创新就是创造性破坏"。所谓创造性破坏，是指产业技术升级改变了经济结构，进而促进经济发展和社会进步。比如手机破坏了固话，智能手机破坏了手机。结果是生产 2G 手机的企业破产了，而消费者用上了智能手机却很幸福，因为有一部智能手机在手，所有消费问题都解决了。不能创造客户价值的企业倒闭了，换来的是消费者的幸福生活。因此，创新促进了经济发展和社会进步，人类社会就是这样在不断自我否定中延续和发展的。

当我们认识到德鲁克的终极目的是要创建美好社会，我们才能读懂他的《管理的实践》。在该书的结语中，他写道："管理者应该认真考虑每项企业决策和行动可能会对社会产生些什么影响，应该让企业的每项行动都能提升公众的福利，增强社会的基本信念，为社会的安定、和谐及强大做出自己的贡献。"他说管理者应该认真考虑企业的决策和行动可能会对社会产生什么影响，也就是说，管理者应该认真考虑产品的升级换代、价格的涨落、互联网金融等将对社会产生什么影响。他说应该让企业的每项行动都能提升公众的福利，增强社会的基本信念。如我们欣喜地看到一个心脏支架从 13 000 元降到 700 元，老百姓更容易接受。降价带来了"以价换量"。一家制药企业的几款药物降价幅度从 40% 升到 75%，结果，过去 5 年这家制药公司的营业额从 100 亿元跃升到 200 亿元。企业应该为社会的安定、和谐及强大做出自己的贡献。因此，各位企业家要问问自己，中国因为有我而不同了吗？世界因为有我而不同了吗？这是我们中国企业家应该追求的境界和价值。"活着就是为了改变世界"，这是史蒂夫·乔布斯的豪言壮语，他通过一系列的创新产品和服务改变了我们的生活方式。

令人欣喜的是，德鲁克的终极目的——创建美好社会，在今天已经得到了国际上最重要的企业积极响应。2019年8月，181位美国顶级首席执行官，包括苹果的库克、亚马逊的贝佐斯等，他们开了一个会，会议的名称叫"商业圆桌会议"（Business Roundtable）。圆桌会议的概念来自"阿瑟王和他的圆桌骑士，"表达身份的平等，大家互为首尾。在这个会议上，181位美国顶级首席执行官联合签署了《公司宗旨宣言书》，宣称股东利益不再是一个公司最重要的目标，公司应该对所有的利益相关者共同承诺：首要任务是创造一个更美好的社会。

德鲁克亲身经历了两次世界大战，他认为第一次世界大战以及20世纪二三十年代西欧社会和西欧文明崩溃的根本原因，就是人们忽视了对社会的关心。为了避免人类重蹈覆辙，他在2001年留给我们的忠告是："企业以及经营管理，并不仅仅具有经济意义，还具有社会意义，我们必须上升到这样一个理性的高度来认识到这一点。企业的目的在于赢得客户、创造财富、创造就业机会，这是千真万确、毋庸置疑的。但是如果能够同时做到关心社会，企业便会成为一个社群，在那里工作中的每个人便会各就各位、各司其职，并实现自己人生的意义。这种情况只有企业超越其经济属性，具备了社会属性之后才有可能实现。"以史为鉴，学史明理。企业不仅具有经济价值，而且必须具有社会价值。从20世纪40年代德鲁克在通用汽车倡导建立"自制社群"，到他21世纪最后的忠告——"我们每个人都是CEO"（Each of us is a CEO），其核心思想都是希望个体能在组织中真正得到成长和发展，以实现自身的人生意义。

2019年11月18日，张瑞敏在伦敦Thinkers50大会上和《哈佛商业评论》总编殷阿笛对话时说："当企业变成一个创业平台，员工就可以自己组成一个个创业小微。一个小微的规模一般在8个人左右，我们把原本属于CEO的三项权利——决策权、用人权和薪酬权全部释放给小微，员工的薪酬完全取决于其创造的市场价值。在小微里没有上级只有用户，员工只需要研究怎么去满足用户的需求。"CEO 和员工的主要区别就在于，CEO 手握决策权、用人权和薪酬权。因此，我们衡量员工有没有成为 CEO 的一个重要标准，就是要看员工有没有 CEO 的决策权、用人权和薪酬权。张瑞敏的体会是，"物联网时代，企业要发生改变，要从科层制企业变成让员工完全自主管理的小微。在工业革命时代，员工是经济人，干多少工作企业就给多少钱；在网络经济时代，员工是自主人，每一个人都要能自主地创造自己的价值"。海尔"人单合一"的实践，让我们看到了德鲁克"自制社群"实现的新路径。海尔通过"人单合一"实现了"我们每个人都是 CEO"。海尔在管理创新方面创造了管理的新范式，取得了世界级成果，这是中国对世界的贡献。

德鲁克说："贯穿我一生所有著作的主题，就是现代社会中人的自由、尊严和身份，作为人的成就、人的发展、人的圆满之手段的组织的作用和功能，以及个人对社会和社群的需要。"我认为，一切都是手段，唯有人的发展才是目的。德鲁克称自己为社会生态学家。什么是社会生态学家？简言之，研究人、组织和社会这三者之间相互关系的人就是社会生态学家。

个人。人在哪里？现代社会人存在于组织当中。而组织有三种形态：政府组织、非营利组织和企业组织。放眼望去，大街上这些熙熙攘攘的人，他们可能是公务员，也可能是大学老师、医生，或者是企业的一员。

组织。这些政府组织、非营利组织和企业组织构建了社会。而这些组织提供的产品与服务的好与坏，组织中的个人是否获得尊严和尊重，是否得到成长和发展，就决定了这是一个美好社会还是一个病态社会。

社会。一个美好社会或一个病态社会决定了这个社会中每一个人的福祉。

从 1927 年德鲁克在德国汉堡大学研读德国社会学家滕尼斯的《社群与社会》到 2005 年他去世，德鲁克终其一生，用近 80 年的时间研究人、组织、社会这三者之间的关系,这是我们学习德鲁克思想的主线和逻辑。正如杰克·韦尔奇所说:"全世界的管理者都应该感谢彼得·德鲁克,因为他贡献了毕生的精力来厘清人和组织在社会中的作用。我认为他比任何其他人都更有效地做到了这一点。"我认为,德鲁克的《管理的实践》是要解决如何创造能发挥作用的组织;德鲁克的《卓有成效的管理者》是要解决如何培养卓有成效的管理者;德鲁克的《创新与企业家精神》是要解决历史的延续与现实的变化之间的平衡。只有卓有成效的管理者才能创造能发挥作用的组织,而能发挥作用的组织才能创建美好社会。这就是我为什么20多年来,不断推荐学习和践行德鲁克这三本管理经典的原因所在。请记住,**德鲁克的终极目的是创建美好社会:一个让人在工作中获得身份和尊严,通过创造价值得到成长和发展、过着有意义生活的社会。**

(2020年)

践行《管理的实践》:知行合一

1954年《管理的实践》出版,标志着现代管理学作为一门学科诞生了,因此彼得·德鲁克被誉为现代管理学之父。德鲁克宣称:"《管理的实践》是全面探讨管理学的第一本著作。"注意他说的是"全面探讨管理学",不是局部探讨。德鲁克开创性地提出,管理必须同时考虑三个方面的问题。第一,管理必须考虑成果和绩效,这是企业存在的目的(使命);第二,管理必须考虑企业内部共同工作的人所形成的组织;第三,管理必须考虑企业的社会责任。根据德鲁克对管理体系的阐述,我把他的管理整体观称为"三位一体的管理体系"(见图3-2),本节

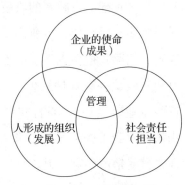

图3-2 三位一体的管理体系

以此为核心。

我们为什么要学习和践行德鲁克的《管理的实践》？听一听世界级企业家和管理者是如何评价《管理的实践》的。花旗银行前董事长沃尔特·里斯顿说："如果你只读一本管理书，那你就读《管理的实践》好了。"沃尔特·里斯顿学习《管理的实践》的成果是，他提出了金融服务业的"事业理论"："银行不是与金钱有关的行业，银行是与信息有关的行业。"张瑞敏先生对《管理的实践》的评价是，"该书能让你跳出企业，站在创造市场需求的外部来审视企业内部所存在的问题，进行整体的、系统的而不是局部的、孤立的管理，从而在驾驭企业从小到大的发展阶段中能够从成长走向成功。《管理的实践》指导你在实践中学会管理，并在成功的管理实践中得到升华"。任正非要求华为的管理者学习德鲁克的《管理的实践》，并要求他们写读书报告。《华为基本法》就是德鲁克管理思想的中国实践，因为《华为基本法》的理论支撑就是德鲁克提出的"管理的三大任务"。

管理必须考虑成果和绩效，这是企业存在的目的（使命）

按照德鲁克"三位一体的管理体系"，我们首先探讨管理体系的第一部分，管理必须考虑成果和绩效，这是企业存在的目的（使命）。惠普是践行德鲁克《管理的实践》的典范。惠普的创始人之一戴维·帕卡德在读了《管理的实践》后发现，他所面临的管理问题，德鲁克在书中都谈到了。他尚未遇到的问题，德鲁克在书中也说了。在戴维·帕卡德的领导下，惠普全面学习和实践德鲁克管理思想。《基业长青》的作者吉姆·柯林斯在研究基业长青的企业时发现："惠普初创时期的笔记和演讲处处闪现着德鲁克的精神。我仿佛看到了帕卡德手里拿着德鲁克的经典著作在布道。"因此，我认为惠普之道就是德鲁克之道。

让我们听一听1960年3月8日，戴维·帕卡德是如何讲述惠普公司存在的目的的。他说:"我首先谈一下公司为什么存在。也就是说,我们为什么要办公司呢?许多人错误地认为,办公司就是为了赚钱。虽然赚钱是公司的重要成果之一,但是我们必须进行更深一层的研究,我们必然会得出如下结论,即一批人走到一起,并以我们所说的公司的形式存在,以便能够集体地成就一番单靠个人力量不能成就的事业——为社会做出贡献,这句话听起来一点也不新鲜,却是至关重要的。留意一下周围的企业界,你仍会发现一些人只对金钱感兴趣,对其他事情漠不关心。对大多数人来说,潜藏在追逐利润背后的实际动力是一种要做一点事情的欲望,如生产一种产品或提供一种服务,总而言之,是要做一点有价值的事情的欲望。因此,让我们在牢记这一点的基础上讨论一下惠普为何存在。我们存在的真正目的是向公众提供某种独特的、有用的东西,从而为社会做出贡献。"据此,惠普公司的使命就是通过产品与服务,为社会做贡献。正如德鲁克所说:"一个组织绝不能像生物一样,以自身的生存为目的,认为能延续后代就算成功了。组织是社会的器官,只有能为外部环境做出自己的贡献,才能算有所成就。"这也证明了德鲁克提出的通过企业为社会做出贡献,进而创建美好社会的可行性。

1988～1994年,吉姆·柯林斯用6年时间研究基业长青的企业,在德鲁克《管理的实践》出版40年后,他出版了《基业长青》,他的最新研究成果与德鲁克1954年研究的成果高度吻合。他说:"我们也发现,我们的研究成果和德鲁克的研究成果深深契合,事实上,我们对德鲁克的先见之明深为敬佩。研读他的经典之作,像1946年出版的《公司的概念》、1954年出版的《管理的实践》、1964年出版的《为成果而管理》,你会深深叹服他遥遥领先于今日管理思潮的程度。事实上,在我们做这项研究时,遇到了很多深受德鲁克的作品影响的公司,惠普、通用电气、宝洁、默克、摩托罗拉和福特只是其中几家而已。"

我们为什么需要使命和远景?吉姆·柯林斯通过对《财富》世界500强

工业企业和服务类企业两种企业排行榜中的18家高瞻远瞩的企业进行6年的研究，得出的结论是：那些能长期维持竞争优势的企业都有使命和远景。他把以上发现都写进了《基业长青》一书。

那么，什么是使命、远景和价值观呢？

- 使命：组织存在的原因、组织的目的。回答"为什么"。
- 远景：未来所创造的图画。回答"什么"。
- 价值观：生活方式。回答"如何"。

使命、远景和价值观之间的联系可以归纳为：使命是一切的根本。一切源于使命。远景把使命转变为真正富有意义的预期结果。价值观是以什么样的方式和行动去实现真正富有意义的预期结果。使命、远景和价值观是企业一切工作的指南，企业的战略、结构、决策、日常经营都应体现企业的使命、远景和价值观。请大家记住德鲁克管理思想的路径：从使命到结果。

德鲁克管理学的一大特点就是，企业的使命和目标要和企业的日常工作相关。"管理就是界定企业的使命，并激励和组织人力资源去实现这个使命。"我们做的事和使命的达成是不是在同一方向上。德鲁克告诫我们："企业只有确定使命后才能有绩效。"举例说明，福耀玻璃的使命是"做一块属于中国人的玻璃"。曹德旺从1987年创业起，就坚持以做玻璃为主业，既不做房地产也不做股权投资，结果福耀玻璃成为全球挡风玻璃的冠军。奔驰、宝马、奥迪、雷克萨斯和宾利的挡风玻璃都是福耀制造的。曹德旺认为，"企业家的责任有三条，国家因为有你而强大，社会因为有你而进步，人民因为有你而富足"，而国家、社会、人民都是企业家身外的他人，换言之，对他人做出贡献的人才是企业家。由此可见，企业家是经济发展和社会进步的中坚力量。

德鲁克的"事业理论"是他管理思想的重要基础。那么，什么是事业理论？事业理论是一个试图解释持续变化的事物（社会、市场、客户和技术）

的假设。事业理论有三大假设和四大特点。

事业理论的三大假设：

- 组织对其所处环境的假设：社会结构、市场、客户和技术。我们来看看外部环境发生了哪些变化。我认为中国社会结构发生了三大变化：老年化、城镇化和中产阶级的兴起。这三大变化带来新的需求，需要新的供给。
- 组织对其特殊使命的假设。沃尔玛的使命是为客户提供价值。什么是价值？对于普罗大众而言，便宜是一种重要的价值。
- 组织对其完成使命所需核心竞争力的假设。由于沃尔玛认识到便宜对于大多数消费者是一种重要的价值，所以沃尔玛的竞争力就是天天低价。

事业理论的四大特点：

- 环境、使命和核心竞争力的假设都必须符合现实。
- 三个方面的假设必须相互协调。
- 事业理论必须为整个组织内的成员所知晓和理解。
- 事业理论必须不断经受检验。

德鲁克的告诫是："任何组织要想取得成功，就必须拥有一套自己的事业理论。"首先要扫描企业所处的外部环境，确定企业的使命和核心竞争力。如果你的企业已经获得成功，那么应当居安思危、未雨绸缪，引入新的事业理论；如果你的企业面临着挑战，那么应当设计出一套清晰、有效的事业理论。这意味着需要多年的艰苦工作、反复思考和探索实践。一个没有事业理论的企业是没有灵魂的，而没有灵魂的企业是难以胜出的。

德鲁克的"经典三问"，是我们践行德鲁克事业理论的有效工具。

- 我们的事业是什么？
- 谁是我们的客户？
- 客户的认知价值是什么？

这三个问题看似简单，能准确地回答却并非易事。

例如，星巴克的事业是什么？许多人一定认为，星巴克的事业是咖啡。星巴克的创始人说："咖啡只是我们卖的产品，不是我们的事业，不能与星巴克画上等号。"星巴克的事业是实现梦想，而不是卖咖啡。对于渴望工作与家庭之外"第三空间"的客户、渴望工作时得到尊重的员工，星巴克帮助他们实现梦想。苹果的事业是什么？苹果的事业不是电脑，而是解放个人创造力。

以我服务过的一家公司——ServiceMaster为例。该公司是全球外包服务的领导者，其核心业务是为医院提供后勤管理服务，业务遍布全世界50多个国家，被华尔街称为"明星公司"。因为ServiceMaster连续20多年为股东提供回报，沃伦·巴菲特也是该公司的股东之一。德鲁克是这家公司的咨询顾问。在ServiceMaster的一次董事会上，德鲁克问各位董事："你们的事业是什么？"ServiceMaster的董事长说："我们的事业是为医院做保洁。"他以产品线来定义自己所从事的工作。德鲁克说："你们的事业是培训人和发展人。"（Your business is training and developing people.）德鲁克的这句话令ServiceMaster的董事醍醐灌顶，一直悬挂在ServiceMaster总部培训基地的墙上。2009年6月，我在美国德鲁克档案馆的墙上也看到了这句话做成的匾额，这是ServiceMaster送给德鲁克85岁的生日礼物。

大家都说德鲁克的咨询建议很宝贵，所以会后大家继续讨论。我们的员工大多没有受过良好的学历教育，在社会上能选择的工作很少。为了给客户提供高品质的服务，我们要培训他们，我们要发展他们。当他们的技能提高了，他们得到发展了，他们给客户提供服务的能力就提高了，进而增强自己的自信，获得一份尊严。帮助人发展是 ServiceMaster 的四大目标之一。该公司有一名保洁员，通过自己的努力和公司的培养，成为公司的副总裁。我们认为该公司在人的发展方面，已经做得很好了。但该公司董事长比尔·波拉德却认为："我们可以做得更好。"德鲁克对比尔·波拉德《企业的灵魂》一书的评价是："比尔·波拉德在《企业的灵魂》中告诉我们如何管理大规模的服务产业，如何使服务业的员工获得尊严、生产力和有意义的工作。"德鲁克为什么这么看重管理大规模服务业的成功经验？因为德鲁克一生都在关注个体，特别是弱势群体在社会中的生存和发展。ServiceMaster 在全球50多个国家以特许经营的方式运营，不但创造了大量的就业机会，也为一线员工提供了向上流动的可能，如成为职业经理人，因此改变了许多人的命运和生活，这就是公司的作用和价值。德鲁克在《下一个社会》中指出："知识社会是第一个可以让人毫无限制地向上发展的社会。知识与其他生产工具最大的不同，就是不能继承或留传给后代。要获得知识，每个人都必须从头学起，因为每个人都是同样的无知。在这一点上，人人生而平等。"我在"德鲁克的终极目的是创建美好社会"一节中写道："保安的社会功能就是维护酒店的安全和秩序。他在履行自己职责的同时，为社会创造了价值，获得了尊严，得到了成长和发展，过着有意义的生活，这样的社会岂不是美好社会？"1994年德鲁克85岁生日的时候，ServiceMaster 董事会送给德鲁克一个生日礼物，这是一个由公司董事会全体董事亲笔签名的贺状，上面写着："在庆祝彼得·德鲁克85岁生日之际，我们由衷地感谢您对我们所有管理者和领导者灵魂的影响。"

德鲁克思想在 ServiceMaster 的四个目标中得到了充分的体现。

- 一切遵循真理的指引；
- 帮助人发展；
- 追求卓越；

- 在盈利中成长。

一切遵循真理的指引

我们认为，每一个人，不管他有什么样的信仰、各方面与他人有什么不同，都在追求高标准的真理。我们追求的是对每个人尊严、价值和潜能的认可，我们相信人人都有其自身的价值。

我和大家分享一段我的亲身经历。1998年6月，我在ServiceMaster管理学院学习，除了在公司总部上课外，还要在甲方公司学习和体验ServiceMaster的运营流程。我被派到奥马哈共同基金的写字楼参加保洁培训。有一天，我正在向项目经理学习ServiceMaster和甲方签订的服务合同，一位保洁经理满脸通红、非常激动地对这位项目经理说，甲方一个后勤负责人投诉公司的一名员工上班饮酒，要求这位保洁经理开除这名员工。员工上班饮酒是违规的，是甲乙双方都不能接受的行为。实际情况是，这名员工喝的是一种墨西哥饮料，闻起来像酒，但不是酒，甲方后勤负责人误认为是酒。保洁经理据理力争，不同意开除这名员工，甲方为此非常生气。在ServiceMaster和甲方签订的服务合同中，有一个条款是这么写的：甲方无须说明任何理由可以随时辞退乙方管理人员。于是我问这位保洁经理："你不怕甲方让你走人吗？"他说："甲方可以随时炒掉我，但我必须维护我们员工的合法权益。"一位保洁经理宁可砸了自己的饭碗，也要维护一名普通员工的人格和尊严。这就是ServiceMaster的价值观。

帮助人发展

我们认为，工作意味着发展、贡献和对成功的体验。我们不仅要让人们做事，还要让他们把事做好，并且要对他们的工作过程和发展方向加以把握，帮助他们提高专业水平及推动个人职业生涯的不断发展。通过提供有利于他们发展的工具、培训，帮助他们提高工作能力、增加收入，以获得自尊，实现自身价值。从保洁员到管理层是 ServiceMaster 人员发展的常态。在 ServiceMaster 没有人力资源部，只有人员发展部，这意味着公司对员工发展的承诺。

追求卓越

我们工作的目的是创造新客户和保留老客户，我们在不断寻求更好的服务方式，每一次为客户服务时，都应提供服务的附加值。我们对自己的服务会感到欣慰，但决不满足。"追求卓越"要求我们不断地扪心自问：每一次为客户服务时，是否兑现了对客户的承诺。"追求卓越"意味着我们必须了解客户的需求和期望，定期倾听客户的意见，不断调整服务流程，更有效地为客户服务。

ServiceMaster 有一个如何为客户提供服务附加值的案例。按照 ServiceMaster 与医院签订的服务合同，ServiceMaster 主要为医院提供保洁、配餐、消毒和工程维护服务。1998 年，许多医院都担心计算机的"千年虫"问题：2000 年，医院计算机可能会出现系统紊乱或崩溃。按照服务合同所规定的服务项目，医院计算机的"千年虫"问题和 ServiceMaster 无关。但 ServiceMaster 意识到，医院计算机的"千年虫"问题是所有医院面临的挑战，为此，ServiceMaster 委托专业软件公司开发解决计算机"千年虫"问题的软件，并将这些软件免费送给甲方。ServiceMaster 用实际行动赢得了客户。我永远不会忘记 ServiceMaster 的座右铭："我们不但要满足客户的需求，而且要超出客户的期待。"

在盈利中成长

许多公司把利润当成公司存在的唯一原因。确实，利润对企业的生存是必需的。但对我们来说，利润不是目的，而是实现其他几个目标的手段。通过经济上的成功，我们将得到对客户及其他机构有积极影响的资源。

ServiceMaster 在发展过程中得到了德鲁克的大力支持，为了表达对德鲁克的感激之情，1998 年 ServiceMaster 捐资建造了美国德鲁克档案馆。2000 年 9 月 29 日，我在美国德鲁克档案馆发现了 1999 年 1 月 18 日，德鲁克写的《我认为我最重要的贡献是什么？》一文。2001 年 3 月，我把该文译成中文发表在《IT 经理世界》上。现在该文被放在华章出版的"彼得·德鲁克全集"丛书每一本书的首页。这是我对德鲁克思想在中国传播所做的一点贡献。

什么是企业？企业不是赚钱的工具，企业是提供某种社会功能的组织。放眼望去，我们的衣食住行都是企业提供的产品与服务。企业的目的是什么？大家可能本能地认为，企业的目的就是盈利。德鲁克在《管理的实践》中开宗明义地指出："企业的目的是创造客户。"我的理解是，"企业的目的是创造客户"，即为客户提供产品或服务，让更多的客户享受现代文明的成果，让他们过上高品质的生活。我认为，企业的终极目的是改善人类的生活品质。

管理必须考虑企业内部共同工作的人所形成的组织

三个石匠的寓言也许大家都听说过。有三个石匠在采石场敲打石头，有人问："你们在做什么？"第一个石匠回答："我混口饭吃。"第二个石匠说："我在做全国最好的石匠活。"第三个石匠的回答与众不同，他仰望长天，目光炯炯有神地说："我在建造一座大教堂。"我们的问题是：这三个石匠，哪一个是管理者？为什么？

要回答哪一个石匠是管理者，我们必须回到何谓管理这个问题上。德鲁克关于管理的定义是："管理就是界定企业的使命，并激励和组织人力资源去实现这个使命。界定使命是企业家的任务，而激励与组织人力资源是领导力的范畴，二者的结合就是管理。"据此，我认为，管理者就是那些以实现组织使命为己任的专业人士。第一个石匠无可厚非，是为解决温饱问题，个人使命明确。第二个石匠的使命非凡,做全国最好的石匠活,但这仍然是个人的使命。只有建造大教堂才是企业的使命。从表面上看,三个石匠都在敲打石头,但每个人工作的目的不一样。我们要透过现象看本质,这是古希腊哲学家留给我们的智慧。

企业作为由人所形成的组织,管理者要通过五项工作实现其使命和目标。

管理者的五项工作分别是:

- 制定目标
- 组织
- 激励与沟通
- 绩效评估
- 培养人(包括自己)

每一个企业、每一个组织、每一个机构,都需要制定目标。没有目标,就没有方向,我们也就不知道这些人在一起要做什么。

目标制定以后,要组织人、财、物,建立组织结构来实现目标。由于在有限的资源和能力与较高的目标之间存在着很大的差距,因此作为管理者,我们要激励、要沟通。最后,用绩效来验证管理是否有效。管理者的五项工作:制定目标、组织、激励与沟通、绩效评估、培养人(包括自己)。前四项工作是手段,第五项工作培养人才是目的。我们通过制定目标的手段,通过组织的手段,通过激励与沟通的手段,通过绩效评估的手段,来实现对人的培养。让我们再一次铭记:一切都是手段,唯有人的发展才是目的。

为了让大家准确理解和实践德鲁克的管理思想,我与大家分享一个目标管理、自我控制与绩效评估的模型,这是践行德鲁克目标管理和自我控制的路线图(见图3-3)。这个路线图如同一个表盘,6点钟的位置是下属,9点钟的位置是目标管理，12点钟的位置是上司，3点钟的位置是绩效。实施目标管理与自我控制从6点钟的位置出发，向9点钟的位置前进。

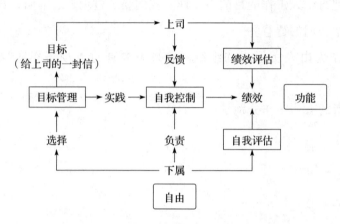

图3-3　目标管理、自我控制与绩效评估

许多人只知道目标管理，并不了解什么叫自我控制。而许多人把目标管理理解为层层分解，从董事会到事业部，再到部门和个人。其实，这不是"目标管理"，而是"配额管理"。德鲁克在《管理的实践》"目标管理与自我控制"一章中指出："每位管理者必须自行发展和设定他所在单位的目标。当然，高层管理者仍然需要保留对目标的同意权，但是发展出这些目标则是管理者的职责所在。的确，这是他的首要职责，而这也意味着每位管理者应该负责任地参与，协助发展出更高层级的目标。"显然，德鲁克所说的目标管理，是一种自下而上的目标管理法。这样做的目的是释放基层管理者的主观能动性，鼓励他们做自己擅长的事情，承担对企业目标达成的责任。一个下属或一个管理人员要自下而上地选择目标管理，按照德鲁克的建议，要让下属给上司写封信。在信中，每位管理者首先要说明他认为上司和自己的工作目标分别是什么，然后要提出自己应该取得哪些工作绩效。接下来，他要列出需要做哪些事情，才能达到目标，以及他认为在自己的部门中有哪些主要障碍，同时还要列出上司和公司做的哪些事情会对他有帮助，哪些又会构成阻力。最后,他要简要概述明年要做哪些工作,以达到目标。如果上司接受信中的陈述,这封信就变成他进行管理工作的章程,这就是目标管理。目标管理第一步自下而上,第二步是自上而下,这样下属就和上司达成了共识。如果没有这一步,没有自下而上倾听下属的建议和意愿,就是"配额管理",而不是"目标管理"。目标管理与配额管理的最大区别在于,配额管理是强势的、命令的、控制的,大讲执行力,而目标管理是尊重个人意愿的,释放个人主观能动性,大讲领导力、使命感和责任感。

德鲁克在《应该期待什么成果?目标管理使用说明》一文中指出:"目标管理在个人目标设定或管理者目标设定上通常采取的做法都存在缺陷,甚至会造成伤害。通常情况下,目标管理会告诉管理者,'这些就是本机构的目标。为了达成目标,你应该做出哪些努力',而正确的问法是,'基于本机构的使命,你认为我们的目标、工作的优先顺序和策略应该是什么样的;未来一两年内,要想为这些目标、工作的优先顺序以及策略服务,本机构应该对你个人和你负责的部门有什么要求;为了实现这些目标,你应该做出什么贡献,取得什么成效;有什么机会能帮助你为本机构以及你的部门做出贡献并取得绩效。'"

什么是自我控制?所谓自我控制,就是实现企业目标的过程、方法和手段,怎么做由我说了算。自我控制是实现目标的方法和手段,赋予当事人充分的自由。"我们每个人都是CEO。"最后,用成果来说话,第一步叫自我评估,自己打分,往往下属都打高分,而上司往往跟他的期待不一样,所以打低分,不要怕冲突。由于下属的自我评估和上司给下属的评估有差距,因此需要双方坐下来沟通和交流。下属未来就会按照上司的期待和要求去工作,最后达到双赢的结果。我认为,目标管理与自我控制,是德鲁克在工业社会,为一个弱小的个体保留的自由和自尊的空间。天生我材必有用,每个人都可以按照自己的工作方法去工作,去贡献。德鲁克指出:"由于目标管理和自我控制将企业的客观需求转变为个人的目标,因此能确保经营绩效。

目标管理和自我控制也代表了真正的自由、合法的自由。"为什么德鲁克把目标管理和自我控制称为"管理的哲学"？我认为，管理者达成公司的目标是管理者必须履行的岗位责任（目标管理），而如何达成目标的方法和途径是管理者的自由（自我控制）。将责任与自由完美地结合就是管理的哲学和管理的奥妙。

惠普创始人戴维·帕卡德在《惠普之道》中说："没有任何管理原则比目标管理原则对惠普的成功贡献更大。目标管理是指将总体目标叙述得清清楚楚，并且征得大家的同意。在达成目标的过程中，员工在权限范围内有自行决定最佳做事方法的弹性。这是分权管理的哲学、自由企业的精髓。我需要明确指出的是，成功实践目标管理，就一定要互谅互让。各个级别的管理者必须确保他们的下属清楚了解公司的使命和目标，以及他们各自部门的具体目标。因此，管理者有责任推动良好沟通和互相理解。与此同时，下属必须对自己的工作全情投入，愿意做计划，对旧有问题提出新的解决方案，在可以做贡献的时候要全力以赴。"

为了便于大家准确使用德鲁克的"目标管理和自我控制"，我建议，企业家和管理者以"德鲁克的十问"作为依归。

1. 企业的使命是什么？
   ——企业工作的优先顺序是什么？

2. 企业要取得的成果是什么？

3. 我对企业取得的成果做了什么贡献？

4. 我对其他同事的贡献是什么？
   ——我做了哪些事使他们有能力履行他们的职责？
   ——我在培养他人方面做了哪些贡献？

5. 基于我对企业和对他人的贡献，我的责任是什么？
   ——怎么才能让其他人清楚地知道我的职责？

6. 我的岗位产生的成果是什么？

　　——我怎么才能知道我已经取得了预期成果？

　　——什么考核指标最能反映我在达成成果方面取得的进步？

7. 就取得的绩效成果而言，我在提供和接收反馈信息方面做得怎么样？

8. 我在获得成果的过程中遇到了什么障碍？

9. 作为领导者，我面临的三个最大挑战是什么？

10. 我需要在哪些方面进行改进？

　　——我怎么才能在这些方面做得更好？

　　——我需要什么支持？

管理必须考虑外在的社会，也就是企业的社会责任

德鲁克认为，社会责任来自两方面：一是机构本身的社会影响，二是社会问题。前者是指机构对（to）社会做的事情，后者是指机构为（for）社会做的事情。

社会责任的第一方面是机构本身的社会影响。钢铁厂存在的目的是为客户提供高质量的钢铁，然而在冶炼钢铁的过程中，不可避免地释放出废气、废水和废渣。这就是钢铁厂由于自身的存在给社会造成的负面影响，因此，钢铁厂要对这种负面影响承担责任。钢铁厂的废气、废水和废渣排放，要经过环保设施的处理，确保不污染环境。德鲁克的建议是，由于人们要对自己造成的影响承担责任，所以他们应该尽量减少这些影响。一个机构在自己的使命以外影响越小，其行为越好，越是负责，越有可能成为一个受欢迎的好邻居和贡献者。

讲一个企业作为好邻居的故事。1967年的夏天，一个年仅12岁的小男孩，在加州帕洛阿尔托拿起当地的电话号码簿，找到一个人的电话号码后，

马上打了过去。

小男孩问:"你是惠普公司的休利特先生吗?"

对方答道:"是的。"

小男孩说:"我叫史蒂夫,我需要一些电子元件做学校布置的一个项目,你能给我吗?"

对方说:"可以。"

两人在电话里聊了 20 分钟,第二天,小男孩的父亲带着他去惠普公司拿到了电子元件,而且小男孩还意外获得了一份暑假实习的工作。

那个小男孩就是史蒂夫·乔布斯,那个给小男孩电子元件的人就是惠普公司的创始人之一比尔·休利特,当年 54 岁。他是惠普——一家年销售额约 20 亿美元的上市公司的总裁。人们因此可能会推断说,这是一家大公司,财力雄厚,不在乎电子元件这点钱。

惠普真的不在乎这点钱吗?再看一个令人难以置信的故事。1961 年 3 月 11 日,惠普在纽约证券交易所上市。惠普的创始人之一、惠普董事长戴维·帕卡德一行从酒店去华尔街的纽约证券交易所,为了节省费用,他们没坐出租车,而是乘坐他们不熟悉的纽约地铁,一路问来问去,还在泰晤士广场换错了车,结果赶到华尔街时,迟到了好几分钟。人们很难相信他们居然乘地铁去华尔街参加惠普公司股票上市仪式,但他们确实就是这么做的。还是戴维·帕卡德,他在去世前把他将近 56 亿美元的资产都捐给了一家慈善基金会。2001 年 5 月 4 日,比尔·休利特一次性给斯坦福大学捐资 4 亿美元,这笔捐款创下了美国大学接受单笔捐款金额的最高纪录。2017 年 5 月 4 日,我带领中国企业家去斯坦福大学参观和学习,我们上课的教室是李嘉诚为斯坦福大学医学院捐赠的学习和知识中心。德鲁克曾经说过:"挣钱很容易,但需要三代人才能学会如何花钱。"(It's easy to make money but it will take three generations to learn how to spend money.)

社会责任的第二方面是社会问题。把社会问题转变成企业的机会,也就是化问题为机会，这是最好的创新。企业应该通过解决社会问题，为社会创造财富，为客户创造价值。今天的好企业衡量绩效不再是原来的单一底线——利润，而是使用"三重底线"（Triple Bottom Line）——财务底线、社会责任底线和环境底线。

2020年突发新冠肺炎疫情是一个前所未有的社会问题。铁肩担道义，五菱（上海通用五菱）挺身而出，开始做口罩。一家做汽车的企业为什么要做口罩？五菱的回答是"人民需要什么，五菱就制造什么"。人民急需口罩，五菱就造口罩，而且他们不但造口罩，还造生产口罩的机器。五菱能做到这一点，我一点都不感到意外。因为五菱是德鲁克管理思想的践行者。2007年5月31日，我曾赴柳州为五菱集团的高管讲授德鲁克管理思想。我后来看到五菱集团的官方网站发布了一条新闻，"引进德鲁克管理思想，用德鲁克管理思想推动五菱管理平台持续改进。2007年5月31日下午，为了将德鲁克的主要管理思想和逻辑关系讲解清楚，帮助公司主要管理人员对德鲁克的管理思想形成统一认识，特邀德鲁克先生嫡传弟子那国毅先生主讲。五菱集团董事长何世纪、常务副总经理韦宏文等公司领导，集团本部一、二级经理，以及各下属公司领导和一级经理等160多位公司各层管理者参与了本次学习和研讨。"

在我去五菱集团之前，我在北京讲授德鲁克管理课程的时候，五菱集团董事长何世纪和常务副总经理韦宏文都是我班上的学员。有一次，在课间休息期间，我注意到何世纪董事长凝视着德鲁克的画像，画像下有德鲁克的"经典三问"：我们的事业是什么？谁是我们的客户？客户的认知价值是什么？他陷入了深深的沉思之中。

2010年，"五菱之光"登上了《福布斯》杂志的封面，被誉为"地球上最重要的汽车"。2020年，这家企业又造了一款"神车"——微型电动车宏光MINI EV。这款"神车"最高时速为105公里，续航120公里，不需要充电桩，家庭用的220伏电源接上地线就可以充电，成了全球最畅销的电动车。五菱对客户需求的把握极其精准。电车必将取代油车，这是已经发生的未来。德鲁克的看法是："预测未来的最好方式就是创造未来。"

值得注意的是，企业社会责任的一个新趋势是，企业把员工的志愿活动整合到了企业的社会责任中，而且把志愿活动与企业使命和经营目标联系在一起。例如：IBM通过一项名为"基础教育创新教学"的活动，鼓励员工成为在校青少年的辅导员。这种志愿活动被视为最真诚和最令人满意的一种企业社会责任，因为，他们在奉献自己特有的技能和创造力。如果你是一名医生，你就去给人们检查身体、提供医疗咨询；如果你是一名会计师，你就去做数学辅导；如果你是一名厨师，你就去向人们传授如何烹饪美食；如果你是一名建筑工人，你就去帮助人们维修房屋。德鲁克说，他不是任何志愿组织的成员，但他咨询服务的一半时间是为非营利机构提供免费的咨询。受他的影响，我连续多年为一所大学的MBA学生免费讲授德鲁克管理思想，在一家国家级创新型孵化器公益组织担任义务导师，还作为志愿者在一家慈善机构为大学生、硕士研究生和博生研究生提供职业发展建议和人生规划。

由于德鲁克管理思想近年来得到了广泛传播，中国中小企业在践行德鲁克管理思想中也取得了一些令人欣喜的成果。成都岸宝科技集团有限公司（前身成都岸宝纸业集团）就是众多践行德鲁克管理思想的企业之一。该公司成立于1996年，25年的成长、发展与学习密不可分。创业初期，该公司的理念是"专业、创新、学习"，很多的学习和培训强调的是"专业"。随着公司的不断发展，靠经验已经不能支撑管理，于是花了不少的培训费进行"缺啥补啥"的管理培训。但这种追求实效性的培训没有形成一个学习的核心思想和价值体系，直到2015年6月，岸宝公司的肖南董事长请我为岸宝的管理层讲授德鲁克的《管理的实践》课程。岸宝从此开始了系统学习和践行德鲁克管理思想的探索。我连续三年为他们讲授德鲁克的《管理的实践》《卓有成效的管理者》和《创新与企业家精神》。2015年，通过《管理的实践》的学习，他们用德鲁克的"经典三问"反复问自己："我们的事业是什么？谁是我们的客户？客户的认知价值是什么？"岸宝管理层重新思考，反复定位，确定了岸宝的使命、愿景、价值观和核心竞争力。

使命：让生活更便捷。

愿景：致力于创造绿色消费的企业。

价值观：高绩效、做好事、不作恶。

核心竞争力：视质量为生命、服务于全球市场、建设数字化工厂、以工业设计创造需求、创造客户。

我告诉岸宝管理层，按照德鲁克的说法，企业的使命要简明，最好能写在T恤衫上。于是，他们结合自己从事的事业，确定了"让生活更便捷"的企业使命。岸宝原来的愿景是"成为全球食品包装容器产业的首选供应商"。2019年3月，在肖南董事长参加在肯尼亚内罗毕召开的第四届联合国环境大会后，为了人类的可持续发展、承担社会责任、创造绿色消费，岸宝人又对愿景进行了重新定义。在给岸宝管理层授课时，我分享了德鲁克的洞见，"管理的本质，既非财富，又非地位，而是责任"。管理就是承担责任。承担什么责任？第一，高绩效（Do well）；第二，做好事（Do good）；第三，不作恶（Do no harm）。"高绩效"是指管理者首先要承担为企业创造高绩效的责任，创造经济绩效是企业和管理者的首要责任。"做好事"是指在"高绩效"的前提下，承担社会责任。"不作恶"是对管理者的底线要求，也就是说，即使你既没有创造高绩效的能力，也没有承担做好事的利他之心，也可以理解，至少你不要做坏事。

责任是维系经济和社会发展的根本原则，而德鲁克管理学的核心就是：责任。岸宝管理层对此非常认同，他们学以致用，把德鲁克的洞见变成了岸宝的价值观，为此岸宝还专门制作了企业文化墙，墙上的企业使命和价值观赫然在目。肖南董事长对"企业家在创造财富的同时也在掠夺自然资源"深有体会，因为岸宝作为包装容器生产企业，一年要用约5万吨食品卡纸。有计算表明：直径15厘米的树木，13.5棵可以吸收1吨二氧化碳，16棵可以生产 1 吨纸。生产 5 万吨纸要砍多少棵树？因此，他加入阿拉善 SEE 公益组织，用自己的行动去践行企业社会责任。岸宝在社会责任上的具体体现：（1）建设数字化工厂，以降低劳动强度、减少能耗、提高效率，履行公司对员工和对社会的责任。（2）研发新材料，每年投入 500 万元，用于生物可降解材料的研发和设备的投入，力求在城市配餐系统的建设中，既满足人们的便捷生活，又能改善一次性抛弃物带来的环境污染，在促进经济发展的同时，保护我们生存的空间。（3）公司全员参与公益活动，无论是从 1 元钱做起的保护环境的公益活动，还是争当志愿者，岸宝人履行社会责任，守护青山绿水，从 2018 年开始到 2020 年年底，岸宝志愿者一直在参与阿拉善 SEE 天府项目中心的志愿者活动。（4）建立绿色党支部，发挥党员干部的模范带头作用，从 2020 年开始，公司的每名党员要贡献 100 个小时用于参加公益活动。

德鲁克把自由和责任相结合，以人的发展为重点，来构思有效的组织结构、制度与管理者的工作。他希望管理者把眼光放长远，以使命感和智慧来帮助人们发挥所长，并和组织合为一个整体。他认为身为最高主管并没有什么值得自豪，即使已成为一个有效的最高主管，人生还有更高的境界。我们都在努力追求成功，但何谓成功？德鲁克说："一个管理者必须使别人的生活变得有所不同才算成功。"最后，借用德鲁克的名言，"管理不在于知，而在于行"，作为"践行《管理的实践》：知行合一"的结语。

（2020 年）

践行《卓有成效的管理者》：如何自我管理

第二本德鲁克管理经典《卓有成效的管理者》，出版于 1966 年。许多管理书籍都是讲如何管理别人，而本书则是谈如何管理自己的。德鲁克在本书的前言中说："管理者能否管理好别人从来就没有被真正验证过，但管理者却完全可以管理好自己。"

为什么要成为卓有成效的管理者？从个人层面上讲，卓有成效的管理者是社会最稀缺的管理资源，而成为卓有成效的管理者，已成为个人获得成功的主要标志。像张瑞敏1983年把一家濒临破产的集体所有制小厂，一路不断地打造、提升，变成具有全球竞争力的白色家电企业。今天，海尔是个开放的创业平台，它的社会价值和经济价值都很高。更为重要的是，现代社会的成功运转依靠管理的有效性，我们生活的品质也依赖管理的有效性，政府、非营利机构和企业的管理是否有效关系到我们每个人的福祉。

从卓有成效的管理者到我们每个人都是CEO

张瑞敏说："我们于1988年在行业中以劣势小厂的地位战胜许多优势大厂，摘取了中国冰箱史上的第一枚金牌。这枚金牌要归功于海尔的'日清'工作法，更要归功于德鲁克先生。"这是20世纪80年代，他学习德鲁克管理思想的心得。"我们每个人都是CEO"，这是德鲁克的期望和理想，张瑞敏通过"人单合一"的管理创新，把德鲁克的理想变成了现实。

根据张瑞敏的解释，"人单合一"中的"人"：是企业中的人，既可以是员工，也可以是小微组织；"单"是指用户的需求和价值。"人单合一"旨在创造终身用户价值。在"人单合一"的管理模式下，小微组织中的员工拥有CEO所具有的决策权、用人权和薪酬权，在企业中谁拥有这三种权力，谁就是CEO。因此"人单合一"中的每个人都是CEO。"人单合一"在美国无须译成英文，就像美国人都知道"功夫"和"豆腐"一样，他们也知道"人单合一"，这为美国英语增加了新词汇。

2019年9月，我们请到了量子管理专家丹娜·左哈尔来北京讲学。她在给我们讲课期间，就直接用中文讲"人单合一"。她讲到海尔创业成功的优势，首先是海尔的品牌为海尔的创业者背书。如果我去创业，卖洗衣机，那么可能没人敢买,因为客户不知道我是谁。如果我这个创业企业倒闭了,客户不知道该找谁去,但海尔跑不了。海尔小微平台创业有金字招牌、品牌作为支撑,同时又具有小微创业的灵活性,大企业的品牌溢价和小微平台的创新能力相结合,结果非常成功。张瑞敏的管理创新树立了世界级的标准,美国企业做不到"人单合一",更做不到"每个人都是 CEO",但海尔做到了。海尔创造了管理创新的全球典范,华为创造了技术创新的全球典范。海尔是管理创新,华为是技术创新。两家企业在各自的领域都做到了全球领先。这是中国改革开放 40 多年来,在企业管理方面取得的世界性成就。正如德鲁克所言:"只有中国人才能发展中国。"

什么是卓有成效?"所谓卓有成效,就是能够使能力和知识的资源产生更多、更好成果的一种手段。"换言之,卓有成效是一种资源转化手段,能够将资源转化成为企业的成果。请大家记住六个字"化资源为成果",这就是卓有成效。掌握了将资源转化为成果的手段的人,就是卓有成效的管理者。英雄不问出处,拿成果来说话,"满意的客户就是企业有效经营的成果"。(The result of a business is a satisfied customer.)"企业的目的就是创造客户。"从德鲁克的《管理的实践》到《卓有成效的管理者》,他的管理思想和逻辑是一以贯之的。在华为的"以客户为中心,以奋斗者为本"的管理实践中,我们看到了德鲁克管理思想的痕迹。

卓有成效管理者的五项修炼

我在德鲁克卓有成效管理者的五项技能基础上,加了一个中国文化的概念,将其称为卓有成效管理者的五项修炼。

- 时间管理
- 注重贡献

- 用人之长
- 要事优先
- 有效决策

五项修炼可以提炼为五个关键词：时间、贡献、长处、要事、决策。正如我们的五个手指，大拇指最短，代表时间，因为时间最短缺；食指代表贡献，我能贡献什么；中指最长，代表长处，我的长处何在；无名指代表要事，何谓要事；小拇指代表决策，卓有成效的管理者不在于做很多的决策，而在于做几个可以改变组织的决策，就能创造与众不同的成果。掌心是使命，学会五项修炼，一切尽在掌握之中。

第一项修炼：时间管理（技术）

时间管理是一种管理技术。我们为什么要管理时间？因为，我们做每一件事都需要时间。这意味着，我们的成就和效率是由我们的时间管理所决定的。我们必须管理时间，否则就无法管理其他事情。因此，时间管理是我们成为卓有成效的管理者的基础。

时间有三个特点：

- 时间没有替代品。即使没有木材，我们仍然可以制造家具。但是，没有时间，我们将一事无成。
- 时间无法储存。我们有金库、粮库、血库、人才库，唯独没有时间库。
- 时间没有弹性。从比尔·盖茨到沃伦·巴菲特，他们与我们的共同点就是每天拥有一样的时间：24 小时。

时间管理的四个步骤：

- 界定任务

- 记录时间
- 管理时间
- 统一安排时间

1. **界定任务**

界定任务是时间管理的准则。这一点德鲁克在他的《卓有成效的管理者》一书中并没有提及，但是 2000 年，他在给美国一家做 e-learning 的公司讲课时说，时间管理应该从界定任务开始。我认为，德鲁克是受科学管理之父弗雷德里克·泰勒智慧的启迪，把界定任务作为时间管理的第一步。当年，泰勒是通过系统地研究工作和任务，开创了科学管理（按照泰勒的解释，科学管理也称"任务管理"）。1976 年 6 月，德鲁克发表了一篇鲜为人知的文章，《重新认识科学管理：我们尚未认识到先知泰勒对当今时代的影响》。以下摘自该文：

> 在"当代世界的缔造者"中人们很少提及泰勒，然而他和马克思或弗洛伊德对世界有着同样的影响力。的确，如今我们已经超越泰勒许多，并且也应该超越他。但是，如果只是因为他比我们更有说服力、更有改变人们的信念的力量，来攻击泰勒，这种行为就好比我以前所说的"以牛顿未发明非欧几里得的几何学或未发现相对论理论来攻击牛顿"一样站不住脚。
>
> 尽管有那么多诋毁他的人，泰勒还是胜利了。他在他主要致力研究的领域——体力劳动的研究和实践方面胜利了。在他的学说中，他预言："那时（100 年以后），工人将生活得和现在的上等商人一样，有各种各样的生活必需品和许多生活奢侈品。"人们嘲笑泰勒的这种想法，然而，这正是现在发达国家走过的路，而这主要是得益于应用泰勒学说的结果。这完全是按照泰勒的预测发生

的——由于我们研究了任务，所以我们知道如何去组织任务、计划任务，提供适合人们的工具和正确的知识，知道如何能"极大程度地提高人的产出，而不增加他的实际劳动强度"——尽管没有人宣称我们已经达到了完美的境界。

泰勒的影响是超前的。首先，不发达和发展中国家现在正处于急需泰勒的"科学管理"学说的时期。它们现在所处时期的主要任务是：既要提高工人工资，又要降低劳动成本，即提高体力劳动的生产力。现在它们遇到的问题就像70年前的美国一样，生产力不足主要是低工资造成的。同样地，这也使穷人维系生活的手段十分贫乏，吃很糟糕的食物，支付高额的房租，买不起御寒防暑的衣物。换句话说，很多时候，他们缺少应有的生活必需品，更不用提那些生活奢侈品。

在发达国家中，重新研究泰勒理论并应用这些理论的需求或许是最大的。那些国家由于在体力劳动领域里应用了泰勒的理论，经济变得发达起来。而现在正是这些国家将泰勒理论应用到知识工作领域的时候。

在泰勒的著作和学说中，他强调没有任何车间、工厂或铁路运输系统曾使用过一丁点儿的"科学管理"。泰勒在他的著作中所记载的使用"科学管理"最成功、最经典的例子，就是梅奥诊所（对此泰勒没有要求过任何赞许）。换言之，泰勒本人意识到"科学管理"完全适用于体力劳动，同样也适用于知识工作。

然而，要使知识工作更具生产力，还需要"研究任务"以及"任务管理"。需要分析工作本身，需要理解所需要的步骤、它们的先后顺序和所需要的综合工具，所有这些都是"科学管理"的概念。它不需要"创造力"。它需要艰辛、系统、解析性、综合性的工作，正如泰勒从诸如铲沙、搬运铁器、操作造纸机、砌砖等各种体力劳动中发展科学管理一样。

我们已经给知识工作赋予了高工资,这也是泰勒曾经致力的目标。现在是要它实现更高的生产力来证明高工资有道理的时候。这就要求(也是最重要的)"心理态度"的改变,以及在知识工作者一方和管理者一方,进行一场泰勒所说的"完全的心理革命"。

今天我们所需要做的既不是埋葬泰勒也不是赞扬他,而是需要学习他。需要为知识工作和知识工作者做些事情,就像在大约一个世纪之前泰勒为体力劳动和体力劳动者所做的。

我引述德鲁克这段文字有两个目的:一是让读者知道德鲁克为什么把界定任务作为时间管理的准则;二是泰勒的科学管理不但没有过时,而且我们还很需要。例如,泰勒非常相信团队工作。他在美国国会作证时,详细地介绍了梅奥诊所(世界上最大的医疗机构,于1863年在美国明尼苏达州罗切斯特创立),认为梅奥诊所是应用科学管理的最好例证,因为它成功地将10个内科和外科医生组成了一个团队,不同专业的人在一起工作,目的只有一个:治病救人。目前,中国三级甲等医院普遍采取的"团队医疗"方式就是100多年前泰勒所倡导的。中国医院的"团队医疗"方式被看成是中国医疗改革的创新之举,事实上,这种创新源自泰勒的科学管理。有意思的是,现在"团队医疗"还被视为"互联网医疗"的主要特征,而"团队医疗"在1911年就大行其道了。德鲁克认识到,要使知识工作更具生产力还需要"研究任务"以及"任务管理"。这或许能解释为什么德鲁克在1973年出版他的管理学巨著《管理:任务、责任、实践》(Management: Tasks, Responsibilities, Practices 又译《管理:使命、责任、实践》)时把"任务"放在首位。

时间管理的本质是任务管理。时间是无法管理的,任务是可以管理的,这就是为什么界定任务是时间管理的准则。德鲁克建议,用以下三个问题来界定任务。

- 公司为什么付给我薪水？
- 我怎么做才能对得起这份薪水？
- 我希望得到的结果是什么？

2. 记录时间

每天从到办公室开始，记录第一个时间点做的第一件事、第二个时间点做的第二件事……直到下班离开前的时间点做的最后一件事。连续记录4周，如果每周工作40小时，计算一下，有没有将70%～80%的时间用于完成工作任务，如果达不到，就说明你的时间管理出了问题。

3. 管理时间

管理时间就是消除浪费时间的活动。以下四种情况存在浪费时间的活动。

- 周期性的危机。比如冬季北方工厂的仓库经常着火，着火是例外管理，如何将例外管理变成例行管理？每年冬季来临之前，将明火远离仓储，避免第二年仓库着火，这就是将例外管理变成例行管理，从而避免这种周期性的危机出现，节省管理者的时间。
- 人员过剩。太多时间用于处理人际关系，这也造成时间的浪费。
- 组织不健全。会议太多，管理者每天赶场，一天要参加8个会议。德鲁克说得好，要么开会，要么工作。
- 信息不畅。需要的信息往往得不到，而没有必要的信息，就无法做出决策。没有决策，也就无法产生成果。

4. 统一安排时间

卓有成效的管理者必须用好自己可以支配的时间，他需要整块的时间来处理重要事务。多年前，我在一家企业工作时，我的顶头上司是一位美国总经理。他每周四在家工作一天，用于撰写商业计划书、制定公司战略和思考团队管理的人事安排。他的工作卓有成效，他在中国工作7年，建立了中国第一家全球一流的外包服务专业公司，制定了行业标准，培养了一批卓有成效的管理者。史蒂夫·乔布斯每天早上在家从4点工作到8点，然后再去公司。我的《百年德鲁克》大部分文章是我周六在家从上午10点到下午3点凝神静气思考和写作的结果。

德鲁克时间管理的三个关键问题非常有用，大家可以按照这三个问题去试一下，看看效果如何。

- 在我现在所做的所有工作中，哪些是根本没有必要做的？
- 在我现在所做的所有工作中，哪些我可以做，别人也可以做？
- 在我现在所做的所有工作中，哪些是我必须亲力亲为的？

德鲁克不但教导我们如何管理时间，他还通过身体力行为我们树立了时间管理的榜样。他印制了一张卡片，上面写着："彼得·德鲁克先生对您的盛情不胜感激，然恕本人对以下诸事不能效力，投稿或作序、稿评或书评、讨论或座谈、加入任何委员会或董事会、填写调查表、接受采访，以及在电台或电视上抛头露面等。"

2014年11月13日，我在维也纳看到了他的这张卡片的原件。当时美国彼得·德鲁克管理研究生院在维也纳第六届全球彼得·德鲁克论坛上布置了一个德鲁克展台，他的这张卡片就摆放在展台上供人们学习。

德鲁克认为，全世界时间管理最有效的人，就是花旗银行董事长沃尔特·里斯顿。他给沃尔特·里斯顿提供过两年的管理咨询服务，在此期间，德鲁克每个月都要和沃尔特·里斯顿会谈一次，每次会谈的时间都是90分钟，而且每次会谈双方都要提前做充分的准备。他们每次只讨论一个主题，而且每次在80分钟的时候，他们都要做两件事：第一，沃尔特·里斯顿要求德鲁克总结一下，过去80分钟他们都讨论了什么；第二，下次他们什么时候见面，要讨论什么样的议题。90分钟一到，沃尔特·里斯顿就会起身送客。终于有一天德鲁克忍不住了，他问了沃尔特·里斯顿两个问题。一个问题是：为什么每次讨论都是90分钟？沃尔特·里斯顿说："原因很简单，我的注意力只能维持90分钟。而且，我还知道如果时间太短，不够90分钟，我就无法掌握问题的核心。"另一个问题是：为什么每次谈话期间没有任何人进来打扰？沃尔特·里斯顿回答道："我告诉我的秘书，在我们谈话期间，绝不许任何人来打扰，只有两个人是例外：美国总统和我夫人。总统很少来电话，而我夫人不会在我上班时间打电话找我，所以我们的谈话从来没有被打扰过。"沃尔特·里斯顿身为全球最大银行的董事长，时间管理做得如此有效。我们从中学到了有效会议的三条原则：第一，会前告知；第二，会中管理；第三，会后跟进。

德鲁克不但珍惜自己的时间，而且他也不占用别人的时间。1989年，德鲁克80岁寿辰，通用电气的杰克·韦尔奇、英特尔的格鲁夫、可口可乐的戈伊苏埃塔要自掏腰包，拿出8万美元为德鲁克庆祝80大寿。杰克·韦尔奇将这一想法告知了德鲁克。没想到，德鲁克的回答是"浪费时间"。杰克·韦尔奇和格鲁夫他们说了德鲁克拒绝他们为他祝寿的事。但是，他们还是不甘心。他们想德鲁克这么大岁数了，万一哪天有个闪失，他们将永远没有机会表达他们内心的感谢。1981年杰克·韦尔奇在德鲁克的帮助下，制定了"数一数二"的战略。8年之后，通用电气的绩效和市值都有了很大的提升。格鲁夫在经营英特尔的过程中长期得到德鲁克的指点。德鲁克也是可口可乐公司的咨询顾问，在公司CEO戈伊苏埃塔领导的16年中，可口可乐公司的市值从43亿美元增长到1450美元。因此，这三位世界级公司的CEO要表达他们对德鲁克由衷的谢意。杰克·韦尔奇再次来到德鲁克的家，恳求德鲁克给他们一个言谢的机会。德鲁克不得不做出折中的决策。德鲁克讲了两点：一是从8万美元中拿出5万美元捐献给非营利机构用于慈善事业，余下的3万美元用来开生日聚会；二是下不为例。

2000年11月11日，我在美国彼得·德鲁克管理研究生院，也亲身经历了为德鲁克庆生的活动。学院里的师生都知道德鲁克不愿意占用他人的时间和金钱为自己祝寿，所以就找了一个他可以接受的方式来表达对他的敬意。彼得·德鲁克管理研究生院会在每年11月中旬的一个周末举办全球校友会。首先由德鲁克发表一个主旨演讲，分享他在过去的一年在管理方面的新发现。接着再由一位在管理实践方面有建树的企业家或高管来分享管理的实务。校友会结束后，大家退场的时候都要路过一个地方，校方在这个地方摆上一张桌子，放上两个生日蛋糕，德鲁克就坐在这桌旁，接受人们的祝福。这也是我们和他合影的最佳时机。5年后的同一天，德鲁克离开了这个世界。

为了有效管理我们的时间，我给大家提供两个时间管理工具："清晨六问"和"静夜六思"。我的许多客户把"清晨六问"和"静夜六思"做成桌牌，正面是"清晨六问"，背面是"静夜六思"。上班时看"清晨六问"，下班时看"静夜六思"，从而做到"日事日毕，日清日高"。

清晨六问

1. 我今天的目标是什么？
2. 今天我如何安排自己的时间？
3. 今天我最重要的三件事是什么？
4. 今天我准备学哪些新东西？
5. 今天我准备在哪些方面进步一点点？
6. 今天我如何使自己活得更健康、更开心？

静夜六思

1. 我是否完成了今天的目标？
2. 我今天的时间安排是否合理？
3. 今天我学到了什么？
4. 今天我在哪些方面做得还不太好？
5. 我如何才能做得更好？

6. 我明天的目标是什么？

第二项修炼：重视贡献（成果）

1994年12月，柯林斯（36岁）拜见德鲁克（85岁）。当时柯林斯准备从斯坦福大学辞职，创办一个"基业长青咨询公司"，但他对自己未来的新事业能否成功，感到非常担忧。德鲁克对他耳提面命："柯林斯先生，你花了太多精力思考如何成功，但这是错误的。"德鲁克对他的规劝是："走出去，成为有用之人。"

这当头棒喝，令柯林斯醍醐灌顶。他说，一名伟大的老师能在30秒内改变你的人生。别人都在问"我如何成功"，而德鲁克却在问"我如何贡献"。换言之，前者是在问"我怎么做才能使自己有价值"，而后者是在问"我怎么做才能对别人有价值"。

德鲁克的看法是，卓有成效的管理者很重视贡献，并懂得将自己的工作与长远目标结合起来。他会自问："对我服务的机构，在绩效和成果上，我能贡献什么？"他强调的是责任。一个人如果只是埋头苦干，总是强调自己的职权，那么不论其职位有多高，也只能算是别人的"下属"。相反，一个重视贡献、对结果负责的人，即使他位卑职小，也该算是"高层管理者"，因为他对整个机构的经营绩效负责。

10多年前，我在江西南昌讲授德鲁克的管理课程。当我讲到以上这段德鲁克的论述时，江中药业的董事长易敏之先生给我讲了一个江中药业的故事。江中药业有一款OTC药，叫江中健胃片，这一款药就卖了超过10亿元，这在中国OTC历史上是绝无仅有的。易董事长说，这绝不是少数领导者的聪明才智使然，而是江中药业全体员工共同努力的结果。他强调这绝不是外交辞令。他说，江中药业有一个送货员小张，他的任务就是给他所管辖的区域内每个药店送两箱江中健胃片，送完这一车货就回家去过国庆节。他没有简单地执行上级的指令，而是在铺货的过程中，观察他所管辖的区域内药店的存货情况。他发现这些药店存货不足，以他的经验判断，国庆期间大家常常胡吃海喝，长假结束后往往是江中健胃片的销售高峰期。他把这个存货不足的信息反馈给公司总部，公司总部又通过各大区域负责人的反馈发现，全国药店的江中健胃片都存在存货不足的问题。于是，总部立即生产并及时补货。在这个故事中，小张就是真正的管理者，虽然他位卑职小，但他对公司有贡献，对结果负责。在德鲁克看来，判断一个人是不是管理者，不是看他是不是中层以上的管理者、由组织任命的管理者，而是看他做了什么，他对公司有没有贡献，他是否提供成果。有些人，即使身居高位，但对公司没有贡献，没有成果，他也不是管理者。注重贡献、强调责任是组织管理的首要原则。

分享一个护士把院长拦在重症监护室门外的故事。美国梅奥诊所是由英国医生威廉·梅奥于 1863 年在美国明尼苏达州罗切斯特开办的一个私人诊所，至今已有 158 年的历史。梅奥诊所被称为"医学麦加"。梅奥诊所实际上是一个综合医学中心，是世界上最大的非营利医疗机构，共有 3300 名医生、科学家和研究人员，以及 46 000 名辅助保健人员，每年接诊 50 多万名患者。梅奥诊所的核心价值观是患者至上（The needs of the patient come first）。有一次，梅奥诊所的外科主任患病在该院做手术，术后被送进了重症监护室。院长要去看望他，结果被一位护士拦下。这位护士的理由是：第一，院长看望刚刚术后的患者，可能造成交叉感染；第二，患者见到院长可能会情绪激动，这对术后恢复没有任何好处。她在践行"患者至上"的价值观。按照价值观做事，就能穿越管理的层级，跨越管理的职能。

德鲁克在书中谈到"白莉安原则"。白莉安是一家医院的护士，她本人没有什么特殊才能，她连护士长都没有当过。但是，每次院中有关病人护理的事情需要做决定时，白莉安小姐都要问："我们对病人是否已经尽了最大的努力？"凡是白莉安小姐主管的病房中的病人，都痊愈得特别快。所谓"白莉安原则"，就是凡事都必须先问："为贯彻本院的宗旨，我们真的做出了最大的贡献吗？"

为了便于大家学以致用，我分享一个有效贡献的模型（见图3-4）。模型中间那个方形，是指我们企业的内部有上司、有同事、有下属。我们要对上司做出贡献，就像营销学一样，要先了解客户的需求，才能把营销工作做好。只有先了解上司对我们的期望与需求，然后按照上司的期望和需求去做，我们的工作才能卓有成效。

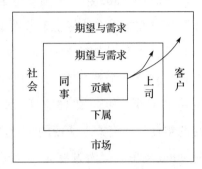

图3-4 有效的贡献：我能贡献什么

如果我们只是埋头苦干，不去了解上司的期望与需求，这表明我们只注重勤奋，而不注重成果和贡献。我们许多人就是怀才不遇，费力不讨好。企业存在于社会之中，我们要对客户做贡献，要了解客户对我们企业的期望与需求、社会对我们企业的期望与需求，以及市场对我们企业的期望与需求，要以满足上述的期望与需求为我们工作的目标，我们的工作才能够卓有成效。

德鲁克的洞见是，重视贡献才能使管理者的注意力不为其本身的专长所限，不为其本身的技术所限，不为其所属的部门所限，才能使管理者看到企业的整体绩效，同时也才能使他更加重视外部世界，而外部世界才是产生成果的地方。只有这样，他才凡事都想到客户。**许多人重视勤奋，但忽略成果**。满意的客户就是企业有效管理的成果。重视贡献是卓有成效的关键。

第三项修炼：用人之长（尊重人）

卓有成效的管理者能使人发挥其长处。为实现目标，必须用人所长——用同事之所长、用上级之所长和用自身之所长。卓有成效的管理者在择人任事和提拔下属的时候，是以一个人能做什么为基础的。他的用人决策不是为了尽量克服人的短处，而是为了充分发挥人的长处。

1861～1865年，美国发生了南北战争。以林肯总统为代表的"正义之军"——北方军在战场上节节败退，而"非正义之军"——南方军在战场上却是捷报频传。战争初期北方实力大大超过南方，北方23个州有2234万人口，南方7个州只有910万人口，而且其中有380多万是黑奴。北方有发达的工业，年产值15亿美元，有130万工人、22 000英里㊀的铁路和充足的粮食，而南方工业薄弱，年产值1550万美元，工人仅11万，铁路也只有9000英里。但南方有充分的军事准备，更为重要的是，南方军头领李将军启用了一批能打胜仗的指挥官，如有"石壁"美称的托马斯·杰克逊。面临国将不国的局面，林肯总统痛定思痛，开始反思自己的用人决策。在这以前，他选用了三四位将领，选用的标准是必须无重大缺点。结果是，虽然北方军拥有人力、物力的绝对优势，但在战争初期没有取得任何进展。反之，南方军头领李将军的手下，包括"石壁"将军杰克逊，都有明显的大大小小的缺点，但李将军却认为他们的这些不足之处无关大局——这一看法当然非常正确。李将军的手下在某个方面都有各自的专长，而他只是充分地、有效地利用了他们的这些优势。结果，林肯总统所任命的那些"完美无缺"的将军一次又一次地败在了李将军手下那些只有"一技之长"的人手里。

在反思了自己的用人决策后，林肯总统力排众议，启用了格兰特将军为北方军总司令。这个任命一经发布，华盛顿上下一片愕然，说林肯总统任命一个酒鬼当总司令，林肯回答道："如果我知道他喜欢喝什么酒，我应该送他几桶，让大家共享。"林肯是在肯塔基和伊利诺伊州边长大的，他不可能不知道酗酒的危害，然而他也知道，在所有联邦政府将军中，只有格兰特被证明是有能力运筹帷幄、决胜千里之外的。事实也证明，任命格兰特将军为联邦军总司令成了南北战争的转折点。这是一次非常成功的任命，林肯的用人策略是求其人能发挥专长，而非求其人是个"完人"。1865年，南方军司

㊀ 1英里≈1.61千米。

令李将军向格兰特将军投降，历时4年的南北战争以北方军胜利而告终。

德鲁克讲，我们不是要克服人的缺点，而是要充分发挥人的长处。最著名的案例就是二战期间，马歇尔将军到基层去看新兵训练。马歇尔将军走过靶场，看到一个小伙子是个百步穿杨的神枪手便问他："你叫什么名字？"新兵回答道："报告长官，我叫汤姆。"马歇尔将军到基层不是为了纠正新兵的动作和批评新兵，而是看他们有什么长处，把他们的长处记在自己的小本上。想到一年之后他要击毙敌方指挥官，需要一名狙击手，便立刻拿出那个小本，写下"在第三团第二连第一班，有个叫汤姆的人枪法很准。"至于汤姆有什么缺点并不重要，他需要的是一个百发百中的狙击手。这就是将一个合适的人，在合适的时间，放在一个合适的岗位，适才适所。马歇尔将军靠这样的方法，培养了许多美国著名的将领。艾森豪威尔在战前是个上校参谋，没有打过仗，不知战争为何物，在马歇尔将军的培养下，他成了诺曼底战役的总指挥、欧洲盟军的总司令，战后还做了美国的总统。青出于蓝而胜于蓝。我很喜欢钢铁大王卡内基的墓志铭：这里躺着的人，知道选用比自己能力更强的人来为他工作。

卓有成效的管理者究竟应该怎么用人？对此，德鲁克提出以下四条基本原则。

第一条原则：卓有成效的管理者不会将职位设计成只有上帝才能胜任。职位必须由人来担任，是人都可能会犯错。因此，他们绝不会设计一个"常人"不可能胜任的职位。

第二条原则：确保每个职位既有很高的要求，又有较宽的范围。

第三条原则：卓有成效的管理者在用人时绝不会只看到职位的要求，他会首先考虑被用之人究竟有哪些长处。

第四个原则：卓有成效的管理者知道在用人所长的同时，必须容人所短。

案例 3-2 | 从平平记者到优秀编辑

2002 年 9 月 30 日,我为一家报业集团讲授德鲁克管理课程。这家报业集团的一位总编给我分享了一个案例。她的一个下属小张是英文日报的记者。小张的太太生了孩子,晚上两个人要照看孩子,经常休息不好,白天上班就没有精神。往往一到报社,打完卡,就趴在桌子上睡觉。记者的工作就是发稿,可是小张一个月一篇稿子也没发,但工资照拿,奖金拿个平均数。一两个月过去了,其他同事也没有发声,毕竟小张有点特殊情况。三个月过去了,小张仍然一篇稿子都没发。这时就有人发声了:"凭什么小张一篇稿子不发,工资还照拿,奖金还能拿个平均数。我们在外面累得汗流浃背,钱也没比他多拿多少。"

有人就把这件事反映到了董事长那里。董事长把总编找来说:"你们报社有个记者小张,三个月都没有发一篇稿子,还工资照发、奖金照拿,公道何在?你要赶紧处理这事。"总编把小张叫到自己的办公室,"你知道有人把你的事,反映到董事长那里了。你告诉我,你凭什么每个月都到财务那里去领工资?你还能为报社做点什么?"小张说:"我的英文文法还不错。"总编问:"你的文法好能干什么?"小张说:"我可以做编辑。"总编说:"好吧,那你就做编辑吧。编辑就不用到外面跑,而且在家也可以办公。"半夜给孩子换完尿布,发现同事的稿子发过来,小张就马上编辑,两个小时后发给同事,第二天同事的稿子就可以见报了。同事经常请他连夜加班,把自己的稿子尽快发出去。

原来做记者,小张是一个平平的记者,结果改做编辑后,他成了杰出的编辑。毕竟小张不是专业学编辑的,总编把他送到传媒大学专门学习采编,现在小张是这家报社的优秀编辑。

德鲁克非常欣赏残疾人找工作的口号,重要的是能力,而不是残疾。重要的是你能做什么，而不是你不能做什么。正如德鲁克所说："组织的目的是使平凡的人做出不平凡的事。"（The purpose of the organization is to enable common people to do uncommon things.）

2012年我五次到东莞讲学，五次都住在东莞银城酒店，这是一家五星级酒店。有一天，我在酒店二楼的爱心西餐厅吃早餐，一位中年男子在里面抽烟，烟味很刺鼻。我认为，在五星级的西餐厅抽烟是非常野蛮的行为，是不能接受的。于是，我就问一位女服务员：这是吸烟餐厅还是非吸烟餐厅？如果她说这是非吸烟餐厅，我就会制止这位抽烟的男子。令我没有想到的是，这位女服务员用手比量了一下耳朵，又指了一下旁边的服务员。原来她是一位失聪人士。后来我发现摆放餐具的餐桌纸上写着："尊敬的顾客，佩戴此标识的服务员是失聪人士。感谢您给予我们失聪同事支持。如果他们不能理解您的要求，我们的其他同事会及时协助您，您的爱心将使我们的服务更热情。默默服务显爱心，于无声处见真情。"这件事让我非常感动，我住过很多国内外五星级酒店，但从未看到哪家酒店的餐厅聘用失聪的服务员。这些失聪员工的工作是翻台，他们心无旁骛，工作效率非常高。1990年，我在美国自费留学，我在餐馆打工，做过服务生。我知道，翻台是提高餐厅收入的重要工作，多翻一张台，就多接待一桌客人，就会多一桌收入。他们通过自己辛勤的工作，为酒店做出了贡献，为客户创造了价值。更让我惊讶的是，我旁边的女服务员问我：北京的大学有没有为聋哑人开设的酒店管理课程？我无言以对。这位失聪的女孩，并不满足于当下的工作，她还在寻找自我发展的道路。

德鲁克认为："管理者的任务就是要让个人的才智、健康以及灵感得到充分的发挥，从而使组织的整体绩效得到成倍的增长。"

第四项修炼：要事优先（绩效）

什么是要事？德鲁克提出了关于要事的两个关键问题。

- 什么事情是必须做的？
- 什么事情是符合组织利益的？

1. 什么事情是必须做的

注意，这个问题可不是问"我想要做什么"，而是问"有哪些事情我们不得不去做"。认真地思考和对待这个问题，是在管理上取得成功的关键。1981年，杰克·韦尔奇掌管美国通用电气时，他特别想做的事情是海外扩张，但企业必须做的并不是这件事，而是要砍掉那些无法成为行业数一数二的业务。在回答"什么事情是必须做的"这个问题时，人们列出的紧急任务几乎总会不止一个。但是，卓有成效的管理者不会因此而分心。只要有可能，他们就会集中精力完成一个任务。

在提出"什么事情是必须做的"这个问题之后，卓有成效的管理者就要确定哪些属于优先要务，并且牢牢地抓住不放。对于CEO来说，第一要务可能是重新定义公司的使命；对于事业部的负责人来说，第一要务则可能是重新定义事业部与总部之间的关系。而其他任务，无论其重要性或吸引力如何之大，都会暂缓实施。需要注意的是，在完成了最初确定的第一要务之后，卓有成效的管理者又会重新设定完成任务的优先顺序，而不是紧接着解决原来那个清单上的第二要务。因为时间和环境都已经发生了变化，他会想：现在，什么事情是必须做的？提出这个问题通常会导致新的优先要务的确定。

杰克·韦尔奇每隔五年就会自问："现在，什么事情是必须做的？"而每一次，他都确立了新的优先顺序。但是，杰克·韦尔奇在决定未来五年应把工作重点放在何处之前，会把另外一个问题考虑清楚，他会自问在这个清单最前面的两三项要务中，自己最适合承担哪一项。确定了之后，他就会在这项任务上全力以赴，其他任务则授权给别人去做。卓有成效的管理者会努力关注那些自己特别擅长的事情，因为他们知道高层管理者的绩效决定了企业的绩效，高层管理者做得好，企业才能做得好；高层管理者碌碌无为，企业也将一事无成。

2. 什么事情是符合组织利益的

卓有成效的管理者不会问，这是否对股东、股票价格、员工或者管理者有利。但是，他们知道，要想让某个决策生效，股东、员工和管理者都是重要的推动力量，必须要得到他们的支持（至少是默许）。他们自然也知道，股票价格不仅对股东重要，对企业也同样重要，因为市盈率决定了公司的资本成本。但是，他们更知道，凡是不符合企业利益的决策，最终将损害所有利益相关者的利益。提出"什么事情是符合企业利益的"这个问题，并不能保证管理者做出正确的决策。因为，哪怕最优秀的管理者也是人，是人就免不了会犯错误、心存成见。但是，如果不提出这个问题，做出错误的决策就几乎是必然的。

德鲁克说，如果卓有成效有什么秘诀的话，那就是**专注、要事优先、每次只做一件事**。为什么要专注？这不但是出于管理者工作性质的需要，也是由人的特点所决定的。其理由是：要做的重要贡献非常多，但可做贡献的时间却十分有限。如果对管理者的工作做一番分析的话，我们就会发现重要的工作没完没了；如果再看一下管理者的时间，也会发现要完成这些重要任务的时间实在少得可怜。不管管理者把自己的时间管理得多么好，他的绝大部分时间都不属于他自己，他仍然总是被时间不够这个问题所困惑。

管理者越是想做出重大的贡献，他就越需要有一整段的时间。他越是想从忙忙碌碌转变为讲究效益，就越需要重视持续不断的努力，而这种努力如果没有大块的时间做保证，是很难产生效益的。然而，即使想要争取到半天或两周时间来从事会产生效益的工作，也需要有很强的自我控制能力和对别人说"不"的坚强决心。出于同样的道理，管理者越是努力地去发挥人的长处，他就越会觉得需要抓住重要的机会，把主要精力集中在人员的长处和优势上面。因为这是取得成果的唯一方法。我们多数人即使在同一时间内专心致志地只做一件事，也不见得真能做好；如果想在同一时间内做两件事，那就更不必谈了。要有效利用人类的才能，最好的办法莫过于集中个人所有才能于一件事务上。正因为管理者面对的事务太多太杂，才特别需要专心。一次只做好一件事情，恰恰就是加快工作速度的最佳方法。越能集中我们的时间、努力和资源，我们所能完成的工作也就越多。

我也是德鲁克专注理念的受益者。2000年11月29日，德鲁克给我的结业论文评了一个"优"，但他给我论文的批语是："但是，你要做的事情太多了，太多了，你的优先要务是什么？"我在论文中写道，我回国后要做七八件事情。我认为自己从德鲁克的课上学到了许多知识，仿佛可以战天斗地。德鲁克给我提的这个问题太宝贵了，我一定要善用他的智慧。我从美国一直想到中国，我的优先要务应该是什么？要回答这个问题，首先要知道我所服务的机构的使命是什么。当时我在北京光华管理研修中心（现为北京彼得·德鲁克管理研修学院），负责德鲁克面授课程的项目。北京光华管理研修中心的使命是：为中国的管理者和创业者提供全世界最优良的管理知识和管理工具。什么是全世界最优良的管理知识？德鲁克的管理思想无疑是世界上最优良的管理知识。怎样把德鲁克的管理思想传播给中国的管理者和创业者？我们需要什么样的承载德鲁克管理思想的产品？德鲁克60多岁的时候拍摄了两部管理教学片，我把这两部管理教学片译成中文，并邀请了国内著名的配音演员为这两部管理教学片配音。这样在一个半月的时间内，我和我的团队就打造了第一门德鲁克面授课程《经理人与组织》，并在2001年2月16日，在深圳为一家金融机构成功讲授了德鲁克的管理课程，在中国开创了德鲁克管理思想产品化的先河。用今天的话来说，这是一个"从零到一"的创新和创业的过程。在这一过程中，我学到了很多。感谢德鲁克醍醐灌顶的问题，让我在迷雾中找到了自己工作的重点和出发点。这对我的人生也同样具有重要的意义。自此，我定义了我的个人使命：在全球传播并实践德鲁克管理思想。20多年来，我的时间和资源都用于实现这一使命，让生命与使命同行。在这一过程中，我不但帮助客户发展，而且个人也得到了成长，过着有意义的生活。

德鲁克对于专注有着深刻的人生体验，他在自传体回忆录《旁观者》中写道："只有像他们这样一心一意地追求，才能真正有所成就。其他的人，就像我一样，或许生活多姿多彩，却白白浪费青春。像富勒和麦克卢汉这样的人，才可能让他们的使命成真，而我们却兴趣太多，心有旁骛。**我后来悟到，要有所成就，必须在使命感的驱使下，'从一而终'，把精力投注到一件事上。**"他的忠告是：**专注，专注，再专注**。

ServiceMaster 在放弃已经不再有价值的过去方面的具体做法是，公司每个月第一个星期一的早晨，从最高层到各个领域的主管，公司所有的管理层召开一个关于放弃的会议。每一次会议专注检讨企业的一个部分：这个月的首个星期一检讨企业的某项服务，下个月的首个星期一检讨公司有业务活动的某个区域，再下个月的首个星期一则讨论某种服务的组织方式，如此等等。在这一年里，公司用这种方式对各个方面进行了全面的考察，包括人事政策。在一年内，可能会做出三四个关于公司服务内容的决策，以及五六个关于如何改变公司服务方式的决策。但是，每年也会通过这些会议产生三五个新想法。每个月都要把这些要改变某种事情的决策向所有的管理层成员通报一下，不管是要放弃什么东西，放弃做某件事情的某种方式，还是要制造什么新产品。而且所有管理层成员每年要汇报两次，关于这些会议产生了什么实际成果，采取了哪些行动，取得了什么效果。推陈是为了出新，放弃是创新的必要前提。放弃是为了解放组织的资源，尤其是将组织最稀缺的资源——高绩效的人用于创新。

德鲁克的忠告是："要想集中精力、全神贯注于一项工作，首先要有足够的勇气，要敢于决定真正该做和真正先做的工作。只有这样，管理者才能成为时间和任务的主人，而不会成为它们的奴隶。"

第五项修炼：有效的决策（行动）

在第五项修炼有效决策这部分，我将与读者分享人事决策的五个步骤和有效决策的五个要素。以下是德鲁克在他 60 多年的咨询服务中，给我们总结的如何做人事决策的五个步骤。这些经验都是付出了巨大的代价之后总结出来的。希望我们这些后人能以一种敬畏之心，仔细思考人事决策的五个步骤。

人事决策的五个步骤：

- 认真考虑分派的**任务**
- 挑选数位适合的**候选人**
- 思考人选的**优点**
- 与熟悉候选人的人员交谈了解此人的**过往绩效**
- 确定新人**了解新的工作**

1. 认真考虑分派的任务

德鲁克曾经问斯隆，他为什么花费那么多时间界定一个基层管理者——一个小型配件分部的销售总经理的工作任务？斯隆回答说："请察看最近几次我们对同一个工作职位所规定要完成的任务的说明。"出乎意料的是，德鲁克发现各项任命中对工作任务的规定相差极大。这意味着，如果在制定人事决策时，不花费足够的时间认真界定这位销售总经理的工作任务，日后将花费大量的时间来纠正他工作的偏差。在挑选一位新的地区销售经理时，负责人首先要对其核心任务做到心中有数：是（因现有销售队伍老化）招募和训练新人，还是打开新市场（尽管公司在传统市场上表现良好，但未能渗透新的和具有成长潜力的市场），或者是为新产品争得一定的市场份额（销售业绩的大头仍然来自 25 年前的老产品）？不同的任务，要求执行者拥有不同的素质。

2. 挑选数位适合的候选人

"数位"在这里是一个关键词。常规的资历只是一个最低限度的要求。达不到这些资历上的要求,则自动丧失竞争的资格。同样重要的是,任务要和执行者的能力相互适应。要做出有效的人事决策,应该考察 3～5 位候选人。斯隆的经验是,每次做人事决策,第一个出现在决策者头脑里的候选人,往往都不是最佳人选。为什么?因为人们都喜欢任用和自己合得来的人,但与斯隆合得来的人,可能不具备完成这项工作的能力。最后,斯隆还是忍痛割爱,任命了一位曾经冒犯过自己的人,但此人具有完成这项工作的能力。

3. 思考人选的优点

研究工作任务的目的是明确最重要的和最优先的工作环节。中心问题不是"这个候选人会做什么和不会做什么",而是"他们所具有的才能是不是完成这一任务所需要的"。弱点意味着局限性,它们决定了哪些候选人被淘汰出局。例如,某人十分擅长工作的技术方面,然而如果这项任务要求的核心能力是缔结团队,而他恰恰在这方面有所欠缺,那么他自然不是一个合适的人选。但是,卓有成效的管理者不会在一开始就盯着缺点不放。你不可能将绩效建立在缺点之上,因而只能寄希望于此人的优点。马歇尔和斯隆都是要求严格的人,但他们都知道,最重要的是完成任务所必需的能力。只要拥有能力,别的方面总可以设法弥补。如果缺了这一项,则无论怎样扶持也是没有用的。

4. 与熟悉候选人的人员交谈了解此人的过往绩效

一个管理者的判断可能是毫无价值的。因为每个人都会有第一印象、偏见和好恶,必须注意倾听他人的意见。这种广泛的讨论是人事决策过程的必要程序。德意志银行前总裁赫尔曼,创下了近年来高级管理者人事任命方面的最优纪录。他的做法是自己先开出一份名单,其中包括大多数带领德国公司制造战后"经济奇迹"的高级管理者，然后针对每位候选人挑出3～4位从前的领导和同事作为了解和讨论的对象。

5. 确定新人了解新的工作

获得晋升的管理者，在就任后3～4个月内应该完成将工作重点由从前的任务转到新职位所要求的任务上来。例如，一个负责销售的副总经理被任命为公司的总经理，他的新岗位是要对公司的结果负责，而不是仅仅为公司拿到订单。公司总经理要从研发、创新、生产、销售、售后服务、客户关系、人力资源、公司财务以及公司未来的发展角度，去思考和工作。上级领导有责任让新上任的总经理了解其工作任务，每个月彼此要有一次面对面的沟通和交流，确保新任总经理的工作和上级的期待在同一个方向上。如果上级领导没有做这项工作，那么就不要抱怨新任总经理绩效不佳，而应该怪自己。作为管理者，你没有尽到帮助之责。根据德鲁克的经验，晋升人员绩效欠佳的一个最大的原因，就是对新工作的要求缺乏深入的理解，也没有人为此提供帮助。他的忠告是："新的工作提出了新的要求，必须以新的方式做出成绩。一家企业能否管理好，最终还是取决于其人事决策是否正确。从其人事决策中我们可以看出管理者的水平、价值观和敬业精神。不肯花力气做好人事决策的管理者所冒的风险可不仅仅是绩效差，他们会让整个组织失去尊严。"

有效决策的基本概念。何谓决策？决策是一种判断，是在若干可行方案中进行选择。选择是过程，判断是结果。德鲁克为我们梳理了有效决策的五个要素。只要我们深刻理解这五个要素并有目的地去实践，就一定能做出有效的决策。

有效决策的五个要素：

- 界定问题
- 制定边界条件

- 设计若干适当方案
- 将决策付诸行动
- 反馈调整

案例 3-3 | 五菱是如何做出有效决策的

五菱集团当年以退为进,组建了上海通用五菱汽车股份有限公司。改革开放以来,五菱准确把握市场与客户变化的脉搏,两次战略性的选择退出与进入,成就了今日的事业辉煌。五菱的第一次退与进,是在 1981 年至 1984 年间,退出了拖拉机领域,进入了微型汽车领域。本案例讲的是五菱的第二次退与进,那是在 1999 年至 2002 年期间,五菱集团选择退出了对汽车整车企业——柳州五菱汽车股份有限公司的控股,进入了同时与上汽集团和通用汽车这两个国内国际大集团的三方合作联盟。

决策要解决什么问题?面对国内汽车产业结构的变化和外国资本进入中国市场的双重挑战,五菱怎样才能保持企业的持续发展,这就是要通过有效决策解决的问题。当时的背景是,中国整个汽车工业国产化集中度提升,外资进来,股份公司出现。五菱公司在柳州,天时、地利、人和什么都不占。五菱决定与上汽集团和通用汽车合作。把五菱股份 75% 的股权,以资产划拨的方式先让渡到上汽集团,随着通用汽车增资进入持有 34% 的股份,五菱能拥有的股权比例从 99% 直降到 16%,而上汽集团仍拥有 50%,确保国有资产没有流失。

边界条件由三个问题组成:

- 决策的真正目标是什么?

- 如果我们达不到决策的真正目标，退而求其次，我们至少要达到的最低目标是什么？
- 我们要达到这样的一个最低目标，需要满足什么样的必要条件？

五菱与上汽和通用三方合作决策的边界条件有以下三个。

边界条件之一：这样一个决策，最低应达到什么目标？地方政府和五菱集团认为：到2010年，五菱汽车的产销量要达到30万辆，并带动包括五菱集团所属发动机公司和零部件公司等地方关联产业共同发展。通用汽车的目标是以少量的投资，进入低成本小型汽车领域，以扩大在中国市场的影响和发展。上汽集团的目标是通过低成本扩张参与西部大开发，延伸与通用汽车的合作，提升其作为中国汽车三大集团的实力。中央政府的目标则是通过汽车产业政策的实施，使地方汽车资源向三个集团集中，提高行业集中度。

边界条件之二：这样一个决策，应该满足什么条件？五菱集团方面要求与上汽集团合作，以通用汽车进入及持股比例不少于25%为主要条件，而上汽集团也以通用汽车进入和自身股份比例不少于50%为条件，通用汽车则以上汽集团进入和自身股份比例不少于34%为条件。从中央政府部门依据产业政策进行项目审批而言，通用汽车在中国已经有两家合资企业，不允许设立第三家，除非上汽集团与通用汽车同时参与重组，可视为同上汽集团与通用汽车已有合资项目的延伸。

边界条件之三：这样一个决策，如何衡量其是否成功呢？五菱集团、通用汽车和上汽集团三方取得共识，发挥各自的优势互补作用，共同发展合资企业——上汽通用五菱，并且使它成为国内领先且具有国际竞争力的小型汽车企业。三方同意，达成"到2010年，五菱汽车的产销量达到30万辆，并带动地方经济发展"这样一个最低目标，并且合作期限为30年。此外，上汽集团还承诺，不主张其所持股份分红，或者说，所分配利润全部再投入合资企业。

  有效决策需要采取行动，没有行动的决策只是一个良好的愿望。最后，有效决策需要回馈修正。2005年，上汽通用五菱的产销量就超过了30万辆，并对地方关联产业产生了相应的带动效果，提前6年达到了当时做决策所设立的最低目标，决策结果远远超出各方的预期。合作三方通过信息系统的反馈，在深入研究、论证和充分沟通的基础上，各方同意把上汽通用五菱2010年的产销量目标调整到100万辆（原来的目标为30万辆）。结果，2009年，上汽通用五菱年销售量就达到了106万辆。上汽通用五菱创造了微型汽车生产的世界纪录。注重信息系统的反馈，并根据变化调整决策，才能使决策更有成效。因为，企业的内部和外部的环境都处于不断变化之中。

  有媒体报道，2007年，最让通用汽车CEO瓦格纳高兴不已的则是通用汽车与上汽集团、五菱集团的合作公司——上海通用五菱的异军突起，那是一家以生产微型厢式客车等小型车为主的生产企业。总部位于中国西南城市柳州的五菱集团，2006年的汽车销量达到了41.7万辆，这比通用汽车萨顿（Saturn）和别克（BUICK）在美国的总销售量还大！通用汽车中国总裁甘文维（Kevin Wale）宣称，只需相对较少的新增投资，通用就可以将上汽通用五菱的产能提高50%左右。

  就决策化为行动而言，德鲁克提出以下问题：谁对决策的执行负责？执行决策人员的能力是否与其任务相匹配？他在书中讲了一个典型的案例，美国一家化学公司的大批资金被冻结于非洲某两个国家，无法汇出。为了保护这批资金，公司决定将其用于投资非洲当地的企业。他们选定的企业，第一，对非洲当地的经济发展确有贡献；第二，不必从外面进口别的资源；第三，该企业将来成功后，一旦该国外汇解冻，应有希望将该企业转售于当地企业家，而将资金汇出。

两个国家的工厂都经营得非常成功。第一家工厂设定了过高的技术和管理水平，结果在当地找不到适当的人来接管。而第二家工厂工序简单、管理容易，在当地能找到合适的人来经营。几年过后，两个国家都可以将外汇汇出了，公司准备将两家工厂转售给当地的企业家。那家高水平的工厂，由于当地没有合适的技术和管理人才始终无法售出，结果只得清算了事。而第二家水准平平的工厂，当地投资人都竞相购买，公司不但收回了投资，还大获其利。

我们得到的启示是：第一家工厂在当初决策时，没有考虑到这一决策由谁来执行、他们能做些什么，所以失败了。

有效决策往往都是折中的结果，因为企业经营中涉及各种利益，股东的、管理层的、员工的、客户的，等等，我们要平衡各种利益。身为卓有成效的管理者，我们需要知道什么是正确的折中，什么是错误的折中。为此，德鲁克给我们提供了一个判断的标准：半块面包是面包，半个婴儿则不是婴儿。

成为卓有成效的管理者

德鲁克反复强调，管理者的工作卓有成效是卓有成效的机构所必须具备的基本要求。而管理者的有效性本身，就是对组织发展最重要的贡献。提高管理者的有效性，是促进现代社会经济增长的希望所在，也是现代社会得以生存和发展的一大保障。

2001年7月6日，德鲁克向中国的管理者致辞："**中国发展的核心问题，是培养一批卓有成效的管理者**。他们应该懂得如何管理，知道如何去领导企业并促进它的发展，以及如何去激励员工和让他们的工作卓有成效。管理者不同于技术和资本，不可能依赖进口。即便可以引进管理者也只是权宜之计，而且引进的人数也是寥寥无几。他们应该是中国自己培养的管理者，熟悉并了解自己的国家和人民，并深深根植于中国的文化、社会和环境。只有中国人才能发展中国。"

最后，请记住卓有成效的管理者的五项修炼：**时间管理、注重贡献、用人之长、要事优先及有效决策**。

古希腊哲学家亚里士多德说："不断实践成就了我们。因此，卓越不是一时一事，而是一种习惯。"让我们为养成卓有成效的习惯，成为卓有成效的管理者，而终身修炼吧。

（2020年）

践行《创新与企业家精神》：成为创新者

在过去的20多年里，我四次赴美潜心研究创新与企业家精神。2000年，师从现代管理学之父彼得·德鲁克，开启了我系统研究创新与企业家精神之旅。三次与"颠覆式创新之父"、哈佛商学院克莱顿·克里斯滕森教授交流；三次去硅谷体验创新生态，参访谷歌和英特尔，走进斯坦福，聆听创新与创业课程；两次赴以色列，进行创新管理的学术交流和创新实践的实地考察。其间，在希伯来大学，与诺贝尔经济学奖得主罗伯特·奥曼交流；在魏茨曼科学院，聆听能源专家的讲座；在耶路撒冷，与《创业国度》作者索尔·辛格探讨中国的创新之路。从以色列理工的创新现场，到罗斯柴尔德家族捐赠建造的以色列最高法院，都留下了我探索创新之路的足迹。2017年，我在牛津大学参加"全球创新论坛"，随后赴剑桥大学进行创新理论与实践的交流。从1998年到2018年，我有幸参与和主导了三次"从零到一"的创新，深感创新的艰难以及创新成功所带来的喜悦。创新与企业家精神是我最喜欢讲授的主题。

在创新理论与创新实践领域，110年来，出现了三位创新先知，他们分别是：约瑟夫·熊彼特、彼得·德鲁克和克莱顿·克里斯滕森。本文旨在与读者分享，我对这三位创新先知的理论和实践的理解，并向他们致敬。

创新理论的鼻祖约瑟夫·熊彼特

第一位创新先知是创新理论的鼻祖约瑟夫·熊彼特（Joseph A. Schumpeter，1883—1950）。1911年，年仅28岁的熊彼特出版了一本旷世之作《经济发展理论》。他的这本书回答了一个重要问题：经济是如何发展的，靠什么驱动的？熊彼特的研究发现，经济的发展靠创新驱动，因此，他开创了创新理论。在人类历史上，是他第一次把创新理论完整地表达出来。他认为"创新就是建立一种新的生产函数"，也就是说，把一种从来没有过的生产要素和生产条件的"新组合"引入生产体系。所谓建立新的生产函数，就是建立一种新的投入与产出关系，因为有效投入、有效产出是企业家最关切的事情。我们进入这个行业、上这个产品对不对，有客户买单吗？可以说，投入与产出是全世界企业管理的精髓所在。

在熊彼特看来，企业家的职能就是实现"创新"，引进"新组合"。所谓"经济发展"，也就是指整个社会不断实现这种"新组合"。这种"新组合"包括以下五项内容：

- 引进新产品
- 引进新技术
- 开辟新市场
- 掌握新的原材料供应来源
- 实现新的组织形式

按照熊彼特的理论，企业家的职能就是创新。因此，我们判断一个人是不是企业家，只要看他有没有做一件事——创新。凡是做了创新的人，不管你的身份是政府公务员、医生、老师、员工，还是企业的所有者，都叫企业家。企业家就是创新者，创新者就是企业家。一个拥有企业的人，没有创新，就不能叫企业家，只能叫老板。熊彼特认为，创新是一个动态的概念，也就是说，你在创新的时候才有资格戴上企业家的桂冠。如果你创造了一种新产品，然后就停滞不前了，你就不再是企业家了。由此可见，熊彼特是在鼓励人们不断地进取，以创新为驱动，进而促进经济发展。

什么是企业家？我认为，企业家就是那些连续创业与创新的人。例如，苹果公司的创始人史蒂夫·乔布斯，他从1976年创业到2000年，这24年的时间里充满了挫折和失败。其间，比尔·盖茨和迈克尔·戴尔都建议乔布斯把苹果公司清算掉，因为看不到苹果公司成功的希望。但乔布斯一直坚守，直到2001年，苹果公司推出"将1000首歌放入你口袋"的iPod，苹果公司才算峰回路转。2020年8月19日，苹果公司的市值超过2万亿美元，这比2019年全球第八大经济体意大利的GDP1.85万亿美元还要高，这诠释了什么叫"富可敌国"。苹果公司是连续创业与创新的典范。根据美国《麻省理工科技评论》（*MIT Technology Review*）发布的消息，Apple Car将于2022年9月上市。

创新实践的开拓者彼得·德鲁克

第二位创新先知是创新实践的开拓者彼得·德鲁克（Peter F. Drucker, 1909—2005）。1985年，在经过35年反复实践和验证后，德鲁克出版了《创新与企业家精神》。该书始于企业家经济，结于企业家社会，所谓企业家经济就是创新型经济，所谓企业家社会就是创新型社会。因此，该书是从创新型经济到创新型社会的全方位的创新著作。

创新是1954年德鲁克在《管理的实践》一书中提出的企业八大目标之一。我在给企业家和管理者讲课时常说的一句话是，我们不仅要见创新之木，更要见管理之林。我们不能见树不见林，管理是一个有机的系统，需要建立八大目标（营销、创新、人力资源、财务资源、实物资源、生产力、社会责任、利润需求），而不是只建立创新这一个目标。

什么是创新？熊彼特讲，创新就是建立新的生产函数，他是从供给侧来定义创新的。而德鲁克讲，创新就是创造客户价值，他是从需求侧来定义创新的。殊途同归。德鲁克在谈到企业的八大目标时说，唯有营销与创新，才能创造企业的成果，其他都是成本。我们知道，满意的客户是企业有效经营的成果，而客户在企业的外部，因此请大家记住：内部成本，外部成果。卓有成效的管理者为成果工作。

我把德鲁克的《创新与企业家精神》这本书的中心思想提炼为，创新是有目的、有组织、系统化的艰苦工作。我把它称为"创新范式"。何谓范式？范式是观察世界和实践科学的方法。因此，创新范式就是创新方法（见图 3-5）。

创新方法的三部曲：第一，企业家应该有目的地去寻找创新的机遇，要有目的地为目标客户创造价值，要定义谁是目标客户。第二，需要建立相应的组织、配置相应的资源、挑选合适的人员负责和开展创新工作。第三，创新是系统化的艰苦工作，从概念到成果检验、企业家战略以及可持续发展等一系列具体举措的实施。

图 3-5　创新方法

丰田当年开创雷克萨斯的故事，完整地诠释了创新方法所涵盖的三个要素：有目的、有组织、系统化。

背景：1982 年，负责美国丰田公司销售部门的结城安东卿是一位事业有成的主管，他的美国同事都是富有的企业主管。尽管他们销售丰田汽车，但他们自己却不买丰田汽车，因为奔驰和宝马比较符合他们的身份和风格。他心想：也许我们需要的是一款能打造新印象的豪华车，一款高品质汽车，甚至能跻身于奔驰汽车同级的高端市场。他知道，要达到此目标，丰田需要新的销售渠道与新名称。他向丰田管理高层提出了这个构想。要推出豪华车，意味着必须先打破日本汽车坚固耐用、可靠而简单的模式，然后才能与欧洲的豪华车竞争。同时，要发展豪华车，必须推出新品牌，也就是说，在一家汽车公司中成立另一个汽车公司。于是，"雷克萨斯"就这样诞生了。

按照德鲁克在《创新与企业家精神》一书中的相关论述，丰田推出雷克萨斯汽车是始于"不协调"而发现的创新机遇。德鲁克认为，"所谓'不协调'，是指现状与事实'理应如此'之间或客观现实与个人主观想象之间的差异。我们可能并不了解其产生的原因，事实上，我们可能不理解它的本质，但不协调仍然是创新机遇的一个征兆。套用地质学家的术语来说，它表示其中有一个根本的'断层'，这种断层提供了创新的机遇。它产生了一种不稳定性，在不稳定之中，只要稍做努力，即可产生巨大效应，促成经济或社会机构的重新调整。但是，不协调的状况，通常不会在管理人员收到和加以研究的数据或报告中显露出来，因为它们是定性的而非定量的。"

有目的：创新是有目的、有组织、系统化的艰苦工作。丰田公司决定把此重责大任交给丰田历史上最优秀、最受崇敬的总工程师之一铃木一郎，他在丰田被称为总工程师中的"飞人乔丹"。铃木一郎首先定义了雷克萨斯的目标客户是美国高端人群——那些开奔驰和宝马的车主。美国有 50 个州，怎么做市场调研？他并没有请世界著名的市场调研公司，用大规模问卷的方式来了解目标客户的需求，而是走出去，与目标客户面对面，亲自倾听客户的心声。

铃木一郎选择在纽约长岛的万豪酒店进行焦点团体访谈。这并不是规模庞大的问卷调查，也不是分析美国汽车市场的大数据，而是进行了两组焦点团体访谈，每组 10 人左右，各组里的个人被指定专注于他们所拥有的汽车。例如，A 组都是奥迪、宝马、奔驰和沃尔沃的车主，B 组也都是德系豪华车的车主。

铃木一郎把他访谈中听到的意见，分为"购买此车款的理由""舍弃而改选其他竞争车款的理由""对不同车款的印象"。他把访谈结果简化成几个表格，使用情感类词语（而不是精确的科学数据）来简要记录这些访谈结果。访谈结果发现，人们购买奔驰车的理由是品质、投资、价值、坚固耐用，舍弃而改选其他竞争车款的理由是太小、外形不够时尚，而人们购买宝马车的理由是时尚、操控、性能，舍弃而改选其他竞争车款的理由是路上有太多相同车款。

这些受访者的第一项考虑因素是身份与尊荣——形象。奔驰车最容易和身份地位及成功联系到一起，日本车则不一样。因此，很显然地，铃木一郎认为要克服的主要障碍，是打破人们对日本车的刻板印象——实用、效率、可靠的非豪华车。购买奔驰车者，考虑因素的重要顺序如下（第一项代表最重要的考虑因素）：

- 身份地位与尊荣的形象
- 高品质
- 转售的价值
- 性能（例如操控、乘坐、马力）
- 安全性

这个排序比其他任何收集到的信息都更让铃木一郎感到紧张和不安，因为他向来认为汽车只是一项交通工具，不是装饰品。但是，现在他听到人们在谈论奔驰汽车时，居然将身份地位与尊荣排列在重要性的第一位，而车子的性能、基本功能却居于第四位。也许是身为工程师的固有偏见吧，铃木一郎无法接受，人们选择奔驰汽车的首要考虑因素居然是身份特征，而非车子本身的性能。毕竟，那是一辆车，不是装饰品。事实上，客户对高档车的性能有着很高的要求，他们认为，性能好、安全性高是高档车的基本价值，这是不言自明的。此外，高档车的款式、外观要与自己的身份地位相匹配，这种情感诉求是铃木一郎未曾想过的。正如德鲁克反复强调的，供应商所提供的价值往往与客户所看重的价值是错位的。

铃木一郎自问：所谓高品质产品，到底指的是什么？拥有一辆高品质的豪华车，到底指的是什么？他得出结论，一辆豪华车最重要的两个特性为（依其重要性顺序）：第一，优越的性能；第二，高雅精致的外观。铃木一郎要的是把这两项特性融合起来，使它们融为一体。铃木一郎通过焦点团体访谈，了解到的只是美国目标客户对豪华车定性的描述。设计师和工程师还需要具体的技术参数，才能开展具体的工作。于是，铃木一郎对他心中想象的那辆车提出了量化的目标。

铃木一郎使用了"对标管理"来确定竞争基准。第一，时速对比。奔驰420 SE/560 SE 的时速为 220 千米/小时，宝马 735i 的时速为 220 千米/小时，而雷克萨斯 LS400 的目标是 250 千米/小时。第二，耗油量对比。奔驰 420 SE/560 SE 每加仑[⊖]汽油行驶 19 英里以上，宝马 735i 每加仑汽油行驶 18.8 英里以上，而雷克萨斯 LS400 的目标是每加仑汽油行驶 23.5 英里以上。第三，噪声对比。奔驰 420 SE/560 SE 在 100 千米/小时的速度下发动机噪声为 61 分贝；宝马 735i 在 100 千米/小时的速度下发动机噪声为 63 分贝，而雷克萨斯 LS400 的目标是在 100 千米/小时的速度下发动机噪声为 58 分贝。第四，风阻系数对比。奔驰 420 SE/560 SE 的风阻系数为 0.32，宝马 735i 的风阻系数为 0.37，而雷克萨斯 LS400 的目标是风阻系数为 0.28。第五，汽车重量的对比。奔驰 420 SE/560 SE 的重量为 1760 千克；宝马 735i 的重量为 1760 千克，而雷克萨斯 LS400 的目标是重量为 1710 千克。如果雷克萨斯能达到以上目标，它就能超越奔驰和宝马。

有组织：创新是有目的、有组织、系统化的艰苦工作。1983 年 8 月，丰田汽车公司召开了一次意义重大的董事会，它是雷克萨斯汽车的起点。董事会主席丰田英二向公司的高管、设计师、工程师和企业战略研究专家们提出了一个问题：我们可以创造出一辆豪华汽车去挑战顶级市场吗？没有想到

⊖ 1 加仑 ≈ 3.79 升。

的是，所有人的回答都是一样的——"可以"。丰田公司为了推出雷克萨斯汽车，在组织结构上做了两个安排。

第一，丰田公司成立了一个全新的部门，专门研发、生产制造和销售雷克萨斯。丰田为什么要这样做？因为丰田汽车在美国人心目中，是中低档的产品。如果沿用丰田这一品牌，在美国销售丰田制造的高档车，美国人可能不会买单，因为改变人们的认知是非常困难的。从营销学的角度来讲，这是双品牌战略。丰田品牌：中低档车；雷克萨斯品牌：高档车。雷克萨斯最先是在北美推出的，因为"雷克萨斯"（Lexus）与英文"豪华"（Luxury）一词读音相近，容易使人联想到该车就是豪华轿车。这给讲英语的美国人一个充足的理由，我开的就是豪华车。20 世纪 90 年代，我在美国读书时，看到大街上的雷克萨斯汽车，一看外观就知道这是豪华车，但我就不知道它是哪个国家生产的汽车。我知道奔驰、宝马、凯迪拉克、林肯、沃尔沃是哪国的车，唯独不知道雷克萨斯是哪国的车。几年前，我在深圳讲课，给学员布置案例分析作业，研讨丰田的创新之道。有个女同学第二天在班上惊讶地说道："雷克萨斯原来是丰田公司的产品呀！"有意思的是，2005 年，雷克萨斯才荣归故里，回到日本本土销售。我记得，当时丰田公司的社长在新闻发布会上说："我们没有必要向全世界宣称，雷克萨斯是丰田公司的产品，同时我们也没有必要否认，雷克萨斯不是丰田公司的产品，还是保持这样的模棱两可吧。"

第二，丰田公司成立了一流品质委员会（Flagship Quality Committee），这是一个由研发、生产工程、制造工厂的高级主管组成的、负责执行雷克萨斯项目的专门团队。德鲁克在《创新与企业家精神》一书中指出："创新是由人来进行的，而人是在一个组织结构中工作的。这意味着我们必须将全新的具有企业家精神的项目与旧的、已有的企业分开。如果我们仍用现有的企业结构来执行创新项目，则注定要失败。这对大企业来说尤为如此，中等规模的企业亦是如此，甚至小企业也不例外。"

系统化：创新是有目的、有组织、系统化的艰苦工作。汽车是一个复杂的机械系统，由上万个零部件组成。汽车最核心的部分是发动机。所以"雷克萨斯"的成功主要取决于发动机性能方面的突破，而这又主要取决于生产工程。铃木一郎对制造引擎的工程师提出了严格的要求，这使工程师们感到非常沮丧。他们一开始的反应是认为使用现在的精密工具与方法，根本不可能制造出更精密的零部件。而当时，丰田公司在制造引擎零件方面所使用的工具与方法已经是世界上最精密的，例如铸造机轴、活塞等零部件时，丰田使用的是高度精密的机械工具。当时负责生产工程的主管是高桥明，他告诉铃木一郎："听着，丰田所生产的产品已经是极高品质，要引进更精密的设备以生产出符合你要求的准确与精密度是做不到的、不合理的。你的要求太过分了！"铃木一郎并没有就此放弃，他说："好，我告诉你怎么做，试着生产出这些高精密产品中的一个，譬如发动机或传动装置，看看我们能不能做到，若真的行不通，我就放弃我的要求。"

高桥明表示同意，他可以做出一个产品，于是，他挑选最优秀的发动机工程师，组成一个团队，他们生产出了符合铃木一郎所设定的要求的高精密发动机。那是一部手工打造的发动机，当把它装在当时既有的汽车上进行测试时，效果非常优良，不仅震动极小，还非常省油。高桥明和这个团队的工程师兴奋极了，他们立刻开始讨论如何批量生产这部发动机。

在研发雷克萨斯的过程中，他们面对的另一大挑战，就是如何减少噪音。和解决发动机方面的问题一样，铃木一郎的方法是寻找最优秀的工程师，让他们去挑战这个目标，要求他们试着做出真实的东西，而不是只进行分析和理论层面的工作。于是，他找到一位非常杰出的空气动力学工程师，并从外形设计工作室挑选出一具黏土模型，鼓励这位工程师修改设计，直到达到符合要求的风阻系数为止。这位工程师说："我可以用此黏土模型实现你想要的目标——风阻系数 0.28。"他决定亲自动手裁切与修改黏土模型。这项工作通常由模型塑造者执行，模型塑造者必须和工程师进行反复的讨论。这位工程师自己动手裁切与修改，最后得出一个风阻系数符合原先目标的汽车模型，但外形看起来真是丑极了，完全失去了设计师原先创造出来的所有精致外形特色。但是，在这个过程中，他更快速且深入地了解了空气动力的特性，凭借亲自动手的经验，这位工程师提供给外形设计师一些参考意见，使他们得以在改善空气动力性能的同时兼顾外形设计。在铃木一郎的鼓励下，这位工程师亲自动手裁切黏土模型，从而加速了雷克萨斯的发展。

1989年，雷克萨斯成功打入美国市场，雷克萨斯的诞生，使丰田公司创立了一个全新的豪华车生产单位，从此跻身于豪华车市场。在雷克萨斯问世前，奔驰在美国市场所向披靡。但是，雷克萨斯问世后，雷克萨斯年销售量等于奔驰3款销售量总和的2.7倍。2002年，雷克萨斯是美国市场上最畅销的豪华车。按照德鲁克关于企业家战略的划分，雷克萨斯在创新过程中，采用的是"创造性模仿"战略。高档豪华车源自欧美，雷克萨斯的目标是超越欧美的豪华车。铃木一郎在纽约所做的焦点团体访谈，就是把奔驰和宝马作为竞争对手，设立了全面超越德系豪华车的各项技术目标。当铃木一郎向丰田的工程师们展示这些目标时，他们说这是不可能的。但铃木一郎说，"虽然乍看之下，这些目标似乎遥不可及，但是如果你向所有参与人员解释其必要性并坚持实现此目标，那么所有人都会乐于接受此挑战，一起努力以实现这些目标。"

本案例给我们带来了三点启示。第一，丰田通过企业外部的市场需求，来拉动企业内部的变革与创新。第二，目标一旦确定，永不妥协，但实现目标的方法是可以妥协、可以渐进的。第三，企业创新需要建立独立的组织机构，任用企业中最优秀的人才实施创新。在看完丰田成功打造雷克萨斯这个案例后，也许你会问，为什么丰田的创新路径与德鲁克的创新思想如此吻合？从20世纪50年代开始，日本许多企业，如索尼、松下、丰田就开始认真学习德鲁克管理思想并学以致用。用德鲁克的话来说，他在日本的影响远远大于他在美国的影响。正如丰田公司的高管所说："丰田之道就是德鲁克之道。"(The Toyota way is the Drucker Way.)德鲁克在《下一个社会的管理》中对丰田的评价是:"虽然通用汽车公司仍然是当今世界上最大的汽车制造商,但在过去 20 年里,丰田公司却是最成功的一个。与通用汽车公司一样,丰田公司建立了一个世界性的集团。但与通用汽车不同的是,丰田公司紧紧围绕其在制造方面的核心竞争力进行整个集团运作。"

中国中小企业创新案例

丰田打造雷克萨斯的案例试图说明,"不协调"给企业创新带来了机遇。下面我想用一个中国中小企业的创新案例来说明,"程序的需要"给企业创新带来了机遇。德鲁克指出:"在程序需要的创新中,组织中每个成员都知道,这一需要确实存在。但是,通常情况下,没有人对此采取行动。而一旦出现创新,它立刻就会被视为'理所当然'的事物,而被人们接受,并很快成为'标准'。"

2016 年 3 月 11 日,我在清华大学继续教育学院讲授"创新管理"课程,我在和班上的一位学员交流时了解到一个非常好的创新案例。这是一家民营企业,这家企业是濮阳天地人环保科技股份有限公司,公司创始人叫郭学峰。通过和郭总的交流,我得知从 20 世纪 60 年代开始,油田每打一口油井,国家批 3~5 亩建设用地,其中用于盛装废泥浆污水的泥浆池就占地 1~2 亩。泥浆也被称为钻井液,是钻井过程中不可或缺的。一个油气田有成千上万口井,也就留下了成千上万个废弃泥浆池。这对周围土壤、水源、农田和空气造成污染,特别是容易对地下水造成区域性污染,而区域性地下水污染具有不可逆性且会造成巨大的经济损失。传统的治理方式是就地固化填埋,但固化填埋有很多问题。例如,加入固化剂会直接增加废弃物总量 30%~40%;固化剂搅拌不均匀,达标困难;就地掩埋,渗透污染,治标不治本;退耕困难,油田长期赔款。面对存在了几十年的老大难问题,终于有一位企业家行动了。

  2003 年，郭学峰创建了濮阳天地人环保科技股份有限公司。其公司使命为：消灭泥浆池，实现资源化。从 2003 年创业到 2013 年，他用 10 年时间打造了业内"随钻不落地"技术第一品牌；2013 年至今，他二次创业，打造油气田环保技术服务第一平台，成为绿色油气田环保专家，致力于培育运营服务专业化团队。该公司采用随钻或集中处理专利工艺及设备，采用减量、清洁、综合利用的系列工艺方法，消灭泥浆池，改变传统钻井模式，根治钻井废弃物污染，实现了绿色钻井。现在，该公司的市场涵盖了中石油的大庆油田、辽河油田、长庆油田，中石化的胜利油田、西南油气田，以及中海油辽东湾上环保服务等。更为重要的是，该公司的钻井废弃泥浆随钻处理施工标准已被中石化西北油田作为标准方法推广，集中式处理在中石油系统推广，其随钻不落地项目被列为国家火炬计划产业化示范项目。郭学峰和他的企业为中国的环保事业做出了贡献。从这个案例中，我们领悟到，创新不仅只有大企业有能力做，中小企业通过"有目的、有组织、系统化的艰苦工作"，同样也可以改变世界。2020 年 9 月 22 日，习近平总书记在第 75 届联合国大会上庄严承诺："中国努力争取在 2060 年前实现碳中和。"这是中国为构建人类命运共同体所承担的历史责任，也是一个负责任大国的应有之义。

《创新与企业家精神》一书的核心内容

  德鲁克的《创新与企业家精神》一书，主要由三部分组成：第一部分为创新实践，第二部分为企业家精神实践，第三部分为企业家战略。

  第一部分为创新实践，其核心内容是企业家应该有目的地寻找创新的来源，寻找预示成功创新机遇的变化和征兆。"**有目的**"是第一部分的关键词。德鲁克总结了创新机遇的七个来源。他把以下七种变化看作创新机遇的来源。第一，意外之事，包括意外的成功和意外的失败。第二，不协调，也叫不一致，就是主观的想象与客观的事实不一致。第三，程序的需要。第四、产业和市场结构的变化。第五，人口结构的变化。第六，认知的变化。所谓认知的变化就是事实没有变化，但对事实的看法发生了变化。第七，新知识的出现。

创新是一种实践，我们从事创新实践时，有什么原则需要遵循吗？德鲁克为我们总结了创新的四项基本原则：

- 创新必须专注于市场的需求
- 创新必须简单而专注
- 创新要从组织的长处出发
- 创新的目的是获得领导地位

创新不是灵光乍现，也不只是一个好主意，评判创新的标准不是它的科技含量，也不是它的新奇，而是市场与客户。评判创新有两个标准：第一，为社会创造财富；第二，为客户创造价值。因此华尔街金融衍生品不是创新，"次贷"是用欺骗的手段中饱私囊，雷曼兄弟的破产就是最好的例证。从来没有创新过度这样的说法，创新是永远不够的。我们所讲的创新是指被市场验证的和被客户接受的产品与服务，而这些产品与服务为客户创造了实实在在的价值。

第二部分为企业家精神实践，企业家精神就是创新精神。这部分主要是讲如何构建创新型企业。"**有组织**"是第二部分的关键词。德鲁克总结了什么样的政策和措施才能使一个机构成功地孕育出企业家精神，以及一个具有企业家精神的机构应该如何组织和配置人员。我就着重讲一点，有计划地放弃的策略。德鲁克告诫我们，每年对企业每一个产品、工作程序、技术、市场、分销渠道和内部员工活动做一次系统的审查，凡是陈旧的、过时的、没有生产力的，以及错误的、失败的均予以放弃。放弃的目的是要解放出组织有限的资源,尤其是解放出高绩效的人以用于创新。放弃是创新的必要条件,只有推陈才能出新。

杰克·韦尔奇是将德鲁克有计划地放弃的策略用到极致的企业家。杰克·韦尔奇在他的自传中写道:"1981年,我整合通用电气的第一个核心思想来自彼得·德鲁克。通用电气的相关业务要么做到业内第一位或第二位的位置,要么就退出这一领域。数一数二的思想来自彼得·德鲁克提出的两个非常尖锐的问题。第一个问题是'如果你从未进入过这个行业,那么今天你会进入这个行业吗'如果答案是否定的,那么再问问自己,'对此你打算做些什么?'"1981年,年仅45岁的杰克·韦尔奇成为通用电气历史上最年轻的CEO。他做的第一件事就是到加州的克莱蒙特拜见德鲁克。杰克·韦尔奇向德鲁克请教,他应该如何管理和领导这样一个世界级的企业?身为咨询顾问的德鲁克,并不是告诉客户应该如何做,而是承袭了希腊哲学家苏格拉底的方法:做"思想的助产士"。苏格拉底的母亲做过助产士。这对苏格拉底后来的哲学思想有着很大的影响。你给别人答案,但这答案是从你自己头脑中生成的,很难变成对方的。通过发问,让当事人自己想明白问题的答案是什么,这个答案来自当事人的头脑和认知,是他自己思想产生的孩子,是他自己的思想。杰克·韦尔奇说:"这两个问题很简单,正像大多数简单的事务一样,但也非常深刻,对通用电气来说尤其发人深省。我们涉足的行业是如此之多。在那个时候,如果你要留在某个行业,只要你的企业有盈利这一个理由就足够了。至于对业务方向进行调整,把那些利润低、增长缓慢的业务放弃,转入高利润、高增长的全球性行业,这在当时根本不是人们优先考虑的事情。那个时候,整个公司内外没有一个人能感觉到危机的到来。无论是资产规模还是股票市值,通用电气都是美国排名前10的大公司,它是美国人心目中的偶像。像我们拟定的每个目标和行动纲领一样,我每到一个地方都要反复宣讲'数一数二'的要求,一遍又一遍,直到我自己一提到那些词就有点作呕。为了实现公司的目标,理智和情感的工作我都要做。公司所有的管理活动都要与我们的远景目标保持一致。"

在杰克·韦尔奇的领导下，通用电气的市值由他上任时的 130 亿美元上升到了 4800 亿美元，提高了约 36 倍。通用电气也从全美上市公司盈利能力排名第十位，发展成位列全球第一的世界级大公司。杰克·韦尔奇对彼得·德鲁克的评价是，"我是 20 世纪 70 年代后期开始阅读彼得·德鲁克的著作的。我在接任 CEO 的时候，通过雷吉介绍，我和彼得·德鲁克见了面。我认为，如果这个世界上真有一个天才的管理思想大师的话，那么这个人应该是彼得·德鲁克。他出版了许多管理书籍，每一本都充满了真知灼见。"

第三部分为企业家战略，也就是创新战略。"**系统化**"是第三部分的关键词。当我们有了一个新产品或新服务，如何将创新的产品与服务成功带入市场？是采用"孤注一掷战略"去开创一个新市场，成为市场的领导者，还是采用"创造性模仿战略"击败已有的市场领导者？例如，雷克萨斯就是使用"创造性模仿战略"，在北美市场击败了奔驰，成为市场的领导者。是采用竞争性战略还是非竞争性战略？这一部分很难，因为这是最高决策者、投资者要做出的决策，需要真金白银的投入。我们要不要投入？以多大的资金投入？期望的投资回报率是多少？这需要决策者有一颗非常强大的心脏。因为检验创新的唯一标准，就是市场是否接受，客户是否买单。德鲁克在书中列出以下五种创新战略：

- 孤注一掷
- 创造性模仿
- 企业家柔道
- 生态利基
- 改变价值和特征

孤注一掷战略的目标是开创一个新市场或一个新产业，成为市场的领导者和行业标准的制定者。在所有企业家战略中，这个战略的风险最大，但一旦成功，其所带来的回报也是巨大的。例如当年波音公司研发波音707飞机，采用的就是孤注一掷战略。

创造性模仿战略的目标也是成为市场或行业的领导者。与孤注一掷战略相比，该战略的风险比较小。因为市场已被别人创造出来了，靠创造性模仿就可以击败已有的市场领导者。中国许多企业采用了这个战略，原创可能是其他国家，但我们在原来的基础上又增加了新功能，我们后来者居上。创造性模仿是创新实践中一个非常有效的战略。

企业家柔道战略的目标是利用市场领导者的坏习惯，从它们手中夺取市场领导地位。在与美国企业竞争中，日本企业广泛使用这种战略。德鲁克总结了美国企业的五种坏习惯。一是美国人不愿意接受不是自己发明的事物，这种傲慢是美国人与生俱来的，是骨子里的东西，是难以改变的。二是服务高端客户，获取高额利润。三是坚信质量是由企业而非客户定义的。四是通过高价格，获取丰厚利润。五是追求最大化而非最优化。日本企业利用美国企业以上五种坏习惯，在电子、汽车、钢铁行业击败美国企业。

生态利基战略的目标是在一个小范围内获得实际的垄断地位。"孤注一掷""创造性模仿"和"企业家柔道"，这三种战略的目标都是获得市场或行业的领导地位，它们属于竞争性战略。而生态利基战略旨在使企业免遭竞争和挑战，是非竞争性战略。生态利基战略可细分为收费站战略、专门技术战略、专门市场战略。

改变价值和特征战略。前面四种战略的目标是为了推出创新产品或服务，而改变价值和特征战略本身就是创新。这种战略虽然有四种细分战略，但它们的目标只有一个，就是创造客户。通过洞察客户的实际情况，想方设法把产品与服务送到客户的手中。改变价值和特征战略可细分为创造效用、定价、适应客户的社会和经济状况、向客户提供所需的真正价值。该战略也属于非竞争性战略。

企业家战略与有目的的创新和企业家精神实践同样重要。将它们三者结合起来，就构成了创新与企业家精神。德鲁克告诫我们："越是从用户的角度出发——考虑他们需要的效用、他们看重的价值和他们所面对的实际情况，企业家战略的成功概率就越大。所谓创新，就是市场或社会的一项变化。它能为用户带来更大收益，为社会带来更强的财富创造能力，以及更高的价值和更强烈的满足感。检验创新的标准永远是：它为用户做了什么。所以，企业家精神永远应该以市场为中心，以市场为导向。尽管如此，企业家战略仍属于企业家决策范畴，因此它具有风险性，它绝不是凭感觉赌博，但它也不是精确的科学。确切地说，它是一种判断。"

最后，我们应该铭记德鲁克的忠告："不创新，就灭亡。"

颠覆式创新之父：克莱顿·克里斯滕森

第三位创新先知是克莱顿·克里斯滕森（Clayton M. Christensen，1952—2020）。惊悉克里斯滕森教授于 2020 年 1 月 23 日因病溘然长逝，我很难过。2007 年 3 月 22 日，我们在北京相识；2014 年 11 月 13 日至 14 日，在维也纳参加第六届全球彼得·德鲁克论坛期间，我们进行了交流；2016 年 11 月 21 日，受格局商学（现为格局屏天下）邢志清院长的委派，我率格局商学团队在哈佛商学院再次和他见面，我们就"颠覆式创新"进行了深入的交流。其间，他对格局商学教育创新的评价，是留给我们的宝贵遗产。克里斯滕森教授是一位心地善良的学者，我们践行他的颠覆式创新思想，将有助于我们改变世界，进而创建美好社会。在此通过一系列访谈和对话分享他的洞见，同时表达我对他的哀思。此次访谈的地点是在哈佛商学院绿山会议室。

又见克里斯滕森：颠覆式创新的要义是产品让消费者买得起、买得到

那国毅： 克里斯滕森教授，今天我们的访谈主要有两部分，第一部分是您和格局商学在中国的学员互动,他们有四个问题想请教您;第二部分是想听一下您对我们格局商学的评价,以及您对我们的建议。

克里斯滕森: 格局商学的学员是白天工作,晚上学习吗?

那国毅: 是的,周一晚上,就是今天。

克里斯滕森: 他们要学习一整年吗?

那国毅: 是的,每周一两个小时,从晚上7点半到9点半。除此之外,我们还有面授课程,2~3天的时间。他们需要来北京,了解我们的人员、团队等。我们是线上和线下相结合的,不仅仅只是线上。

克里斯滕森: 格局商学是在颠覆哈佛商学院。

那国毅: 不是,不是。

克里斯滕森: 是的。格局商学做的是很棒的事业。我也很想就此多聊一聊。

那国毅: 我读过您的题为《什么是颠覆式创新》的文章不止一遍,印象颇深。我还买了您的书《颠覆课堂》,这本书是您和一个年轻人合写的,他叫什么?

克里斯滕森: 他叫迈克尔·霍恩,是我的一个学生。我认为这本书对美国学校产生了很好的影响,我们正在致力于改善学校质量,所以我觉得这本书有助于我们理解,是什么因素能够让学校变得更好。

那国毅: 真棒。我们在教育创新方面所做的,正是您所期待的。我们的教育是把线上和线下相结合。

克里斯滕森: 是的,你们所做的是一个非常重要的创新。在美国,很少有人关注,把教育变得人人都能负担得起。这就是你们正在做的。祝贺您的团队。

那国毅：谢谢。我会把这个信息转达给我的领导邢志清先生，他听到了一定会很开心。

克里斯滕森：是的，请转达我对邢院长的祝贺。

那国毅：好的，我一定转达您对他的祝贺，谢谢。

克里斯滕森：我们有个项目也许您会感兴趣。20世纪五六十年代，日本还是一个非常穷的国家。后来，四家日本企业——丰田、本田、索尼还有佳能，（尼桑效仿了本田）做起了颠覆性产品颠覆了传统上非常复杂和昂贵且只有富人才能享用的产品。颠覆式创新使得产品能让人买得起、买得到。这就意味着，公司必须要雇用更多员工生产、分配和销售。这样，经济就发展起来了。韩国也做了同样的事。在韩国，三星颠覆了佳能，他们做到了。他们颠覆了空调行业。在中国台湾，也有类似的公司，比如华硕颠覆了笔电产业。亚洲许多国家以前没有颠覆性公司，比如菲律宾和印尼，40年前它们都很穷，现在依然很穷。因为**能够让一个国家富裕起来的要素，就是践行颠覆式创新：产品让消费者买得起、买得到**。中国历史上也经历了同样的变化。海尔和格兰仕把产品变得老百姓能买得起，也能买得到。

那国毅：谢谢。现在有5000名中国企业家学员正在观看我们的访谈，所以，请您先同他们说几句吧。

克里斯滕森：非常高兴能够与大家在此交流。大家知道，以前，企业家要想学习如何开设新公司，需要耗费很多的时间和精力去大学里学习，支付昂贵的学费，然而收获甚微。而如今，我们能够和世界各地的人交流。今天，数千人在此受益，非常荣幸能够同大家一道交流。谢谢。

那国毅：我曾跟您说过，您的颠覆式创新理论在中国很有名，如果我没记错的话，您的颠覆式创新理论是在1995年提出的，21年过去了。那么，您能否就这个理论有什么新发现，给我们分享一下？

克里斯滕森： 是的。颠覆式创新使得中国得以繁荣，并且使中国成为全球经济的重要角色。在混乱中颠覆，就是改变过去复杂、昂贵，只有富人才能使用的产品。颠覆式创新就是改变它们，让更多人可以买得起、买得到它们，这样世界上就会有更多的人能接触它们，购买并使用它们。要想让产品变得买得起、买得到，颠覆式创新者就必须雇用更多的人来生产、分配、销售和服务。**颠覆式创新的要义：产品让消费者买得起、买得到。**这样更多的人就能购买这些产品。

那国毅： 非常感谢。这是我第一次注意到颠覆式创新和经济增长、雇用之间的关系。这是我学到的新知识。

我的随想 从2007年到2016年这10年间，我与克里斯滕森教授的三次见面交流，哈佛之行收获最大。这是因为我真正弄懂了什么是颠覆式创新，尤其是我掌握了判断颠覆式创新的标准：产品要让消费者买得起、买得到，才能出现"旧时王谢堂前燕，飞进寻常百姓家"的美好社会。正如克里斯滕森教授所言："颠覆式创新使得中国得以繁荣，并且使中国成为全球经济的重要角色。"

四地企业家对话克里斯滕森：三种创新与大数据、分享经济背后的秘密

访谈背景 理论指导实践，实践完善理论。克里斯滕森教授对中国企业有深入的研究，如海尔、格兰仕和华为。这次格局商学团队在哈佛商学院访谈克里斯滕森教授，其中一个重要环节就是，格局商学在全国62家分院中的深圳分院、无锡分院和北京分院，在各地分院的教室里直接对话克里斯滕森教授。他对这种高效的教学方式赞赏有加，他若有所思地对我说：我在哈佛商学院只能教几十位MBA学生，今天我可以与5000多名中国企业家实时交流，他们可以学以致用，这大大提高了我教学的效率。他的这段话让我理解了他为什么说格局商学正在颠覆哈佛商学院的教育模式。

李治： 克里斯滕森教授，我来自中国四川——大熊猫的故乡。我们企业也是中小企业。我想请教您一个问题，在中国所面临的这样一个转型时期，您作为颠覆式创新之父，能够给我们中国的中小企业提一些建议和意见吗？如果您作为中小企业的老板，您会怎样带领团队，在中国市场竞争这么激烈的情况下，怎么样能够取得成功？谢谢教授。

克里斯滕森： 您需要做好两件事。第一，您必须朝着可持续创新的方向改善产品。可持续创新会使产品变得更好，如果您不持续改善产品的话，您就会在竞争中败下阵来。但是这也并非全部。第二，创新能够帮您进步，持续创新将有助于现有的客户继续购买您的产品，但是如果您想维持增长的话，您需要进行颠覆式创新，把产品做得让更多的人买得起、买得到。这样的话，就有新的消费者使用您的产品。所以您得做两件事：持续创新和颠覆式创新。

李治： 谢谢教授的忠告。

那国毅： 我曾和您说过，现在中国各地共有5000名格局商学的学员。下一个问题来自中国深圳。

李军： 这里是深圳。克里斯滕森教授也看到了大洋彼岸中国的深圳。好，我们下一个问题，由我们深圳的张建利同学提问。有请深圳分院的张建利同学。开始吧。

张建利： 您好！克里斯滕森教授，我有个问题，是关于大数据的。现在大家都觉得，拥有了大数据就拥有了一切，好像大数据是一个魔术棒。但是我们看一下雷克萨斯，他们对于产品的定型，只是做了一个针对30个客户的焦点团体访谈就对产品定了型。乔布斯也讲过，他很欣赏亨利·福特，"如果你去问消费者他们需要什么，消费者只会说他们需要更快的马车"。所以，乔布斯说他从来不做市场调查。他只用他做得更好的产品告诉人们，使人们知道,"哦,这是我要的"。所以,我想问的问题是在大数据时代,大数据到底对我们的未来有多大的价值?谢谢。

克里斯滕森: 我完全同意。大数据已经无法解决公司的全部问题了。原因是,大数据只是关乎过去,假如我只教学生要跟着数据和事实走,而游戏结束后,我们又要责怪他们不采取行动。数据代表现象,但它并非现象。上帝并没有创造数据,每个数据都是由人所创造的。人们创造数据时,需要观察现象,从现象中提取一些因素放到数据中,然而现象中的其他因素并未被放入数据中。人们忘记了数据只是代表部分事实,而非全部。我们能够对未来做出决定的唯一原因,就是我们有因果理论。**数据并不能告诉我们因果。**

克里斯滕森: 那教授翻译得很好。

那国毅: 谢谢。我多年来一直研究和追踪您的理论。

李军: 下一个问题由江苏无锡的锡山分院提出。好,锡山分院的同学,跟克里斯滕森教授打个招呼吧!

朱文虹: 我的问题是,民宿(Airbnb)的事业是什么?谁是民宿的客户?您住过民宿吗?您的体验如何?

克里斯滕森: 民宿是非常好的一个创新。我从来没有住过民宿,我总是和妻子一道出行,她不喜欢,所以……不过它属于颠覆式创新,因为它将酒店客房变得可支付得起、可触及得到。这样一来,更多人就能入住。所以,这是一个典型的颠覆式创新,而传统的酒店,它们并不能复制这个模式,因为酒店的商业模式有着很高的固定成本,它们需要人们来入住,每一天都需要。而民宿的商业模式没有固定成本。由于酒店没法通过像这样的模式赚到钱,所以它们没有办法复制这个商业模式。

李军: 好,谢谢教授的回答。最后一个问题,由北京现场提出,北京现场的同学已经做好准备了。

赵丽： 您好！请问教授，什么是效率创新呢？

李军： 她问的是关于克里斯滕森教授对于创新三个方面的见解，其中一个方面就是效率创新，她想了解一下效率创新的概念。

克里斯滕森： 这个问题非常好。创新有三类：可持续创新使产品变得更好；颠覆式创新使复杂的产品变得可支付得起；她提到的是第三种，效率创新，就是用更少来做更多。公司投资于效率创新是非常重要的，因为如果你不能提高效率的话，就会在竞争中失败。就本质上看，效率创新并不会带来增长，因为它的目的是帮我们以更低的成本进行生产并出售给消费者。关于效率创新，一个很好的例子就是丰田的生产系统。丰田已经得出，如何以比传统工厂低得多的成本来生产产品，如果应用这个系统，丰田就能够削减15%的成本。重要的是，你得做到这一点，否则你就不具备竞争力。在美国，沃尔玛也在进行效率创新。他们给客户提供产品的成本，比传统零售渠道低14%，所以，效率创新实际上是在扼杀工作，但是它使得公司依然保持供应的状态。它并不带来增长，因为这些都是向同一批客户输送的同样的产品，只不过价格更低了。这一点很重要。

李军： 谢谢。通过此次跟远在大洋彼岸的克里斯滕森教授的互动，我想我们在座的各位都对创新有了更多的了解。由于格局商学的那国毅教授还要就克里斯滕森的最新理论体系——"待办任务理论"进行后续的采访，所以这一次的连线采访就告一段落。再次感谢克里斯滕森教授，欢迎您来北京。

克里斯滕森： 谢谢你们。

我的随想 在以上的互动环节中，有两点我想和大家分享。首先，格局商学成都分院李治同学请教克里斯滕森教授：中国中小企业如何在一个高度竞争的市场中获胜？克里斯滕森的建议值得所有企业家认真领悟。他说，企业家要做对两件事情。一是持续创新，即不断打磨自己的产品，为客户提供比竞争对手更好的产品，这样做只能保证您的企业不被市场淘汰，持续创新只能解决生存问题，并不能解决发展问题。二是颠覆式创新，要解决发展问题，企业必须践行颠覆式创新：创造一个新市场，把非客户变成企业的客户。正如德鲁克所说："企业的目的是创造客户。"据此，我的体会是，企业的目的是保留老客户和创造新客户。通过持续创新以保留老客户，通过颠覆式创新创造新客户。其次，格局商学无锡分院的朱文虹同学问克里斯滕森教授他是否住过民宿，他的回答很有意思，他说："我从来没有住过民宿，我总是和妻子一道出行，她不喜欢（民宿），所以，（我没住过）。"对此，我感同身受。当人们感叹 Airbnb 是世界上最大的宾馆，却没有自己的一张床时，我就问过我自己：我会住 Airbnb 吗？我绝对不会。因为任何产品与服务都有自己的目标客户，Airbnb 的客户大多是年轻人，他们对房间的价格敏感，注重不同的体验。与此相比，我们这些上了年纪的专业人士还是喜欢五星级宾馆，我们不喜欢早起给自己做早餐，我们还是喜欢丰盛的自助餐。我总结的德鲁克新五问，也许能帮助大家理解为什么克里斯滕森教授夫妇和我都不会住 Airbnb。

1. 我们的事业是什么？
2. 谁是我们的客户？
3. 客户的认知价值是什么？
4. 谁是我们的非客户？
5. 如何将非客户变成我们的客户？

作为企业家和管理者需要认知、思考和回答以上问题，才能确保您的企业在激烈的市场竞争中生存和发展。

理论研究背后的克里斯滕森：改变世界是为了让人类更美好

访谈背景　教育公平是几千年来，世界上许多人努力实现的目标。中国古代圣人孔子曾主张"有教无类"，这是一个美好的愿望。限于人的寿命、交通和相关资源，孔子一生周游列国，只有3000弟子。拜互联网之赐，在2016年，格局商学一次课程就有5000名企业家学员同时参加。万人同班，企业家足不出城就可以听到世界顶级专家的课程，这是中国教育史上一个里程碑事件。

那国毅： 刚才，在交谈中，我向您介绍了我们格局商学的一些重要信息。这是一个互联网线上和线下结合的学校，在中国50个城市开设了62个分院。正如您所看到的，从南方一直到北方。从2015年11月20日，邢志清先生和他的团队创建了这所学校，仅仅一年的光景，学校就有如此之多的学生。我们利用互联网，进行线上学习和互动。线下的话，我们会建立教室，就像我刚才与您分享的一样。所以，您刚才告诉我说，您对我们的商业模式很感兴趣，甚至说格局商学正在颠覆哈佛商学院，怎么可能？我认为您在开玩笑。

克里斯滕森： 没有，我觉得事实就是如此。

那国毅： 现在我用中文来说，让我的同胞知道我们在说什么。各位，非常荣幸，也非常激动，我没想到，这是一个非常大的惊喜。我跟克里斯滕森教授交谈，谈到了格局商学的商业模式，格局商学是2015年11月20日创建的，是一个线上线下相结合的教育机构。线上，我们用网络技术，以全国直播的形式传播商业理念；线下，我们有传统的教室，每个教室有100个座位，在全国50多个城市有62个教室，所以在仅仅365天，从2015年11月20日，到现在我们创造了四五千的客户，他说，这是非常了不起的伟大创举。他说，格局商学正在颠覆哈佛商学院的教育模式，我说："您在开玩笑吧，我根本不相信。"克里斯滕森教授主动提出，一会儿连线时就这个问题再讲一下。大家再留几分钟。

克里斯滕森： 如果回归到颠覆式创新的定义上来，它最基本的要义就是产品让消费者买得起、买得到。也就是说,让更多的人能够得到过去只有富人才能得到的东西。传统上,在哈佛商学院学习是非常昂贵的。世界上很多人都没有办法来这里学习。而你们所做的,就是汲取哈佛的思想智慧,并使其变得让学员买得起、买得到,甚至让数千人能够同时接触到以往他们无法接触的东西。这就是为什么说格局商学的创新是颠覆式的。

那国毅: 什么是"待办任务理论"?

克里斯滕森: 待办任务理论(The Theory of Jobs)定义的是引起消费者购买并使用产品的一个因果机制。我们在教市场营销的时候会讲到观察消费者的特质,比如您看我,64岁了,身高2.03米,体重过胖,有5个孩子,是个老师,在美国东部大学教书,等等。我的这些特质,不会引起我去购买《纽约时报》。所以,我的特质,与我购买《纽约时报》的可能性之间存在一个关联。我的这些特质并不会引起我去买《纽约时报》。引起人们去购买产品或服务的,是我们生活中合适的因素或事情,比如我们应该完成任务。当我们意识到有任务要完成时,就会留意、寻找并购买能够帮助我们完成这些任务的产品。**我的理论就是论述因果机制:是什么引起消费者去购买产品的。**

那国毅: 我可以这样理解吗?您的"颠覆式创新"讲的是什么和为什么,您的"待办任务理论"讲的是怎样做。是吗?

克里斯滕森: 是的。非常正确。

那国毅: 最后一个问题,是格局商学的创始院长邢志清先生所提出的:一个公司需要具备怎样的因素才能改变世界?他在寻找这些因素。他想改变世界。

克里斯滕森: 嗯,我觉得颠覆是一个非常重要的因素。因为许多创新能够帮助公司变得更好,但我并不觉得这类创新能够改变世界。但是颠覆式创新,让产品变得人人买得起、买得到是能够改变世界的。我觉得他问的这个问题非常重要。

那国毅： 非常感谢。感谢您接受我们的采访。最后，我们来个合照吧。采访结束了，非常成功。那边的年轻女士，对哈佛大学校门上的铭文很感兴趣，"进来是为了增长知识，离开是为了服务社会"（ENTER TO GROW IN WISDOM. DEPART TO SERVE THY COUNTRY AND THY KIND.）它是什么意思呢？她请您解释一下。

克里斯滕森： 这代表着哈佛大学试图用知识改变世界。因为人们到哈佛读书的目的就是为了改变世界。

那国毅： 我明白了，他们学习知识或技能，毕业后，或者教书，或者做其他工作来改变世界。

克里斯滕森： 对的。

我的随想 创新鼻祖熊彼特1950年1月3日，在他离开这个世界的前5天，对前来看望他的老师阿道夫·德鲁克（彼得·德鲁克的父亲）和彼得·德鲁克说："一个人如果不能改变人们的生活，那他就什么也没能改变。"2002年，当有记者问彼得·德鲁克，您百年之后想被后人所记起的是什么？彼得·德鲁克答道："那就是我帮助一些人实现了他们的目标。"感谢我的恩师彼得·德鲁克，他帮助我实现了我的人生目标。"活着就是为了改变世界。"这是乔布斯留给我们的豪言壮语。2016年11月中旬，在前往哈佛商学院之前，我走进我们创始院长邢志清先生的办公室，我问他最想问克里斯滕森教授什么问题。邢院长神情凝重地说："一个公司需要具备怎样的因素，才能改变世界？"克里斯滕森教授通过潜心研究"颠覆式创新"理论来影响数以万计的企业家，让他们生产和销售大量物美价廉的产品，当颠覆式创新在全球普遍实现时，普罗大众也可以过上体面的生活，进而改变世界。我认为颠覆式创新的伟大意义在于，颠覆式创新是从贫穷国家变成富有

国家的法宝；颠覆式创新是人们实现美好生活的路径。克里斯滕森在他的新书《繁荣的悖论：创新怎样使国家摆脱贫困》(*The Prosperity Paradox：How Innovation Can Lift Nations Out of Poverty*）中，用大量的篇幅讲解颠覆式创新对经济发展和社会进步所起的不可替代的作用。我们可以从他的字里行间感受到人性的光芒。他留给我们最后的忠告是："**别担心你能取得多大成就，想想你能帮助多少人变得更美好吧。**"他走了，但他的思想将永存。

管理的终极之善是改变他人的生活。这是我一生的座右铭，与大家共勉。

（2020 年）

第 4 章

德鲁克在中国

THE DRUCKER CENTENNIAL

走近德鲁克^㊀

管理没有任何的秘密武器可用，也没有任何的捷径可走。前两天，一位美国教授给我们讲课，最后的结束语引用的是美国原国务卿鲍威尔将军的话——"成功没有秘密而言，这是良好的准备、艰苦的工作和在失败中学习的结果。"

德鲁克论企业是一个比较大的话题，我把整个报告分为两部分：第一部分介绍德鲁克先生的生平，第二部分介绍他在管理学方面的一些建树。

德鲁克的生平

德鲁克的英文名 Drucker 在荷兰语中是"印刷者"的意思。现年 92 岁的德鲁克先生能告诉我们什么？他所说的和他所做的是一样的，德鲁克对我最大的影响，并不在于他讲的管理，而是他用自己的人生来诠释管理。中国有一句古语说，以铜为镜，可以正衣冠；以人为镜，可以正言行。当你在大师的面前，他走得那么正、那么执着，你不敢有丝毫的怠慢。他已经写了 31 本书。第一本书是写于 1939 年的《经济人的末日》，然后是《工业人的未来》。直到今天，他仍然在辛勤地耕耘。我在去美国之前，听许多人说，德鲁克所讲的东西是工业时代的事情，今天 21 世纪 e 时代，他的东西已经过时了。因为当时我没有研究，所以只能保持沉默，但在今天，我可以在这里理直气壮地大声说，德鲁克先生一直在辛勤地耕耘，他知悉整个时代的脉搏。美国《大西洋周刊》最近发表了一篇他的文章，题目是《电子商务能实现吗？》。他对于现在整个经济、整个事态走势的描述都非常有前瞻性。

㊀ 本文为"2001 年经理世界年会"上笔者的专题讲座。

1909年11月19日德鲁克出生在奥地利维也纳,父亲阿道夫·德鲁克是当时政府的财务官员,同时也是一位经济学教授。谈到他的父亲,人们不能不提到大名鼎鼎的经济学家熊彼特。我们知道经济学两大派,一个是凯恩斯学派,另一个是熊彼特学派。熊彼特是彼得·德鲁克父亲的学生,也是美国哈佛大学经济学教授并任美国经济学会主席,他的名声如日中天。1950年1月3日,阿道夫·德鲁克和彼得·德鲁克驾车去哈佛大学看望他,当时他们有一段非常精彩的对话。时过30多年之后,阿道夫又问起同样的问题。"你想在将来被人们记得的是什么?"熊彼特说这个问题在今天对我仍然非常重要。他说:"阿道夫,到了我们这个年龄,我们的著作、论文、学术已经变得不那么重要了。什么最重要?除非能改变他人的生活。"这句话给彼得·德鲁克留下了非常深刻的印象。他以熊彼特为榜样,就是要改变他人的生活。2000年,我在美国读书的时候,是在凌晨3点时读到的这一段精彩的对话,当时我在旁边写下了自己的感慨:"管理的终极之善是改变他人的生活。"这跟德鲁克的管理思想是一脉相承的。德鲁克先生说,管理不在于知,而在于行。今天所传播的这些信息和知识,大家可能听起来会很激动。但是除非你回到自己的工作岗位上,把这些观念应用于工作当中,产生绩效,否则这一切都没有用。

德鲁克的母亲是学医的,因此我们可以看到,在德鲁克的著作当中,他用了许多医学的类比,如他讲管理是一个器官。根据德鲁克在《旁观者》中的叙述,德鲁克的奶奶对钢琴有着非常精深的造诣,她曾在维也纳歌剧院演奏过钢琴曲,甚至纠正了已经出版的《海顿奏鸣曲》中的印刷错误。德鲁克童年时就在奶奶的指教下,练习弹奏《海顿奏鸣曲》,所以德鲁克经常把音乐和管理做类比。他经常用交响乐队来比喻管理的最佳形式。整个乐队只有一个指挥,所有在座的几百人,有小提琴演奏家、长管演奏家等,只看一个总谱,大家奏出的是一曲和谐的交响乐。否则,如果不能在这个乐队指挥下产生和谐的效果,那么就不能叫音乐,而叫噪声。管理也应当是这样的，我们要奏出的是什么样的曲子？所以了解德鲁克的身世，有助于我们了解他的管理思想。1931 年，德鲁克获得德国法兰克福大学国际法博士学位。因为当时德国反对犹太人的行径，威胁到了德鲁克的安全。1933 年，德鲁克离开德国去了英国，在英国从事金融工作。1937 年，德鲁克与他的德国校友多丽丝·施米茨结婚，婚后他们一起去了美国。1939 年，他写了《经济人的末日》。根据德鲁克的说法，"英国前首相丘吉尔在 1939 年春天评论《经济人的末日》第 1 版时，称它是'唯一一本了解并解释两次大战间世界形势的书'，让世人得以理解 19 世纪欧洲瓦解与极权主义兴起的过程。后来，丘吉尔下令，让每位英国军官都放一本《经济人的末日》在背包里"。1942 年他受聘于美国通用汽车公司，这是德鲁克先生人生以及职业生涯当中重要的转折点。在此之前，他就职于英国伦敦一家银行，做经济分析师，他对当时的经济预测是要有牛市，结果是熊市。所以德鲁克讲"这件事情不是我能做的"，而且他觉得预测未来是非常不可靠的，因此他决定放弃那个职位。当时，他并没有第二个选择。1942 年，他接到一个电话。因为在他写的《工业人的未来》中看到了"企业是社会器官"这样一个概念，美国通用汽车公司请他去做一个内部的研究，即对美国通用汽车公司整个的结构、政策和领导做一个通盘的研究。

当时，美国通用汽车公司的掌门人是斯隆先生。斯隆跟德鲁克见面的第一句话是："彼得·德鲁克先生，你到我的公司来，我向你开放所有的资源和信息。你怎么写，如何写，找谁谈，那是你一个学者的自由，但是有一件事情我想让你知道，你要告诉我们什么是正确的，而不要考虑我的经理人是否能够接受。我的经理人在你来之前也知道，如何在日常工作中去妥协。"这句话，给我留下了深刻的印象。现在，我在做企业内部培训的时候，总是要跟我们客户的 HR 经理和总经理做这样的声明：我们的职责，是为中国的管理者和创业者提供全世界最优良的管理知识和管理工具；由于这样的目的和使命，尽管你是我的客户，你是给我带来收入的人，我不会取悦于你，我要尽我最大的可能告诉你们，什么是正确的。

德鲁克第一次提出了"组织"这样的概念。在今天，我们说到"组织"，似乎没有什么新鲜的。但是在20世纪40年代，"组织"是一个非常新的概念，因为从社会学的角度来讲，有社群，而没有组织。所以我们今天所谈到的经理人与组织，是《公司的概念》1946年提出的一个重要的概念。1954年11月6日，是一个具有划时代意义的日子，因为那一天彼得·德鲁克的《管理的实践》出版了。在写这本书的时候，彼得·德鲁克先生在美国许多大的图书馆查文献，只有关于劳工关系、财务、销售方面的书，没有人把它整合成为管理学。德鲁克先生坐下来，把所有的研究结果浓缩到这本书当中。这个日子被今天西方主流学者称为"当代管理学创造之日"。值得一提的是，当年德鲁克先生45岁，处在人生重要的辉煌阶段。1966年他出版了《卓有成效的管理者》，这是一部非常经典的著作。该书中有今天仍然用得到的时间管理以及如何决策的经验，这些东西能经受时间的考验。什么是大师？大师是深入浅出，几十年前创造的学说，今天仍然能用于我们的实践。我在美国读这本书时，非常感慨，尽管当时德鲁克先生身为美国通用汽车公司的咨询顾问，但在这本书当中，他并没有为通用公司歌功颂德。他完全从一个组织、政策、领导的角度来审视工业时代的组织，因为超脱了具体层面的东西，而达到一个更高的层次。这本书在今天仍然适用。1973年，德鲁克先生将他人生经历的几十年，差不多有40年对管理实践的研究整合到一本书当中，即《管理：使命、责任、实践》。如果大家问什么叫管理？管理就是管理使命，承担责任，勇于实践，管理没有任何的捷径可走。我们所做的一切，都是一种假设，没有人能预测明天会发生什么，只能把组织的有效资源放在不确定的未来之中。

他在《哈佛商业评论》《大西洋周刊》上发表的文章不计其数。他有好几本经典著作在出版时，是以英文、德文和日文三种文字同时出版的。德鲁克伟大的贡献：他开创并使管理成为一门学科，相当于物理学、化学一样，而不是一个普通的常识。制定目标是管理者的第一项工作，这是源于彼得·德鲁克关于管理者工作的论述，而目标管理和自我控制是管理哲学。在德鲁克三十几本书当中,他很少用哲学这一词,因为他认为哲学概念太大了,但他却把目标管理和自我控制称为管理的哲学。

做正确的事情

企业的目的是什么?按照传统经济学的概念,是利润最大化,是股东回报得以最大化实现。但是彼得·德鲁克讲,企业的目的是创造和满足客户。一家企业的目的,必须在企业之外,而不是在企业之内。企业的基本功能是营销和创新,只有通过营销产生营业额,企业才能生存和发展。由于在一个不断变化的环境中,产品和服务都会随着时间的变化而变得滞后,因此,企业必须创新。新企业如此,老企业也一样。

高层管理者在企业策略中的角色,德鲁克讲得非常清楚:企业的使命、企业的核心价值观、企业的目标和战略是高层管理者不可推卸的责任。有些事情是可以由中层经理人来做的,但使命、策略则必须由高层管理团队集体做出决策。另外,就是要区分效果与效率。什么叫效率?效率是指单位时间内的生产力。什么叫效果?比如,上海飞鱼牌打字机在30年前是一个非常好的产品,但如果工厂不看市场的动向,现在仍只是埋头苦干,忙着在单位时间内生产更多的飞鱼牌打字机,那么结果必然是没有人来买。这是资源莫大的浪费。这就不叫有效果。作为一家企业,效率是次重要的,最重要的是效果(成果)。换言之,产品要对路,企业生产出来的东西要有人来买。

德鲁克对效果的另一种说法是,要做正确的事情。一家企业,一个组织,要为社会做出贡献,而不是在单位时间内提高效率,为企业自己的目的而生产。关于这一概念,我们还有很多可谈。分权化是基于1942年他到美国通用汽车公司后所做的调查,得出事业部的概念。今天许多大企业,像联想等都采用事业部的概念在运作。这是在20世纪40年代,通用汽车公司经过20年的实践,建立的一种组织结构。还有非营利机构,并不是说给你免费的午餐。我们到医院做一个核磁共振检查，仍然很贵。**收益用来做什么，是界定营利组织和非营利组织的关键**。营利机构会把收益以更高的倍数回报股东，但是非营利机构则不把收益用于回报投资者，而是按投资者的意愿，用于扩大再生产，买更好的设备，雇用更优秀的人员。德鲁克在《21世纪的管理挑战》中说："20世纪中，'管理'最重要、最独特的贡献，就是在制造业里，将体力工作者的生产力提高了50倍之多。21世纪，'管理'所能做的与此同样重要的贡献，就是必须增加知识工作和提高知识工作的生产力。20世纪，企业最有价值的资产是生产设备；21世纪，企业最宝贵的资产（不论是商业或非商业机构），将是知识工作者和知识工作者的生产力。"一台电脑，如果没有知识武装起来，将是一个废物。知识工作者的概念，德鲁克先生在30年前就提出了。如何提高知识工作者的生产力，则是21世纪人们所面临的挑战。

管理是一门综合艺术

早在20世纪四五十年代，德鲁克就认识到管理已经成为组织社会的基本器官和功能。他经常把组织比作器官，把社会比作有机体。管理不仅是企业管理，而且是所有现代社会的器官，尽管管理在一开始就把它的注意力放在企业上。在《21世纪管理的挑战》一书中，他指出：许多人一谈到管理，就以为是企业管理，其实不是。管理最早是用在非营利机构中。这是德鲁克认为他对这个社会的贡献所在。他创建了管理这门学科，即《管理的实践》的问世。德鲁克的管理思想和我们看到的畅销管理书中的管理思想不同。他是围绕人与权力、价值观、结构和方式来研究这一学科，他始于价值观，注重结构与方式，尤其是围绕责任来研究这个学科。他讲责任很多，这是他管理学中非常大的特点。管理学科是把管理当作一门真正的综合艺术。德鲁克在《管理新现实》（1989）一书中清晰地解释了为什么称管理为一门综合艺术。他说，管理被称为一门综合艺术——"综合"是因为管理涉及知识的基本管理、自我认识、智慧和领导力；"艺术"是因为管理是实践和应用。

也许有人会说，这和我有什么关系！在美国企业界有这样一句话，当人们提起彼得·德鲁克名字的时候，企业界的所有领导都会竖起耳朵。为什么？德鲁克在美国学术界并没有得到充分的认可，但是在美国企业界则得到了百分之百的崇拜。比尔·盖茨曾说，在所有的管理书当中，德鲁克的书对他的影响最大。杰克·韦尔奇——美国通用电气公司原掌门人，1981年掌管通用电气时，公司只有270多亿美元的收入。当他2001年退休时，通用电气的年收入已经飙升到1600亿美元，这得益于彼得·德鲁克的管理思想。当时通用电气公司有许多事业部，他建立了一个标准——所有事业部在全世界同行业中的排行必须是第一位或者第二位，否则全部关掉、卖掉。当时人们认为杰克·韦尔奇疯了。杰克·韦尔奇在其自传中说道，当年整个通用电气改革的核心思想就是来自彼得·德鲁克的思想，即有系统地抛弃。IBM研发总监也认为德鲁克在过去40年当中独占鳌头，总是走在时代的前面。因为德鲁克不断地创造新概念和思想，所以我们称他为一个创造知识的人。我在美国读书时，有一天看到一个日本管理者，50岁左右，看起来已经是丰衣足食，保养得很好。我问他，日本已经很好了，为什么到美国来学习？他说日本是一个创造性模仿的国家。美国生产的电器，比如复印机，日本可以做得比美国更精细，成本更低。但日本并不是一个创造知识的国家，所以在今天日本经济没有后劲。在管理上，以及几乎所有的学科上，美国人都是走在前面的，因为他们创造了知识。所以在后资本主义时期，也就是**21世纪**，对于**一家企业或者个人而言，最重要的是，你是否能迅速地掌握和创造新的知识。**

承担社会责任

首先我向大家介绍一个获得结果的途径（见图4-1）。

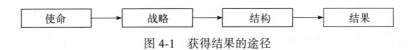

图 4-1　获得结果的途径

这个途径是我在研究德鲁克的著作时获得的一点启示,我把它用这样一个模式表示出来。什么叫作使命?使命就是存在的原因,一个组织为什么要存在于社会当中。德鲁克基金会主席赫塞尔本说,什么叫作使命?使命是回答"为什么"这个问题:你为什么要做你现在所做的事情?

《基业长青》是斯坦福大学两名教授用 6 年时间,对美国 18 家企业进行研究后得出的结果。他们有五个考量:第一,参评企业必须有 50 年以上的寿命;第二,该企业必须能给世界留下非常深刻的印象;第三,该企业必须在方方面面令所有业内人士崇拜;第四,该企业在同行业中首屈一指;第五,该企业经历了一代又一代领导人的更换。在《基业长青》中,也谈到了使命。任何一家好的公司,能够永续经营,都是基于它的使命。比如,美国强生公司强调公司存在目的是解除病痛。强生公司把义务和责任分成不同等级,客户第一,雇员第二,社会第三,股东第四。美国通用电气公司的目的是:通过技术与革新,改善生活质量。通用电气公司的使命,并不是利润最大化。美国著名的 3M 公司核心思想的第一条是创新,不应当扼杀一种新的产品设想,这是它的核心价值观,3M 公司是美国最早做工业用砂纸的企业,直到今天仍在做两维平面的东西。如果有一天你想获得 3M 公司的风险投资,在做演示的时候,千万不要竖着拿东西,因为他们的思维不习惯这样,他们不习惯三维立体的东西,他们觉得他们做不了。他们的核心竞争力是扁平的。

使命,组织为什么要存在于社会之中?这是高层管理必须回答的问题。我们要有战略实现管理必须回答的问题。我们要有战略实现这样的使命。战略决定结构,彼得·德鲁克强调道。为什么战略决定结构?组织的结构,是扁平的还是金字塔的,或者是虚拟的,最后会导出不同的结果。

德鲁克最重要的贡献,是解决了企业非常重要的问题——如何能够胜出。他的非常著名的"事业理论"告诉我们,组织处在什么样的环境,包括政治的、法律的、结构的、市场的、科学的、技术的，就拥有什么样的使命。强生公司说，要解除人类的病痛，要制造最好的药品，这是它的使命。国际红十字会的使命是帮助最弱者。德鲁克说，使命要简单明了，要能印在T恤衫上，太长，人们记不住。一家企业要胜出，并不是靠期权，也不是靠非常好的物质条件。一家企业最佳的领导状态，应该是大家都发自内心；一家能够永续经营的企业，它应该承担的是社会的责任，来提供令人们满意的产品或服务。

美国电话电报公司的使命是让美国每一个家庭都安上一部电话，但是因为它实现得太疯狂了，占有市场份额太大，以至于违反了美国的反垄断法。一家企业的使命决定其结果，因为使命决定战略，战略决定结构，结构决定结果。

企业的目的

任何一个通过经营产品和服务来体现自己职能的组织就是企业。企业存在于社会的目的是为客户提供产品和服务，而不是实现利润最大化，或股东权益最大化。

一家医院，并不是给医生和护士创造就业机会的场所，而是为病人解除病痛的场所；一所学校并不是给教师提供就业的场所，而是为学生提供高质量教育的场所。

关于规划企业目标。企业的事业是什么？这绝不是一个简单的问题。在ServieMaster公司的一次董事会上，德鲁克问道："你们的事业是什么？"有人说是保洁，有人说是设备维修。德鲁克先生说，不，你们的事业是培养人和发展人，使那些保洁工以一种非常健康的心态，来提供高质量的服务。谁是我们的客户？他们在哪儿？客户的认知价值是什么？这些都是一家企业必须回答的问题。

由于整个世界在变，社会在变，因此在动态中发展，企业必须要创新。面对种种诱惑和商机，应当做什么和不做什么，企业必须清楚。在创新的同时，摆脱昨日的包袱，摆脱不再具有生产力的工作程序、报告和报表，同样也是一种创新。德鲁克关于企业的八大目标，什么叫作绩效？并不是利润最大化。一家企业的绩效，应从以下八方面去界定，营销、创新、人力组织、财力的资源等。利润是一家企业能否生存的限制条件，利润不是目的，利润是结果。美国《财富》500 强，只有一个考量——营业额，谁的营业额高，谁就名列榜首。大家觉得不公平，因此还有其他八个考量，来评选"美国最受尊敬的公司"，即公司的改革创新情况、管理质量、员工素质、产品/服务质量、长期投资价值、财务状况、社会责任感以及资产运用方面。

归根结底，一家企业一定要知道自己能做什么和不能做什么，存在于社会的原因是什么，期待什么样的结果，然后才是组织什么样的资源，通过什么样的手段。1926 年 1 月 1 日，如果你买 1 美元普通股票，那么在 65 年后，1990 年 12 月 31 日，你得到的回报是 415 美元。吉姆·柯林斯做这个研究是比较每个行业的前两家公司，比如说福特公司对通用汽车公司，美国花旗银行对曼哈顿银行。如图 4-2 所示，对应公司的回报就变成了 955 美元。

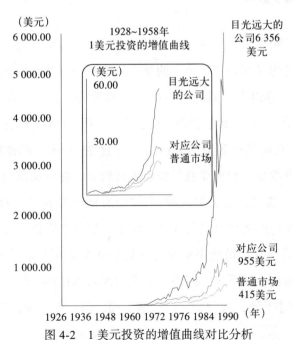

图 4-2　1 美元投资的增值曲线对比分析

但是目光远大的公司的回报就变成了 6356 美元。这个数据说明什么？有自己的核心价值观和核心竞争力，并不是把利润看作企业目的的人和企业，最后能够胜出，能够永续地长存。

倾听德鲁克[一]

《跟德鲁克学管理》像一部电影，叙说了德鲁克在克莱蒙特研究生院讲学的典型情景。如果这本书拍成电影一定能让更多的人直接感受到德鲁克的智慧和力量。这是一部用纯正"德语"写就的书，我所说的"德语"不是德国的语言——German，而是"德鲁克的管理语言"。该书为渴望学习"德语"的人提供了一本标准的自学教材。

"教室就是德鲁克的教堂"

我在阅读《跟德鲁克学管理》的过程中，把作者所写的一切都转换成一幅幅画面。我仿佛又回到了德鲁克的学堂，与作者以及我所有的校友再次倾听大师的教诲。感谢作者威廉·科恩，我的学长，系统、真实地再现了德鲁克讲课的情景，"教室就是德鲁克的教堂"。从 1975 年科恩师从德鲁克开始，到 2000 年我师从德鲁克（见彩插 3），这 25 年间，德鲁克在克莱蒙特布道的方式没有改变。德鲁克总是提前来到教室，在讲课前他总是慷慨地为学生在他的书上签名，他会提醒我们："还有谁要签名？"我们也会趁他签名的时候，站在他的旁边赶紧与他合影留念。签名之后他就挽起了袖子，我们知道，他要讲课了。虽然手里拿着一块他从来都不看的手表，但讲到 90 分钟的时候，他便会停下来，因为到了我们课间休息的时间，然后，他一口气再讲 90 分钟才下课，其间，一口水都不喝。那一年，他已经 91 岁。

[一] 本文为笔者 2008 年为《跟德鲁克学管理》一书所作的推荐序。

许多年前，克莱蒙特这个位于洛杉矶东北 50 公里处的小城，因有波莫纳学院而闻名遐迩。京剧大师梅兰芳在 1930 年访美时，曾被波莫纳学院授予名誉博士学位，梅兰芳一生都以获此殊荣而感到自豪。现在，波莫纳学院是克莱蒙特学院群 8 个学院之一。1971 年，德鲁克离开了纽约大学，来到了克莱蒙特执教，后来他亲自创建了彼得·德鲁克管理研究生院，该院隶属克莱蒙特研究生大学，而克莱蒙特研究生大学也是克莱蒙特学院群 8 个学院之一。在过去的 30 多年，德鲁克一直居住在克莱蒙特，从世界各地来朝拜的人就从没有间断过。通用电气的杰克·韦尔奇、中国的企业家，以及管理学界的彼得·圣吉、吉姆·柯林斯，他们都在此聆听过德鲁克的真知灼见。乃至在他逝世后，还有很多对德鲁克管理学感兴趣的人，梦想能到克莱蒙特，听听德鲁克的真知灼见，以修成正果。

德鲁克的力量

如果有人问我，德鲁克与其他管理学者有什么不同的话，我会想到的第一句话就是：德鲁克能改变你的人生。他对人的影响是终身的，甚至会影响到你的下一代。所有听过德鲁克讲课的人可能都会同意我的这个结论，至少科恩和我有着同样的感受。在《跟德鲁克学管理》一书中，科恩写道："如果说我从德鲁克身上学到了很多东西，那肯定是严重地说轻了。他教给我的东西实际上改变了我的人生。"

2000 年，我在美国彼得·德鲁克管理研究生院学习时，其中一门课叫"管理者的新挑战"，是德鲁克主讲的。我们班上有一位铁路公司的高级主管，在听了德鲁克的课后，她决定离开她熟悉的舒适环境，到加州硅谷的一家生物工程公司去做销售，在一个全新的领域里挑战自我。《洛杉矶时报》还对此做了相关的报道，同学们在班里也曾传阅过这篇报道。

我的另一位同学，她是美国一家汽车配件公司的资深财务主管。她所在的公司是日本丰田汽车公司的配件供应商。在德鲁克讲授的"管理者的新挑战"课上，我们彼此交换了论文，以便了解彼此对管理的一些看法。从她的论文的字里行间，我可以强烈地感受到她对自己公司的热爱，她为这家公司服务了11年，已人到中年。如今，彼此要分手了。她走到我的面前对我说："那（国毅），我离开了我原来的公司，我准备自己创业。"她的语调似乎有点尴尬和害羞，这让我感到非常意外。我问她："你准备做什么？"她答道："我准备做别人的心灵导师，与需要的人分享我的智慧。这是我最愿意做的事情，我认为这种工作很有价值。"她论文的最后一段的题目是："人生下半场。"她写道："在我写这篇论文之前，我不知道我的人生下半场应该是什么样的，我甚至从来没有想过这个问题，因为，我整天都在关注我上半场的成功。在分析了我的长处和短处后，我发现我愿意做别人的心灵导师。通过给那些需要帮助的人提供建议和鼓励，我从中能得到极大的满足感。我的努力使别人的生活变得更好，这是我人生中最快乐的事。"

在"管理者的新挑战"一课中，德鲁克对我们说，现在有一些管理者虽然过着丰衣足食的生活，但步入中年后，就发现自己所擅长并喜爱的工作失去了挑战性，他们需要新的挑战。他让我们思考和回答以下问题：

- 我是谁？我的长处何在？我做事的方法如何？
- 我归属何处？
- 我的贡献是什么？
- 对关系负责
- 管理下半生

人生如同球赛，分为上半场和下半场，上半场获得高分不能决定胜负，下半场才是关键所在。人生的上半场追求事业成功，希望得到更高的位置和更好的薪水；人生的下半场则追求人生意义，通过不同的方式把最美好的东西留给这个世界。

我非常高兴看到科恩在第 19 章,用一个章节的篇幅讲述德鲁克在自我发展方面的真知灼见。我们通常会把自己的发展寄托在组织上,也就是等待组织给我们安排和设计"职业发展生涯",其实,这是一个错误的期待。没有人能对你负责,只有你自己。德鲁克告诫我们:"一旦我们离开家庭或学校,开始踏入社会,就不能靠他人来发展我们自己,要自己主动地做这件事。"

自我发展实际上是要回答"你希望将来被后人记得的是什么"这个问题。这也是 2000 年,德鲁克在课堂里给我们提出的一个问题。也就是说,百年之后,你希望你的墓志铭上刻着一行什么样的字。人只有想明白了这个问题,才能一通百通。"你希望将来被后人记得的是什么?"这个令人醍醐灌顶的问题,使我顿悟人生的真谛。自此,我找到了生命的意义。当你找到了生命的意义,你就无需这世界的掌声,你就自由了。

听过德鲁克讲课的人都会重新审视自己的人生,开始人生新的旅程,以积极向上的态度、脚踏实地的行动,活出生命的意义。这也就是德鲁克的力量所在。

基于责任的管理

德鲁克一生都在反复强调:"CEO 要承担责任,而不是享有权力。你不能用工作所具有的权力来界定工作,而只能用你对这项工作所产生的结果来界定。CEO 要对组织的使命、行动以及价值观和结果负责。最重要的就是结果。"

在《跟德鲁克学管理》第 15 章,科恩特别谈到了当年德鲁克让他们做的一个案例分析,当事人是斯坦利·诺瓦克,他被任命为某大公司 CEO 的助理。此人以前在该公司工作绩效很好。于是,公司 CEO 弗兰克·麦奎因没有认真思考就提拔了他。结果,他并不能胜任新职位。于是,CEO 弗兰克·麦奎因想解雇斯坦利·诺瓦克。可是董事长却不同意，他对 CEO 弗兰克·麦奎因说："至少我们可以肯定一点，是你犯了错误，因为斯坦利·诺瓦克是你任命的。"董事长还对他说，解雇斯坦利·诺瓦克不仅不公平，而且是愚蠢的。"为什么只因为你犯了一个错误，我们就要失去一名像斯坦利·诺瓦克这样很有价值的、已有绩效证明的经理？"董事长这么做的目的是要 CEO 承担失败提升的责任。

事实上，CEO 弗兰克·麦奎因违反了公司晋升原则。他不考虑职位要求、不和其他同事商量就随便安置人员。所以失败提升的责任应由 CEO 弗兰克·麦奎因来承担，而不是让当事人去做牺牲品。董事长最后要求 CEO 弗兰克·麦奎因认真分析斯坦利·诺瓦克的失败原因，在他弄不清斯坦利·诺瓦克失败的原因之前，董事长不会批准他指派任何人接替斯坦利·诺瓦克的工作。

其实，这个案例的题目是"失败的提升"。这是德鲁克撰写的一个案例。2000 年，我在美国彼得·德鲁克管理研究生院上"管理 343"课程时，德鲁克的同事约瑟夫·马恰列洛教授在课上和我们研讨过这个案例。回国后，我在讲授德鲁克的课程时，也经常使用这个案例。2005～2006 年，在中国人民大学德鲁克 EMBA 的课程中，我把该案例分析作为学生成绩的一个重要组成部分。我这么做是为了让中国的管理者认识到，管理者要对人事决策负责。关于分析"失败的提升"的指导思想，德鲁克曾写过一篇题为《如何做人事决策》的文章，该文发表在 1985 年的《哈佛商业评论》上。如何做人事决策的基本原则第一条就是："将一个不称职的人任命到那个岗位上，这表示是我自己犯了错误。这怪不得被提升的人，也怪不得'彼得原理'，事实上没有任何人可怪，犯错误的只是我自己。"我的学生在课后感言中说，通过该案例分析，我们不仅学到了管理知识，更重要的是学到了如何做一个有责任感的人，如何成为有责任感的管理者。

几周前，我高兴地得知我女儿在约瑟夫·马恰列洛教授的"管理 343"

课上，也在研讨这个案例，她现在是美国彼得·德鲁克管理研究生院的MBA学生。从1975年科恩在德鲁克的课堂上首次研讨"失败的提升"案例到2008年，30多年间，虽然市场、技术、客户、企业发生了很多变化，但德鲁克管理学的核心没有任何的改变，这个核心就是"责任"。他相信唯有基于责任的管理，企业才能发挥应有的功能，才能在经济层面和社会层面达到平衡，进而促进公众的福利，增强社会的基本信念，为社会的安定、和谐及强大做出自己的贡献。德鲁克一生对管理者的"责任"、员工的"责任"以及企业的"责任"谈得很多。1973年，德鲁克将自己几十年的知识经验与思考浓缩到一本书中——《管理：使命、责任、实践》。这本浩瀚巨著以其简洁而浓缩的书名道出了管理的真谛。

希望更多的人能学习和实践德鲁克的管理思想，进而把自己修炼成"一个高尚的人，一个纯粹的人，一个有道德的人，一个脱离了低级趣味的人，一个有益于人民的人"。

实践德鲁克[⊖]

德鲁克的管理思想从20世纪80年代开始陆续被引进到中国。中国读者多是通过德鲁克的《卓有成效的管理者》一书开始接触他的管理思想的。时任中共中央总书记的胡耀邦同志曾专门建议全体干部学习《卓有成效的管理者》。[⊖]因此，许多企业领导都读过该书。

也就是在那个时代，海尔的张瑞敏几经周折找到了一本德鲁克的《卓有成效的管理者》。在那个资源稀缺的年代，我们不仅物质上匮乏，精神上更是如此。学习德鲁克的管理思想能给中国企业带来什么？那就让我们来听听

⊖ 本文收录于本书时有删节。
⊖ 中国经营报.有多少经典可以重读[N/OL].新浪财经,2006-01-04. http://finance.sina.com.cn/chanjing/b/20060104/17332248422.shtml.

张瑞敏学习德鲁克的管理思想和实践的结果吧。"我们于 1988 年在行业中以劣势小厂的地位战胜许多优势大厂，摘取了中国冰箱史上的第一枚金牌。这枚金牌要归功于日清工作法，更要归功于德鲁克先生。"

中国企业是如何实践德鲁克的

广东中山市有一家民营企业是生产洗发水的。这家企业的老板文化水平不高，但他酷爱学习。2001 年 5 月，我在北京 IT 经理世界年会上做过一个题为"德鲁克论管理"的专题报告。他就是其中的一名听众。当时听众有三四百人，我没有注意到他。后来，我在讲德鲁克的管理课程时，他和他的管理团队都参加了。此后我每次到深圳讲公开课，他都会派几名中层经理来听课。我问他："你为什么送这么多人来学习？"他说："我把我们公司定义为一所增值的学校。"做洗发水的民营企业怎么成了一所增值的学校了呢？他向我解释道："我们的许多员工都是农民，希望他们通过在我们企业工作，能获得一定的技能，即使有一天他们不在我们公司做了，他们在其他地方也能生活。我们向国家纳税，因此，我们为国家提供价值，最重要的是，我们的产品能使客户的生活更美好，我们也为客户增值了。"最后，他说："如果我们的企业能有一个大的发展，这要感谢德鲁克，是德鲁克的管理思想帮助我们理清了发展思路。"

2005 年，我为北京一家很大的上市公司讲授德鲁克的管理思想，课后，该公司的总经理给我发来了一封信，信中写道："非常感谢您这两天给我们带来的管理洗礼，让我们又打开了一扇通往管理更高境界的大门。谨代表本公司向您表示衷心的感谢！"这是由于德鲁克的管理思想把他们带到了一个更高的境界。管理不在于知，而在于行。为了能使德鲁克的管理思想变成组织的生产力，我和该公司的管理层达成共识：要求所有参加该课程的人员都在课后两个月里去实践德鲁克的管理思想。我如期收到了所有学员的实践报告,上至总经理下至年轻的经理人都认真地报告了他们的实践结果。他们在部门沟通、知识管理、项目管理、市场推广、服务内部客户等方面都取得了很好的结果。尔后,我又和该公司的管理层一起讨论了他们学习的成果和面临的挑战。回访客户是了解客户反馈的一种有效方式,这也是德鲁克生前一再告诫我们要坚持做的一件事。通过这些年的实践,我的体会是,只有通过设定学习和实践的机制,才能把德鲁克的管理思想物化成组织所期望的成果。这是一次成功的组织学习,这一过程和结果完全符合德鲁克所倡导的:管理是一种实践,其本质不在于知,而在于行;其验证不在于逻辑,而在于成果,其唯一权威就是成就。

在中国企业的管理者中不乏有德鲁克管理思想的狂热追随者。我在西安讲课时,遇到一位民营企业的总经理,他是一位勤于思考的人。他和我说,这些年来,他很孤独。因为,我们生活在一个浮躁的社会里。大家都忙于赚钱。有时为了赚到更多的钱,甚至冲破道德的底线。在这样的环境下,做正确的事情就变成了一件不容易的事。他在学完德鲁克的管理思想后,被德鲁克崇高的思想境界所打动。第二次我见到他时,他在自己的名片后面印上了这样一行字:德鲁克管理思想的中国实践者。他说从此他不再孤独。这使我想起一位韩国的企业家,他为了表达他对英雄的崇拜,将自己的名字改为德鲁克。

为什么《卓有成效的管理者》和《管理的实践》是必读之作

在德鲁克已经出版的著作中,有两本管理著作,德鲁克看得很重。一本是《卓有成效的管理者》,另一本是《管理的实践》。

《管理的实践》是一本非常结构化的管理著作,它涉及三大主题:(1)管理企业,(2)管理管理者,(3)管理员工和工作。我们可以把《管理的实践》比喻为企业的宪法,也正如宪法一样,其本身并不能保证一个国泰民安的社会自然形成,这要靠所有人的努力。只有制度是不够的,人必须对制度有一种敬畏，否则，人可绕过制度或破坏制度。安然和世通作假丑闻都发生在制度相对完善的美国，其根源就是企业的负责人出了问题。我们可以这样说，管理的每一次成功都是管理者的成功，同样，管理的每一次失败也是管理者的失败。

因此，这就需要管理者有高尚的品格和道德准则。《卓有成效的管理者》通篇讲的都是管理者的修养，这是一本系统地讲自我管理的书。这也就是胡耀邦建议全体干部都要读一读德鲁克的《卓有成效的管理者》的原因所在。《卓有成效的管理者》已成为美国企业界家喻户晓的一本书。甚至1998年我在美国一家大公司总部办公楼里还看到了一个卓有成效管理者的雕像，意在时刻提醒管理者：他们的工作要卓有成效。这是一家《财富》500强榜上有名的公司，德鲁克曾是这家大公司的咨询顾问。

《管理的实践》讲的是"机制"的设定，《卓有成效的管理者》讲的是"人"的修养。

小结

目前，我们面临的挑战是：如何能迅速培养成千上万的管理者与世界顶级强手同台竞技并在竞争中胜出。为了积极应对这个无法回避的挑战，我们首先要了解世界顶级强手的管理方式。无论是比尔·盖茨还是杰克·韦尔奇，都深受现代管理学之父德鲁克的影响。他山之石，可以攻玉。中国企业必须学习世界先进的管理思想。当今中国企业面临的共同任务就是：构建管理语言，统一管理思想，达成组织目标，实现个人价值。有鉴于此，**系统学习和实践德鲁克的管理思想是中国企业必须要做的基础工作。德鲁克的管理思想是21世纪跨越国界的工具，是中国企业与世界企业对话和沟通的平台，也是中国企业与世界企业合作的共同价值基础。**

（2007年）

德鲁克逝世一周年访谈录

这是阳光卫视 2006 年 11 月 10 日为纪念德鲁克逝世一周年而特别制作的一档电视节目。节目主持人为牟正蓬小姐，节目嘉宾为那国毅和肖庆平。

主持人：现在大家经常把"管理学"这个词挂在嘴边，其实一直到 1954 年美国学者彼得·德鲁克出版了他的著名著作《管理的实践》之后，管理学才正式成为一门学科。可是许多人并不了解德鲁克，所以，今天我们请来了两位专家，和大家分享德鲁克其人其事。一位是那国毅教授，他是德鲁克晚年时候的学生；另一位是掌上通的总裁肖庆平先生，肖先生也是 20 年前就读过德鲁克的管理著作，之后又在 20 年的经商生涯中，对德鲁克的管理理论有很深的揣摩。我想请那国毅教授用简单几个词说一下德鲁克到底是谁？

那国毅：德鲁克是现代管理学的奠基人，我们通常称他为"现代管理学之父"。之所以把他称为"现代管理学之父"，是因为像刚才主持人所说的，在 1954 年 11 月 6 日，德鲁克出版了那本旷世之作《管理的实践》。按照德鲁克的说法，这本书的书名就是管理的宣言，他把管理定位为一种实践，而非理论。德鲁克于 1909 年生于奥地利维也纳，他高中毕业后到德国学习法律，1934 年在英国做过证券分析师，后来成为几家英国报社的记者，其中包括英国《金融时报》。1937 年，德鲁克移居美国。

主持人：我有一个疑问，据说当年也有人向德鲁克提过，为什么说他是"现代管理学之父"。

那国毅：这是一个非常好的问题。管理作为一种工作，其实伴随着人类文明的出现，早就已经诞生了。例如，人类的文明出现在 4500 多年前，建立胡夫金字塔的时候，就有很多人要把一个巨大的工程完成。那需要很多原材料和劳力,也需要工程指挥,所以在那个时候……

主持人: 管理就已经存在了。

那国毅: 对。但是管理作为一门学科,作为可以被传授、被人们学习的系统知识,是德鲁克在这方面做出的贡献。

主持人: 等于他给了管理一个定义?

那国毅: 是他创建了管理这门学科。

主持人: 那什么叫管理?其实包括我们在座的这些观众,他们都在从事这项工作,可是每个人都有自己的概念,不管他是否系统地学过管理学,所以我想问问在座的各位观众,你们对管理学是怎么理解的。

观众(女): 我认为管理就是让别人去完成你的目标,或者是整合各种资源,最终去实现目标。

主持人: 那我想问问肖庆平先生,您从事管理工作多年,有管理经验,您认为什么是管理?

肖庆平: 当初管理有一个最经典的定义,就是通过别人完成工作。(Management is to get job done through others.) 这个定义好像是我所知道的管理定义中最简短的一个,但在我们平时的工作、经营中,很少去说。平时搞实践的人确实很少去照搬理论,但是当我最近翻开德鲁克先生的著作时,我才惊奇地发现,我平时碰到的很多问题,自己在琢磨的问题,其实他已经给出了非常平和、非常清晰的答案。包括碰到的具体问题,比如说如何调动人的积极性,如何建立企业文化,以及如何给人这样一种自由。在德鲁克看来,企业不应该把人锁在企业里。关键我觉得最奇妙的是,50年后的今天这本书仍没过时,而且他提出的那些问题好像是针对今天的实际。比如说,在我们今天的知识时代,一个IT企业,它市值很高,但是IT企业除了人和电脑之外几乎没有其他可以称作有价值的东西。而德鲁克在1954年的《管理的实践》一书中就写到了人是企业最重要的资产，他在那个年代就预见到了这一点，我觉得十分奇妙。

主持人： 我注意到那教授还总结了德鲁克的"1358"，挺有条理性，这是介绍德鲁克理论的一个说法，是吧？

那国毅： 是的。德鲁克的管理思想博大精深，管理者需要通过一个简明的框架来理解他的思想，这是一种客户需求，那我就把它总结为德鲁克的"1358"。这就使得繁忙的管理者会有一个联想，"1"是什么？"3"是什么？"5"是什么？"8"是什么？我把它建立为一个模型，简单的模型，一种联想的记忆。"1"就是关于管理的一个定义，"3"就是管理的三大任务。

主持人： 一个定义，管理的三大任务。

那国毅： "5"就是管理者的五项工作，"8"就是企业应当设定的八大目标，所以我们现在所讲的管理的所有这些问题和挑战都没有跳出这个框架。

主持人： 三大任务这部分，好像被很多人质疑，因为三大任务是这样说的：第一，实现组织的特定目的和使命；第二，使工作富有成效，员工具有成就感；第三，处理对社会的影响与承担社会责任。而这三条中没有一条是言利的，都是在讲社会责任，以及成就员工的个人成长，进而实现组织的使命，并没有谈到利润最大化，也没有谈到为股东的回报尽最大的努力。那么，这是做生意的任务吗？

肖庆平： 我觉得这恰恰是他的高明之处，因为这三条其实完全适合现代市场。50年前我们还处在"土改""大跃进"时期，但是50年后的现在，我们再看这三条，可以对其再精确地定义一下，我觉得基本上覆盖了所有企业真正最担心的问题——"利润"。德鲁克讲利润是一个过程，是一个结果，而不是目的。

那国毅： 管理的三大任务，第一大任务就是实现组织的特定目的和使命。作为一家企业来讲，它是一个经济的组织，所以经济绩效是第一位的。第二大任务就是使工作富有成效，员工具有成就感。第三就是处理对社会的影响与承担社会责任。那么企业作为一个经济的组织，它必须要盈利，德鲁克并没有说企业要赔钱，丝毫没有这层意思。

主持人： 他只是没有强调这一点，是吧？

那国毅： 其实在企业的八大目标当中，最后一个就是利润需求。利润是作为一个结果，而不是目的。就像老福特所说，你把车造好，造得如此的便宜，美元就会滚滚而来。但造汽车是为了提高人类生活的品质，而不是为了赚钱。

主持人： 管理者的困惑经常来自其对所在企业的自身定位。如果定位很清晰，很多问题可能就会迎刃而解。我记得德鲁克对于给企业定位有三个经典的问题。如果这三个问题企业都回答得清晰明确，那企业的定位就很清楚。这三个问题是什么样的，那教授？

那国毅： 德鲁克三个经典问题：我们的事业是什么？我们的客户是谁？客户的认知价值是什么？说得直白一点，第三个问题就是问客户所看重的价值是什么。

肖庆平： 这就是说，客户买你的产品或使用你的服务，比如，客户喝你的企业酿造的酒，对于他来说它不是酒，而是一种享受或幸福或某种心情。我们确实应该每天都想一想这几个问题。如果再往深一层次问，你希望它未来是什么。你要考虑的是从现在到未来之间。这之间的过程其实是有风险的，这时候你就要考虑，市场是不是容许你这么做，这么做带来的中间性问题到底应该是什么，例如，市场的变化、资源的约束等。这个时候你对这些问题就应该考虑清楚了，可能就是我们现在讲得最多的所谓定位，不管是企业定位还是产品定位。

主持人： 市场定位。

肖庆平： 定位清楚了，你就知道你的事业是什么了。第二个问题是我们的客户是谁。企业的目的只有一个定义，那就是创造客户。这同时又是我们要进一步问的，我们的客户到底是谁。客户是谁实际上就是目标市场是什么。

那国毅： 目标客户。

肖庆平： 这又是一个定位的问题。第三个问题，说到底就是产品。所以这实际上讲了从企业到市场再到产品的定位，是三个不同的层次。

那国毅： 是，所以我个人的体会是八个字：客户为标，满意为准。

主持人： "客户为标，满意为准"怎么讲？

那国毅： 这是我对企业标准的诠释，因为客户是买单的人。所以当专家、业内人士的判断和市场、客户发生冲突的时候，我们必须以市场为导向，以客户为导向。

主持人： 好的，感谢两位嘉宾的精彩分享和现场观众的积极参与！现在，我们对德鲁克多了一些了解。

以行为区别赢得顾客心

2003年10月，那国毅与中国台湾地区中视著名主持人崔慈芬联袂为《全球商业经典》制作管理节目。

主持人： ……"顾客就是上帝"这个观念已经渐渐地被大家所接受，并且成为现代企业竞争的重要影响因素。很多企业把提供顾客居家服务，赢得顾客心来作为领导风格、企业文化、业务流程、奖惩系统以及企业的根基。并且将以客为尊，奉为一切行为的标准。本期的《全球商业经典》将围绕赢得顾客心这个主题，告诉你最成功的赢得顾客心的方法。

今天我们很荣幸请到那国毅教授与大家分享这方面的专业知识和管理实务，那教授你好。

那国毅： 主持人好，大家好。我是那国毅，很高兴来到《全球商业经典》这个节目，与大家一起探讨如何赢得顾客心。

主持人： 现在企业最关心的有：建立企业文化，做好顾客服务，提升竞争力。那教授正好可以提供非常权威以及专业的看法。今天在那教授的引领之下，我们可以在赢得顾客心方面，更进一步地了解最聪明和最成功的公司的行为区别。

我们就请那教授从行为区别的基本概念、行为区别的四大领域、如何创造并维持行为区别三个方面，带大家一起去了解行为区别的意义。

大家都有这样的共识，就是市场竞争愈来愈激烈。目前有很多专业经理人或者老板都在寻找一种方法。这种方法就是，尽管市场上的产品和服务很多，但是让顾客依然只跟你做生意的方法。这种方法会不会就是行为区别呢？那教授。

那国毅： 是的，赢得顾客心的企业，总能超越竞争对手。顾客会选择这样的企业作为供应商，他们喜欢和这些企业打交道。即使市场上有许多选择，顾客依然只想和你的公司做生意，这就是行为区别的精髓所在。在产品不断地推陈出新、服务水准日益精进、竞争对手随时模仿的时代里，行为区别是企业争取并且维持竞争优势的唯一法门。

主持人： 是的，这是一个非常重要的观念，但是光有这个观念，肯定还不够。如果想使商家一直能够处于不败之地，关键又是什么呢？那教授。

那国毅： 使商家处于不败之地的关键就是创造顾客，顾客决定了企业是什么。因为只有顾客通过购买产品和服务，才能使经济资源转化成为财富，物品转化成为商品。企业想生产什么，并不十分重要。顾客想买什么，以及他们的认知价值，那才是决定性的。因为只有顾客决定着企业是什么，企业生产什么，企业是否会兴旺发达。因此现代管理学之父彼得·德鲁克认为，企业的目的就是创造顾客。由于企业的目的是创造顾客，任何企业都有两项职能，也仅有这两项基本职能，那就是营销和创新。

营销和创新产生出经济成果，其余的一切都是成本。

主持人： 那教授，请问行为区别是否就是现在一般人常讲的企业竞争优势呢？

那国毅： 你说得非常对。行为区别，就是你刚才所讲的竞争优势。如果我们说得直白一点，竞争优势就是顾客为什么购买你的产品和服务，而不是购买你的竞争对手的产品和服务。对一家竞争企业来讲，首先要有一个竞争战略的定位。

我想用美国西南航空的例子来诠释行为区别。西南航空公司在所有的航空业中做得出类拔萃。首先它定义它的顾客是谁。西南航空公司所定义的顾客是在美国的城与城之间往返的繁忙的商务人士。而他们的认知价值是什么？他们看重的又是什么？他们看重的是快捷、便利和经济。今天，在美国，飞机已经不是我们国内所认为的一种豪华的旅行工具，它不过是一种代步的工具而已。因为西南航空公司认识到顾客的认知价值是便捷、经济和方便，因此它们在运营方面做出了一系列的决策。比如，他们购买的全是波音737飞机。购买同一种机型的飞机能带来如下利益。第一，飞机的配件储备是比较少的，只需要备一种波音737的齿轮就可以了。其他的航空公司，它们的飞机包括空中客车，可能还有波音747，或者麦道飞机，这样就会使整个零件库存增加，从而使整个运营成本增加，最终导致消费者所购买的机票价格增加，在市场竞争中丧失竞争力。第二，飞行员驾驶的是同一种飞机。第三，机械师维修的也是同一种飞机，这就降低了培训成本并提高了安全性。

此外，西南航空公司在作业流程上也采取了一系列举措。比如，乘客在购买机票的时候，西南航空公司会提供一种无票服务。所谓的无票服务就是乘客可以通过信用卡来预订自己的机票。乘客只需要把自己的信用卡号码报给西南航空公司的售票处，就可以得到机票的确认号码。这样在登机的时候，乘客就不需要拿普通机票，而只需要拿出自己的有效证件，在美国凭乘客的汽车驾照就可以登机，所以非常便捷。登机之后呢，顾客得到的服务也是非常简单。因为西南航空公司的顾客是那些从一个城市到另外一个城市旅行的商务人士，因此西南航空公司不供餐。可能大家都知道，西南航空公司所提供的就是一包花生米。1998年我曾乘坐过西南航空公司的班机。

西南航空公司把自己的定位定义得如此清楚，竟使得竞争对手在巨大的市场竞争的压力下，也模仿西南航空公司的做法，比如说美国的大陆航空公司。本来美国大陆航空公司是飞长线和国际航线的。在它模仿了西南航空公司这种廉价的、便捷的做法之后，它向消费者和市场所传达的信息就是错乱的。这就使美国的消费者不知道美国大陆航空公司是一家飞长途的公司，还是飞短途的公司，最终导致运营的失败，公司损失了1亿多美元，CEO也被董事会给解雇了。

主持人：是，据我们所知，西南航空公司机上的服务人员对待顾客就像对待家人一样，是不是？

那国毅：是的，西南航空公司的老板说，对待你的顾客要像对待你的祖母和对待你教堂里的邻居一样。这也是我们经常所说的换位思维，也就是说，我们从顾客的角度来想。

主持人：是，这就回到了在这次节目中所提到的这个重要的因素。其实说穿了,好像做企业也没那么难,关键是这些现代管理的基本要素都应该具备。刚刚我们请那教授谈了关于行为区别的基本概念和关键,那么一个聪明的商家在了解了行为区别的重要性之后,在实际操作的时候,应该如何具体去做呢,那教授。

那国毅:"行为区别"在实际操作上,可分为以下四大领域(见图 4-3)。

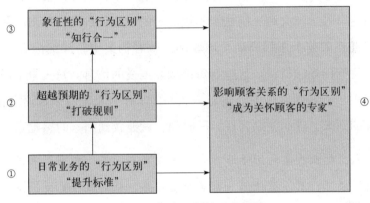

图 4-3　行为区别的四大领域

在具体操作上,所谓的日常业务的行为区别,就是在顾客服务上凸显出公司的卓尔不群。值得注意的是日常业务的行为区别,必须持续连贯,而且能给顾客留下深刻的印象。

比如美国《财富》500 强的第一名——沃尔玛公司,就是日常业务行为区别的成功典范。它不仅以物美价廉的商品吸引顾客,其成功之举还在于它请专门的人员在门口向顾客致谢,而且还帮助抱孩子的顾客把购物车里的商品装到后备厢里。它之所以成功,是因为全体员工的集体努力,从而赢得了顾客的心,而不是仅靠低价位来吸引顾客。

另外,在日常服务中,搜集顾客偏爱的信息,并且利用这些信息提供符合顾客需求的产品或服务,也是日常业务行为区别的一项重要内容。例如，韩国一家公司的副总裁在澳大利亚出差，他住进了美国著名的旅馆连锁店——丽兹卡尔顿酒店。他打电话给饭店的客房部要求将浴室内原来的润肤液换成他喜好的一种品牌，服务人员很快满足了他的需求。但故事并没有结束。三周后，这位韩国的副总裁又住进了美国新墨西哥州的丽兹卡尔顿酒店，他惊奇地发现，浴室的架子上已经放上了他喜欢的那种品牌的润肤液，一种回家的感觉油然而生。

凭借着信息技术和多一点点的用心，丽兹卡尔顿酒店使宾至如归不再是一种空洞的口号。澳大利亚丽兹卡尔顿酒店的一位负责人，道出了其公司成功的秘诀。在丽兹卡尔顿酒店全球联网的顾客档案中，详细记载了超过24万顾客的特殊偏好的材料。这里有每位顾客偏爱的信息。每天早上根据酒店的预订名单来查看顾客偏爱的信息，从而使工作人员能够采取必要的措施，迎接顾客的到来，进而使顾客在第一时间，就能找到回家的感觉。

主持人：那教授举的例子非常好，不仅是在北美，中国也有很多非常著名的五星级酒店，有没有任何一家酒店的服务，让那教授觉得值得一提呢？

那国毅：我恰好知道中国台湾地区有个亚都酒店，在服务方面做得非常有特色。亚都酒店的定位是为商务人士提供高质量的服务，因为这些人非常喜欢高品质的服务。在亚都酒店我们看不到常见的那种前台，为的是给顾客一种回家的感觉，他们把前台打掉，这样也就把服务的界限打破了。在亚都酒店，当顾客首次进到房间的时候，他们就会意外地发现，酒店送给他们一篮非常新鲜的水果。另外，酒店还特别用心地为每一位顾客印制了有顾客姓名的专用信签、信封和名片。名片上清楚地写出他们在台北亚都酒店的住址、电话和姓名。这样做的目的有两个：一方面，方便外国顾客在台湾地区从事这些商务活动；另一方面，如果外国顾客在台北迷路了，出租车司机很容易就能把他们拉回到他所下榻的酒店。所以他们为顾客考虑得非常周到。

另外一种特色服务就是，当顾客打电话给总机的时候，总机的服务员总是能通过来电显示看到客人所住的房间号码，而且能非常清楚地、亲切地讲出顾客的名字。虽然记住这些名字不是件易事，但是记住顾客的名字是能够做到的。这样的服务会给顾客带来一种非常舒服的感觉。企业应该做到上述日常业务的"行为区别"，并力求标准化，让每个接触点的每位顾客都获得并感受到特别待遇。企业要将这些行为持续系统化和标准化，否则就无法创造长期的企业优势。

主持人：是的，那教授刚提的这些酒店，它们创造了自己长期的企业优势，但是相信很快就会被其他行业模仿了。所以在日常业务的"行为区别"上，就必须要在往上一级做到超越预期的"行为区别"，请那教授再给我们举一些事例好吗？

那国毅：在服务界我们经常说这样一句话："不但要满足顾客的需求，而且要超出顾客的期待。"我想和他们分享一个本土案例。北京光华服务产业（中国）有限公司，是美国ServiceMaster在中国的特许经营商。在非典期间，这家公司为北京一家区医院提供了超值的服务。按照服务合同，这家公司只需为这家医院提供运送物品的服务。但是在非典期间，由于要求隔离病人，所以这家公司的经理和员工在整个医院人手不足的情况下，冒着被感染的危险，主动地为该医院提供运送病人的服务。这打破了服务合同所规定的服务范围，也就是提供了一种超值的服务。这给公司赢得了良好的声誉，也给医院留下了非常深刻的印象。非典期间，由于员工担心被感染，员工的流失率非常高，一些医院服务公司的员工流失率曾高达90%，但是这家公司的流失率却非常低。也正是基于这家公司员工的超值服务，院方正式通知他们，请他们提供更多类型的服务。

主持人：那教授，你刚才提的这个例子是当时的个案呢，还是已经普遍被建立起来了呢？

那国毅：这不是个案，在非典期间，这家公司还同时为北京另一家医院提供这样的服务，这家医院是政府指定的接受非典患者的医院。平时的保洁工作薪水只有每月五六百元。可是在非典期间，这家医院在以每月2500元的薪水都找不到保洁人员的情况下，又给这家公司打了电话。当时医院和这家公司没有服务合同，基于医院的实际困难，这家公司又派出了上百名员工为这家医院做了全面的保洁工作，使得医院能够按照政府所指定的要求，提供医疗服务。这种行为赢得了医院的高度评价，也改变了医护人员看不起后勤工作的态度，为公司后来开展业务奠定了坚实的基础。

从事服务业的企业必须为顾客提供超值的服务，这和传统的制造业有很大的不同。因为服务业的对象是人而不是物，人是有感情的，人有一种天然被尊重、被服务的需求，超值服务就是这样一种长期的投入。它能为企业带来超值的顾客关系，随之而来的就是超值的收入。超值服务是企业销售以外的销售。

主持人：那教授，企业做到超值服务之后，是不是在商场上就可以所向披靡呢？

那国毅：不，不是这样的。我们还有更高的境界，那就是第三层——象征性的"行为区别"，也就是我们常说的知行合一。我给大家举两个我亲身经历的例子。

1990年在美国留学的时候，我在马立奥特（Marriott）下属的一家餐厅工作。有一天，我工作的东方快餐的服务台下的下水道堵塞了，地上都是污水。当时因为我刚去，不知道如何来排除污水，餐厅经理麦克看到这个情况后，二话没说，把领带往肩上一搭，然后一条腿就跪在污水中，疏通下水道。我当时不能理解的是，他穿着一身笔挺的西装，竟然一条腿跪在污水中亲自疏通管道。几年前，当我看到吉姆·柯林斯在《基业长青》中谈到马立奥特的核心理念时，我才恍然大悟。"人员第一，善待他们，寄予高度期望，其余一切都会随之而来。"

主持人： 他身为经理，却做了员工该做的事。

那国毅： 对，然后他跟我说，下次你就知道该如何处理了，他没有任何抱怨，也没有任何批评，当时我觉得非常惊讶。马立奥特如此善待员工，让我终生难忘。

主持人： 他等于帮员工做了一次示范。

那国毅： 对，以后的事情就是由我来做。

主持人： 那教授，这个经历在你日后自己管理的时候，有没有产生什么影响？

那国毅： 有的，其实这就是德鲁克所倡导的，管理者要身体力行的组织价值观。第二个我亲身经历的例子，是关于抽水马桶的故事。1998年，在美国ServiceMaster管理学院学习的时候，我真正懂得了什么叫职业化和敬业精神。有一次，我在奥马哈共同基金的总部接受保洁培训，我和ServiceMaster保洁经理晚上一起检查卫生间的卫生。他拿了一把非常长的手电筒，在美国除了警察拿这种长手电筒外，我还没看到过其他人拿这种长手电筒。这位ServiceMaster保洁经理拿这个长手电筒的目的，是为了检查抽水马桶后面是不是有污垢，他除了用手电筒来查看外，还用手摸抽水马桶后面看不到的地方，检查有无污垢。他的拇指和食指来回地搓动，以感觉抽水马桶后面是否有污垢。他的一系列动作是那样的娴熟，他的神态是那样的专一，好像是在欣赏一件艺术品，而不是在看手指上有没有尿碱。

主持人： 那教授，听到这儿，我想问你一句话，如果是你，你也会这样做吗？

那国毅： 我当时不会，但现在会。知行合一不是一时一事，而是一种习惯。象征性的行为区别是一种难以言语的、超出语言表达的感觉。企业内部的实际做法与对外传导的信息必须是一致的。我刚才所讲的保洁经理的做法与ServiceMaster第三个目标"追求卓越"是一脉相承的。追求卓越不是一个空洞的口号,它是一种实践,是管理者与员工工作的标准。

主持人: 对,那教授你举的这些例子,或许听众朋友也可以问问自己,如果是你,你是不是也能做得到?不过做到刚刚讲的那几点之外,是不是就能做到影响顾客关系?这一点非常重要。影响顾客关系的行为区别怎样才能帮助企业成为关怀顾客的专家呢?那教授。

那国毅: 那只有员工真心实意地想帮助顾客才能够做到,行为区别是发自内心的,能设身处地地为顾客着想,也就是我们经常说的换位思维,更能够感受顾客在购买举措背后的真实需求和渴望,它不存在于公司政策和程序中。我想用一个我亲身经历的例子来说明这个问题。

那是1992年,当时我在美国一家高级餐馆做服务生,我遇到了这样一件事情。一个星期五的下午,一对夫妇带着一个一岁左右的孩子来这家餐馆吃饭,正好我为他们服务,他们坐在吸烟区里。这对夫妇要了两杯鸡尾酒和一些开胃菜,没有点正餐。看得出来,他们到这里的目的,主要是放松一下,营造一种浪漫的氛围。可是我注意到这个孩子一进餐馆就开始哭哭啼啼,这对夫妇点的酒还没喝两口,这个孩子就哭闹不停,很煞风景。于是我就走过去对他们说,如果你们不介意的话,我可以为你们抱孩子。他们当然愿意了,我就抱着这个孩子在大鱼缸前玩。这个孩子还挺乖,看见鱼就不哭了。过了一会儿,我把这个孩子还给这对夫妇,他们的酒也喝得差不多了,我就去忙别的了。过了一会儿,孩子的爸爸找到我,他紧紧握住我的手说:"非常感谢你!"我感觉他的手中好像有什么东西,原来他给了我20美元的小费。

主持人: 当时你平时拿的小费有多少钱呢?

那国毅：大家都知道，在美国小费一般是按餐费的 10% 或 15% 来付的。那天他们俩的餐费是 23 美元，按常规我得到 3 美元的小费应当是正常的，结果他们给了我 20 美元的小费，就因为我给顾客创造了价值。我感觉这对夫妇来这家餐馆，并不是来解决温饱问题的，而是想寻找一种氛围，或者体验一种感觉，做到这一点是要用心来体验的。

主持人：你拿到小费的时候，相信你是喜出望外的，对不对？其实那对夫妇在得到你的服务的时候，他们肯定也是喜出望外的。没有想到那教授，你在当服务生的时候，就已经是一位关怀顾客的专家了。还有没有其他的例子？

那国毅：还有一个例子就是，我在这家餐馆做服务生的时候，我也是美国好莱坞电影明星安·米勒指定的服务生。

主持人：她是非常著名的歌舞片的明星。

那国毅：对，你很了解她，是这样的。每次安·米勒来这家餐馆吃饭的时候呢，她都提前打电话要我为她布置好餐桌。好莱坞明星的社交活动很多，举办晚宴就是他们喜欢的待友之道。安·米勒每次来都点很多酒水，红酒和各种鸡尾酒。中国人在美国能听懂鸡尾酒名就是一件不容易的事情，如果能调制出让客人满意的酒，那就更不容易了。我认为，为客人介绍各种酒水和调制鸡尾酒，它不但是一门技术，更是一门艺术。高品质的服务是要用心来做的。安·米勒对于服务的要求非常高，我不停地给她和她的客人更换各种盘子和餐具，添加酒水，不一会儿我的衬衫后面就湿透了。她看到我穿梭于她的餐桌、吧台和后厨之间，似乎很开心。再加上我能用美式英语和她交流，她对我的服务非常满意。结账时，她把信用卡给我，账单上小费一栏的数目由我自己来填，她这是让我进行自我评价，为她服务使我学会了绩效评估，也使我深刻地理解了为什么"服务"一词在拉丁文的意思是像牛一样地工作。

主持人： 你当时就跟牛一样地做，得到一个正面的表扬，拿到非常可观的小费。那教授，我想请教一点，我从一项消费者的研究调查中发现，96%不满意的顾客，他们都不会直接向人家投诉，但是他们至少会跟其他11个人转达他们对某一家企业或者商品的不满意，这是真的吗？

那国毅： 是这样的。你也许看到过这样的数据，一个副总裁接到的每一个批评，都代表着500个不满意的顾客。所以，赢得顾客的心是份艰苦的工作。如果我们能够按照行为区别的四个方面努力实践的话，最终我们还是能够赢得顾客的心的。

主持人： 刚刚谈到如何创造行为区别。行为区别有三个要素，分别是领导力、企业文化和作业流程。我们进一步请那教授为大家说明。

那国毅： 我们把这三要素称为"行为区别的三角形"。要特别注意的是，在这个行为区别的三角形当中，顾客是中心，领导力、企业文化和作业流程这一切的设计和实践都要以顾客为中心。也就是说，当这个三角形发挥作用的时候，我们的企业就创造并维护了行为区别，也就是创造和保留了顾客。影响顾客关系的人际行为区别可被看作日常业务行为区别的自然延伸。日常业务行为区别是系统化的产物，是企业策略、流程和标准作业程序带来的结果。当企业积极应用这些策略，而且顾客的性格和特质也容纳了这些策略时，人际行为区别就会自然产生。人际行为区别与日常业务行为区别其实是相辅相成的两种行为。

主持人： 是的，那教授，能不能请你举一个某家企业的实际的例子，说明这家企业在生产销售的实际过程中运用了这三个要素，真正达到了维持而且创造行为区别的目的。

那国毅： 好的，我想讲一下全聚德是如何运用领导力、企业文化和作业流程这三要素的。大家都知道中华著名的老字号全聚德始建于1864年，

140多年来，全聚德历经了许多历史的变迁，许多老字号就此沉寂下去。比如像"王麻子"这样的拥有300多年历史的老字号，由于经营不善而倒闭，而全聚德集团却发展成为全国最大的中式中餐跨国连锁经营的餐饮集团企业。2000年全聚德的营业额达到了6.12亿元。在这里，领导力、企业文化和作业流程，包括技术创新和管理创新，这三要素起了非常关键的作用。全聚德确立了"全而无缺，聚而不散，仁德至上"的企业文化，充分发挥全聚德老字号的品牌优势，他们提出了正餐精品战略。

主持人： 他们在实际的作业流程当中怎样去落实这样的战略呢？

那国毅： 在作业流程方面，全聚德制定并实施了各项管理标准和服务规范，实行了严格的检查和监督制度，包括建立了《全聚德特许经营管理手册》。该手册明确规定了全聚德特许经营企业必须达到的质量标准、服务规范、企业标识、建筑装饰风格、餐具用具、员工着装等。

主持人： 是这样。

那国毅： 全聚德不但在管理方面进行了创新，而且在技术方面也实行了一些创新。挂炉烤鸭技术是一项精雕细刻的传统餐饮技术，为满足日益增长的市场需求，全聚德对鸭坯实行工业化生产，2000年又引进国外先进技术，研制出了新型环保电烤炉。这种烤炉只要一按电钮就可完成烤鸭全过程，而且烤鸭质量完全符合全聚德的质量标准，为实现中餐标准化奠定了基础。

主持人： 改善了作业流程以及进行了技术创新以后，服务营销方面怎么做呢？

那国毅： 他们在服务中推广了"三转服务"，也就是服务员围绕着顾客转，厨师围绕着服务人员转，后勤围绕着一线转，整体思维是所有的工序、工作和人员都围绕着顾客转。这就是我们刚才所讲的行为区别的三角形的中心，顾客是我们的中心所在。在全聚德顾客至上的经营理念的引领下，前门全聚德店营业收入突破亿元大关，创造了"一把椅子10万元"的经济效益，彻底赢得了顾客的心。

主持人： 好，今天我们聊到了作业流程标准化、技术创新以及提升服务水平，这些都可以正面地提高顾客的服务美誉度，但是那教授，很多人讲企业的真正灵魂是在老板，是在领导本身，能不能进一步给我们谈一谈领导的魅力、领导的类型？

那国毅： 其实领导在一家企业中的作用是非常重要的，企业文化的一部分构成是企业领导人价值取向的构成。关于领导的定义，有的人说领导是事关如何做人，而管理是事关如何做事，据我所知很多企业都有自己的内刊。企业通过内刊和其他载体来传达企业的文化、企业的价值取向。但是更重要的是，员工、顾客不是看领导如何说，而是看他如何做。中国的古语也表达了类似的思想，比如，"以铜为镜，可正衣冠，以人为镜，可正言行"。所以领导的一举一动都会影响员工的行为。在我过去服务过的公司，我的老板就率先垂范。比如，每一次在用过会议室之后，他都会将自己的纸杯拿走，将自己的椅子放回原位。换言之，这个会议室在使用之前和使用之后是没有区别的。我们也学着老板那样做。我原来在服务业工作，我的美国老板有一种职业习惯，就是看到地上有纸，或者有空的可乐罐就会随手捡起来。几年前，我做培训总监的时候，我跟我的美国老板到广东、上海等地去检查我们所服务的医院。当我看到医院地上有一些手纸，我也很自然地捡起来。说实话，捡手纸的感觉跟拿香水的感觉是不一样的。但是因为我的老板那样做了，我不得不做，时间长了就形成了一种职业习惯。我的经历告诉我，一家企业的领导所做的要比他所说的更为重要。

主持人： 那教授，你刚才提的这个领导，他的风格有点类似于仆人式的领导，对不对？但也会有人从另外一个角度去解读，说那人怎么像当老板，当老板还要这么辛苦吗？那员工在做什么呢？是不是？

那国毅： 你触及了一个非常重要的问题，那就是关于我们对老板的定义，或者对于领导的定义。一般人提到老板或领导，都会把他们想象成高高在上的，有大的办公室、好的车子，有张三、李四前呼后拥的这种形象，其实真正的领导应当是提供服务的，而不应当是享受许多人为他服务，这是关于领导这个基本概念的认知。如果我们把领导和管理者看作一种高高在上的权力，那么很自然我们身为领导时在行为当中就会去指使别人，让别人来为我们服务。我所知道的领导的概念不是这样的。领导是为下属排除工作中的障碍，为顾客、为员工提供支持和服务的。简言之，提供服务的过程就是领导的过程，这是领导的本质所在。

主持人： 具有这样风格的领导在咱们国内多不多见，有人说中国的领导风格很简单，两件事情就可以树立起领导的典范：一是施恩，二是立威。

那国毅： 施恩，立威？好像你所讲的就是胡萝卜加大棒，是这样的吗？

主持人： 是的。

那国毅： 其实不是，德鲁克认为，所有的企业都应该采用目标管理和自我控制的方法。立威，或者你说的施恩，这种作用是短暂的。一个员工能够提供给顾客高质量的服务，在于他首先认可他所做的事情是有价值的，员工的价值实现要与企业目标的达成有机地融合在一起。这种发自于内心的，对于企业的认可是最长久、最重要的。所以，在我看来，企业文化、企业价值观是一家企业最为重要的。而短期的激励，比如说员工做好了，给他奖金，或者从主管提升到经理，这些也会有用，但不能持久。

主持人： 领导真的是一门很高深的学问，是一门管理的学问。假如一家企业规模非常大，老板或者领导者根本没法看到每一位员工，那么通过什么样的方式才能够实际上让员工自动自发地善尽自己的职责呢？

那国毅： 这就是说，领导者如何去领导一个庞大的组织。我想最有效的方式就是授权给员工，我们刚才谈到行为区别的三角形，顾客在中间，我们有企业文化、有领导力、有作业流程。我们首先从作业的流程来讲，我们鼓励员工提供给顾客高质量的服务，但是每一件事情，员工又不能做主。比如，要给顾客退换一个价值5元的产品，要通过三级的请示，要经过48小时的等待。如果是这样的话，给顾客提供高质量的服务就是一句空话。实务上比较好的做法就是赋予一线员工一定的自主权。以丽兹卡尔顿酒店为例，一线员工可以有2000美元的自主权。首先企业领导相信员工的判断力，当顾客对服务不满意的时候，员工在不请示任何人的情况下，可以有2000美元的自主权来补偿顾客的服务。也就是说，花多少钱，以及给顾客什么样的补偿，一线员工说了算。这在作业流程上，在企业的文化上，都是一脉相承的。真正赋予员工自我判断的责任，否则我们一方面说给顾客提供高质量的服务，但另一方面又不授权给所有员工，导致他们束手束脚，那么我不会见到这样高质量服务的结果。

主持人：那教授，我比较好奇的是你平常经常旅行，国内国外都一样，你在咱们国内这几年所看到各行各业的服务当中，有没有哪些行业的服务让你觉得在提高质量服务上，真的有很大的改善空间？

那国毅：这个问题非常有意思。因为我是一个管理学教授，会经常到外地去讲课，也会经常看到宾馆大门的礼仪小姐。有一次，我在外地一家宾馆看到两位礼仪小姐，当你出门的时候，她们会为你开门，当你回宾馆的时候，她们会对你微笑点头，但我觉得这对客人没什么价值。有一次我要去讲课，外面下小雨，当时我真正需要的是一把雨伞，好从酒店出去。当我问前台有没有雨伞时，她们告诉我没有。看着宾馆大门那两位非常漂亮的小姐向我微笑，给我开门，当时我觉得非常尴尬，一方面雇用这两位小姐的成本也是非常高的，但另一方面我只需要一把廉价的雨伞，以免把我的西服淋湿。

类似的事情很多，最近刚刚过去的十一长假，我和家人从北京到南方去旅行，我们准备从北京飞到南京，然后从南京乘火车去上海。可是南京到上海的车票我在北京是买不到的，只好打电话求助于我预订的南京一家宾馆。当时，这家宾馆的一位工作人员非常好，他答应帮我买从南京到上海的车票。我办事是一个闭环的，希望任何事情都有结果，三天之后，我再打电话给这位先生的时候，恰巧他没有当班，是一位女士接的，她说宾馆不提前为客人买车票，只有我们到了南京后再买。两天后，我又打电话，找到那位先生，他还是这样答应我说，"我可以帮您买从南京到上海的车票，而且不需要提前付现金。"为什么同一家宾馆员工的服务是不一样的？这位先生为我提供了超值的服务，超出了我的期待。他的职责范围也许没有规定他要给客人代买车票，后来我知道他是用自己的钱帮我买的票。为了感谢他的帮助，我送给他一本服务方面的书，希望他将来能够有所成就。其实顾客是非常容易被感动的，如果你能为他做出一点点事情，能够满足他的需求，顾客就能重复购买你的产品和服务。

总之，在服务方面我们的企业有许多可以改善的空间。

主持人：如果这些企业不改善它们的服务，将来会面临什么样的危机呢？

那国毅：刚才我们所谈的是一家企业的目的就是创造和保留顾客。如果企业不改善服务，顾客只能用脚来投票。从市场营销学的角度来讲，我可以把不满意的服务告诉其他 11 个人，这就意味着至少这 11 个人不会成为其顾客。不要小看一个顾客给企业所带来的价值，有研究表明，一个忠实的比萨饼顾客的终身价值是 4000 美元。这是怎么计算出来的呢？一个比萨饼是 8 美元，一个顾客平均每年购买 50 个比萨饼，连续 10 年购买。比萨店的老板把这个数字向他所有员工进行宣讲，所以你面对的并不是每次只购买 8 美元比萨饼的顾客，而是一个具有终身价值 4000 美元的顾客。

主持人：那么如何保留和维持住顾客，在这方面有没有什么好的办法？

那国毅： 正如刚才我们所说的，企业的目的一方面是创造顾客，另外一方面是要保留现有的顾客。有研究表明，开发一个新顾客的成本是保留一个老顾客成本的5倍，以美国一家信用卡公司的实际例子来讲，顾客的保留度每增加5个百分点，就会为这家信用卡公司创造75%的利润。保留现有顾客所投入的成本是非常少的，获得的收益却是非常大的。

如果顾客不再使用你公司发行的信用卡，最简单的方法就是拿起电话问顾客为什么不再用了。其结果表明，通过这样的电话沟通，保留顾客的水平至少和原来一样，甚至超过，因为顾客得到的信息是你还想着我，我仍然在你的心中。如刚才所讲，其实顾客是非常容易被感动的，当你把他放在心中，当你能叫出他的名字，当顾客生日的时候能收到你的祝福短信，或者圣诞节前的一张贺卡，你就会发现保留现有的顾客非常容易。

主持人： 那教授提到的开发新顾客和保留老顾客，就犹如与人建立新的关系和修补关系。建立新的关系似乎还比较轻松，修补关系可是要花非常多的力气。

那国毅： 是这样的。

主持人： 通过今天的学习，现在我更加确信行为区别是竞争策略的最后阵线，这是唯一能够使企业达到并维持极大优势的领域，创造以及维持行为区别的秘诀到底是什么呢？那就是自始至终管理好顾客的经验，思索顾客在每一个接触点的体验，设计出超越顾客与竞争对手之间的互动经验，这是我的心得。那教授你呢？

那国毅： 我想说，以顾客为中心、以服务为动力、以服务质量为重点的企业，出发点和落脚点都必须放在满足顾客的需求和向顾客提供超值的服务上，通过制定正确的服务策略和合理的制度，把目标变成现实。让全体员工把你的经营理念落实到每一次服务顾客的行动之中。我们应当牢记彼得·德鲁克的名言："企业的目的是创造顾客。"如果企业文化、领导力和作业流程不能专注于满足顾客的需求和期望,企业将无法生存和发展。我的建议是不要坐而谈,而要起而行,现在就着手去做,正如德鲁克所言:"管理不在于知,而在于行。"

主持人: 起而行,创造顾客,讲得好。很高兴今天与大家分享了如何赢得顾客心的全球商业经典。谢谢那教授的光临。

什么是职业经理人

我在中央教育电视台做节目时,主持人提出的第一个问题就是:"什么是职业经理人?"我的回答是:"以管理为职业的人。"

在讨论"什么是职业经理人"这个问题之前,我们有必要了解世界上第一个职业领域:医学。世界上第一所综合大学创建时,可授予博士学位的专业有三个,医学是其中之一。另外两个专业是法学和神学。不论作为一种职业,还是作为一门学问,医学的历史可能比法学和神学都要长。公元前5世纪,科斯岛上就有了希波克拉底医科学校,从此诞生了西方医学。希波克拉底被称为"西方医学之父"。

爱琴海的科斯岛上有一颗巨大的法国梧桐树。传说,在公元前5世纪末,希腊立志从医的年轻人都要在梧桐树下宣誓,那段誓词就是希波克拉底的誓言。

希波克拉底的誓言,向世人公示了四条戒律:

- 对知识传授者心存感激;
- 为服务对象(病人)谋利益;
- 绝不利用职业便利做有违道德乃至违法的事情;
- 严格保守秘密,即尊重个人隐私、谨守商业秘密。

这段誓言起初是希波克拉底的个人道德自律准则，随着希波克拉底影响的扩大，这段誓词逐渐成为全世界医生们共同遵循的职业道德准则。

希波克拉底以他杰出的才智与能力赢得了无可匹敌的声誉，他终生致力于让医生为病人服务。用他的话说，"医生的岗位就在病人的床边"。这使我想起白求恩大夫1939年10月在河北涞源县那个小庙里为八路军伤员做手术的经典照片。由此看来，白求恩无疑是希波克拉底誓言的忠实践行者。

斗转星移，到了20世纪20年代，世界上出现了第一个职业经理人——美国通用汽车公司总裁阿尔弗雷德·斯隆，在此之前是"老板""资本家"时代。斯隆把通用汽车公司改造成第一家由专业人士管理的大企业。斯隆把他如何管理这家世界最大的工业集团的心路历程都写进了《我在通用汽车的岁月》，斯隆的贡献在于他创建了职业经理人这个职业。

阿尔弗雷德·斯隆是职业经理人的楷模。斯隆认为专业人士，不应该透露自己的兴趣、信念和私人生活，因为这些与工作无关。正如一个技艺高超的外科医生没有必要向他的患者透露他喜欢钓鱼。医生的首要目标就是治好有病的人。同理，职业经理人的首要目标就是要为自己所服务的企业创造价值。

为了保证职业经理人履行职责，有两个问题是要经常问的。第一，"什么事情是必须做的？"职业经理人的价值，并非体现在其智商高低，而是体现在他们能否提出正确的问题。"什么事情是必须做的"就是正确的问题。只有在提出这个关键问题后，职业经理人才能确定哪些属于优先要务。对于CEO而言，第一要务是重新定义公司的使命，以回应外部环境的变化。杰克·韦尔奇每隔5年就会自问："现在，什么事情是必须做的？"每一次，这个问题都能帮他成功确定优先要务。

对"什么事情是必须做的"和如何确定优先要务，我也有着切身的体会。2000年，我在美国彼得·德鲁克管理研究生院学习。在结业论文中，我列举了七八项回国后要做的工作。虽然德鲁克给我的论文评的是优，但是他给我论文的批语是:"你要做的工作太多了,太多了,你的优先要务是什么?"他的问题真是令我醍醐灌顶。我顿悟,研发标准化课程是我工作的当务之急。因此我首先将德鲁克管理课程的录像研制成标准的课程,然后把课程推向市场,这些课程得到了客户的高度认可。

职业经理人要问的第二个问题是:"什么事情是符合企业利益的?"为什么把企业的利益作为判断的标准?管理是一种职业,像其他职业人士,如医生或律师一样,职业经理人也有"客户",即企业,对客户负责任是"职业化"的特征。

当主持人问:"具体到一个人的性格来说,什么样的人适合做职业经理人?"我的回答是:"敢于决策、愿意承担责任并对企业负责的人可以成为职业经理人。"决策是一种判断,职业经理人的工作本质就是将企业有限的资源投入到不确定的未来之中,在市场竞争中实现资源的有效配置,从而实现各种利益相关者的价值:股东的投资回报、员工的成长、客户的满足感、社会的进步。

性格不是考量一个人是否可以成为职业经理人的标准。德鲁克早年在给通用汽车公司做咨询时,有一天,他对当时通用汽车公司的总裁斯隆说,他发现雪佛兰事业部的总经理和凯迪拉克事业部的总经理完全不一样。斯隆问:"有什么不一样?"德鲁克说:"一个很内敛,一个很张扬。"斯隆说:"你错了,他们俩高度的一致,都是高绩效者。"从这个故事中,我们可以看到年轻的德鲁克把人的性格作为评价职业经理人的标准,而斯隆以绩效作为评价职业经理人的标准。以绩效作为评价职业经理人的标准,是德鲁克从斯隆那里学到的第一课。但绩效不是底线,还要诚信正直。德鲁克从斯隆的管理实践中认识到:"职业经理人就是仆人。职位并不能给予你特权和权力,它赋予你的是责任。"

在希波克拉底、斯隆、德鲁克智慧的启迪下,我认为,职业经理人应该是为社会创造财富、为客户创造价值的人。

我是如何走上德鲁克之路的

从 1998 年我开始接触德鲁克的管理思想到 2008 年，整整 10 年，其间，一些人和事对我影响颇深。

一生中关键的选择

1998 年 2 月，我离开国企来到了光华集团（简称光华）。1998 年 2 月 5 日，在北京长安大厦 3 楼的会议室，我第一次参加光华的管理层会议。那时，邵明路董事长刚参观完美国 ServiceMaster 总部，他向光华的管理层介绍他的美国之行和光华未来要做的新业务。在会议室的白板上，邵先生写下了"向 ServiceMaster 学习"，也就是在那次会议上，邵先生向与会人员推荐阅读德鲁克的《管理的实践》。这是我第一次听到德鲁克这个名字，没想到我的后半生和这个陌生的名字连在了一起。这是我第一次参加光华的管理层会议，原以为企业家只谈做生意，怎样赚钱，可邵先生在管理层的会议上大谈学习，而且还是向西方学习——学习西方的商业模式和管理思想。对于酷爱学习的我，能有机会为一个喜欢学习的老板做事，使我感到欣喜和兴奋。

改变我后半生的一句话

为了开展北京光华管理研修中心的业务，2000 年 5 月 12 日，我从光华服务产业（中国）有限公司调到北京光华管理研修中心。同年 9 月，邵先生决定派我到美国彼得·德鲁克管理研究生院学习。我当时只把此行看作另一次学习而已，因为 1990～1993 年我曾自费在美国读书，1998 年光华服务产业（中国）有限公司也曾委派我到美国 ServiceMaster 管理学院学习。

2000年9月的一天，我应邀来到邵先生在洛杉矶的办公室。邵先生在他的办公室和我讲了一句话："我希望你成为中国的德鲁克专家。"这样的期许使我重新调整了在美国学习的节奏，在美国的一个学期，我阅读了60多本书，可以找到的德鲁克的书和关于德鲁克的书我基本上都通读了一遍。出国前体检时，我两只眼睛的视力都是1.5，从美国回来后，我的一只眼睛的视力是1.2，另一只是1.3。这0.5的视力便留在了德鲁克书中的字里行间。实践证明，期许是对知识员工最有效的激励。每次我给学生讲课，在讲到激励理论和方法时，我都会和大家一起分享我的切身体会。

对我影响最大的一本书

在我读过的德鲁克的所有著作中，对我影响最大的一本书是《德鲁克看中国与日本》。该书中谈到的德鲁克的七项经历，给我留下了深刻的印象。尤其是德鲁克的父亲与熊彼特的那段对话（见附录"德鲁克的七项经历"），让我感到震撼，犹如古人所说的醍醐灌顶，使我顿悟管理和人生的真谛。2000年9月20日洛杉矶时间凌晨3点，我在德鲁克的书上写下了我的座右铭："管理的终极之善是改变他人的生活。"

初战告捷

2001年2月16日，北京光华管理研修中心在深圳推出第一次德鲁克面授课程，客户是深圳一家金融机构。当时，北京光华管理研修中心设有三个项目组：Babson创业项目、哈佛网课项目、德鲁克面授课程项目。我负责德鲁克面授课程项目。德鲁克项目组在一个半月内就把"经理人与组织"课程成功地推向了市场，这是许多人努力的结果。这涉及大量的内部和外部工作：内部工作，包括经理人与组织课件的研发，甄选和翻译德鲁克撰写的案例，以及完成课程的配音工作；外部工作，包括寻找目标客户和向客户介绍课程，以及做课前深度访谈。

这次课程由邵先生和我一起主讲。讲课的第一天，我们遇到了很大的挑战。刚一上课，课堂的气氛就不太友好，客户方的最高领导手拿着课程评估表，对所有的学员讲："今天给你们讲课这个光华不是北大的光华管理学院，这个光华是一家私人教育机构，但这个课很贵，你们在课后要认真填写这份课程评估表，不要问为什么。"面对这种紧张的气氛，邵先生讲道："北京光华管理研修中心是一家非营利机构。我们所有的学费收入不用于投资者的回报，而是用于聘请更好的老师和研发更多的课程。"通过大家的共同努力，我们成功地完成了为这家金融机构所做的经理人与组织的内训。客户对课程的评估结果为 8.45 分（满分为 10 分）。2 月 17 日晚上，邵先生对我们说："记住今天这个日子。"这是德鲁克首次面授课程在市场上取得成功的日子。

老板的身体力行

记得 2000 年，我和邵先生在彼得·德鲁克管理研究生院一起学习时，有两件事使我终生难忘。一件是邵先生刻苦读书的事。我们使用的教材都是德鲁克原版的管理著作，我发现在邵先生书上的空白处，有许多手写的中英文。课前，他做了大量的功课，把陌生的英文单词都注上相应的中文。他所投入的心力和时间由此可见一斑。我们上的"管理 343 课程：德鲁克论管理"有一个案例分析，我和邵先生负责分析"香港利丰行供应链管理"案例，这是 1998 年《哈佛商业评论》上的一个案例。邵先生在阅读理解和分析这个案例上花费了大量的时间，我们的分析报告修改了多次，直到要在课堂上汇报的前一天深夜，邵先生还给我打电话，讲他的修改建议。功夫不负有心人，我们所做的"香港利丰行供应链管理"案例分析已成为彼得·德鲁克管理研究生院的经典案例分析。我的老师约瑟夫·马恰列洛教授在给我的亲笔信中写道:"你和邵先生是本课程的真正资产。"

另一件事,是邵先生在彼得·德鲁克管理研究生院清理卫生间的事情。德鲁克给我们上课都是在周末,学院周末没有保洁人员。有一次,我去卫生间,发现邵先生正在把学生(他们都是美国的管理者)扔在地上的擦手纸拾起来放在垃圾桶里。说实话,这一点我都做不到。我能做到的是,洗完手,把擦手纸扔到垃圾桶里,如果不小心把纸扔在地上,我会再拾起来。

无独有偶,几年前,我在光华见到了一家外资企业管理学院院长,她说:"你们老板和别的老板不太一样。"我问她,有什么不一样?她说,有一次,她到公司拜访邵先生,她在光华长安大厦的一楼大厅里等邵先生。邵先生走进大厅时,发现地上有一个易拉罐,便随手拾了起来扔到垃圾箱里。这件事给这位外企的高管留下了非常深刻的印象,她难以理解,一个成功的企业家,竟然如此谦卑。

邵先生无论是在继续学习方面,还是在谦虚谨慎方面,都是我一生的榜样。我很幸运,在我职业发展的过程中和人生的旅途中能遇到这样一位身体力行的老板。记得2007年5月18日,我在南京商学院讲授德鲁克管理思想,晚上当地的一位领导请我吃饭。他和我说:"那老师,听完你讲授德鲁克的管理思想,我认为,一个管理者应当是一个高尚的人、一个纯粹的人。""一个脱离了低级趣味的人。"我补充道。

德鲁克一生都在告诫我们:"CEO要通过身体力行去树立组织的价值观和标准。因为,太多的CEO认为组织的价值观和标准是靠讲话讲出来的。而组织的价值观和标准是要靠CEO身体力行做出来的。"

生命的意义

2000年12月9日,在彼得·德鲁克管理研究生院,我和邵明路董事长一起听完德鲁克给我们讲的最后一课,我告诉德鲁克先生我考完试就要回国了。老人家紧紧抓住我的手对我说："Na, Keep in touch. Keep in touch."（保持联系，保持联系。）在与德鲁克先生分别的五年里，我只给他写过一封信。那是2003年的11月26日，我给德鲁克写了一封信，信中我写道："我已经离开您三年了，您一定想知道在这三年里我在中国都做了哪些工作吧。几年来，我在中国的许多地方为数以千计的管理者和企业家讲授您的管理思想。他们中的许多人已经把您的管理思想运用到了实践中，并在不同程度上取得了一些成效。我将把我的余生都投入到在全球传播您的管理思想的事业之中。您改变了我的人生。"

2004年1月4日，我竟收到了德鲁克的亲笔回信。

> January 4, 2004
>
> Dear Dr. Guoyi:
>   my warmest thanks for your generous letter and my warmest wishes to you on your MOST IMPORTANT TASK, and on the year of the Monkey
>
>   Peter F. Drucker
>
> Na Guoyi DBA
> Beijing
>
> **亲爱的国毅：**
>   衷心地感谢你热情洋溢的来信，对你所从事的最重要的事业致以最良好的祝愿，并祝你猴年万事如意！
>
>   彼得·德鲁克

2005年11月12日是一年一度的彼得·德鲁克管理研究生院的"校友日"。和往年一样，早在一个月前我就收到了参加该活动的邀请。亲自回母校参加这样的活动是不太现实的，我本想在"校友日"那天给德鲁克先生写封信或发一个电子邮件祝贺他老人家96岁的生日，可是这却成了永远的遗憾。

感谢邵先生2000年把我送到克莱蒙特，让我能有幸聆听德鲁克的教诲。2000年的美国之行改变了我的整个生活，更重要的是让我找到了生命的意义。丹麦的哲学家克尔凯郭尔说过："Life itself is meaningless, unless you have a faith."（生命本身毫无意义，除非你有了信仰。）这个信仰对我而言就是德鲁克。只有找到了生命的意义，人们才能从容地面对生活，从容地面对死亡。因为生命有了意义，才赋予人为何而死的理由。也只有你找到了生命的意义，你就无需这世界的掌声，你就自由了。

管理的终极之善是改变他人的生活

2003年12月7日，中央人民广播电台经济之声"名人堂"节目介绍了那国毅作为德鲁克管理思想专家的成长经历，以下就是这次节目的内容。

主持人：朋友们大家好，欢迎关注我们今天的财经名人堂，我是石潋。今天我们请来的嘉宾是那国毅博士。

和那教授相识是源于朋友的介绍，朋友介绍说那教授是一个严谨而认真的人。他把在全球范围内传播彼得·德鲁克的管理学思想当成自己毕生的奋斗目标，执着而坚韧。在和那国毅教授的交往过程中，我真正体会到了什么叫作对工作认真和充满热情。他匆匆的脚步和坚毅的目光让我久久难忘。

那先生，我觉得如果说一个人有一个信仰，这个信仰能够让他一辈子去追求、去奋斗的话，其实是一件很幸福的事儿，我知道你已经找到了这样一个信仰，你的这个信仰是什么？你为什么要为之而奋斗终生呢？

那国毅：我的座右铭是，管理的终极之善是改变他人的生活。2000年，我受北京光华管理研修中心的委托到美国彼得·德鲁克管理学院去学习高级的管理课程，师从现代管理学之父彼得·德鲁克。当时我的专业背景不是管理相关的，我大学本科学的是英语专业。而后，在20世纪90年代初，我到美国留学学的也是英语，但是后来由于工作需要，我就改学管理。所以，2000年在美国学习的一个学期当中，我所付出的时间和努力比常人多是一件很自然的事情。在四个月的学习中，我差不多读了60多本书。有一天晚上，我读到了德鲁克跟日本一位企业家中内功的一段对话，它使我找到了我自己的人生意义。大家可能知道，丹麦有一位著名的哲学家叫克尔凯郭尔，他曾经讲过这样一句话："生命本身是没有意义的，除非你有了信仰。"而这个信仰对于我来讲，就是在全球范围内传播和实践彼得·德鲁克的管理思想。彼得·德鲁克的管理思想可能跟其他大师的思想是不太一样的。当谈到管理的时候，我们通常都会想到管理者的权力、职务、高薪。我经常在外面讲课，有时候我的学生问我，那老师你能不能用最简短的话总结彼得·德鲁克管理思想的精髓所在？这是非常大的挑战，后来经过几年的研读和实践，我终于找到了这个问题的答案。如果我们想了解彼得·德鲁克管理思想的精髓，那么只有两个字，就是"责任"。

主持人： 我是不是可以理解为，你把这种责任担在自己的肩上，把传播德鲁克的管理思想的使命视为一种责任。而作为管理者来说，我想他本身所享有的，他首先可能会想到的是权力，但是好像在彼得·德鲁克的很多著作里面，他没有谈到权力的问题，所有的从始至终都是两个字——"责任"。

那国毅： 是的。三年前，我应《IT经理世界》杂志的邀请，开始撰写《解读德鲁克》专栏。我当时在查文献的时候，就看到一本彼得·德鲁克1973年出版的、被业界称为"管理学圣经"的《管理：使命、责任、实践》。当时因为英文原版书有一个索引，所以我在查"责任"这个词的时候，发现"责任"在他这本书中出现了差不多36次。彼得·德鲁克在他的整个管理学当中，把责任看得非常之重。他谈员工的责任，谈管理人员的责任,谈管理对于社会的责任。

主持人: 你的这个终身的奋斗目标是传播德鲁克的管理思想,那么传播德鲁克的管理思想所要获得的成效到底是什么呢?

那国毅: 获得的成效?你这个问题非常好,其实对于管理者而言,成效就是刚才所讲的要改变他人的生活。那么这个成效对于一个员工来讲,当他进入一家 ABC 公司,经过两年或者三年的工作,他自身的价值、自身的技能都应该有相应的提高。对于客户,我们提供更加令他们满意的产品和服务;对于社会,我们应当创造财富,承担起一家企业应尽的责任。其实企业的运作是非常现实的,而且是全方位的。因此,彼得·德鲁克没有把利润作为企业的目的,他认为利润是结果,企业的目的应该是创造客户和满足客户的需求。这是彼得·德鲁克的管理思想与其他一些所谓流行的管理学所不同的一点。

主持人: 我们谈了这么多企业管理的理念,其实我想知道到底是彼得·德鲁克的什么理念吸引你要把自己的后半生都奉献给他?

那国毅: 首先,21 世纪的现代社会是一个组织的社会,或者说是企业的社会,我们今天使用的产品和服务都是由这些大企业提供的。那么,这些大企业是否能够健康、安全地运作对于国家、国计民生是非常重要的。这些大企业无一例外都是由企业的高层管理者、中层管理者和普通员工来运营的,所以他们的价值取向就决定了这个企业的最终结果。说到底,企业是有关人的价值取向在日常运作中的一种再现,因此,人们是否愿意表现出诚实与正直,这种价值取向就变得尤为重要。

可是以前由于在管理方面我们更多地强调利润,使得每一届新任的 CEO 都在追逐利润的压力下,偏离了轨道。我们看到有许多大公司的 CEO 做了很多年,最后由于股东的压力、由于一味地追求利润最大化,使得他们触犯了法律,付出了非常惨重的代价。在研究美国的企业界以及中国的企业界的过程中，我发现对于企业领导者的这种影响是非常重要的。正因为如此，所以我希望在这个比较大的范围内能够让彼得·德鲁克这种健康、积极的管理思想为更多的人所了解。因为他们掌管着非常重要的资源，他们会做出关乎整个社会、企业、员工和消费者的一些决策。

这里我们以美国通用电气公司为例。伊梅尔特，也就是现任美国通用电气公司的CEO，在此之前，曾是美国通用电气公司家电事业部的总经理。当时的通用电气公司生产冰箱，但是由于很不幸的原因，他们生产的冰箱的压缩器有轻微的质量问题，导致氟利昂轻度泄露，造成了潜在的环境污染问题。当时，伊梅尔特就找到了时任通用电气公司CEO的杰克·韦尔奇，请求召回已经上市的冰箱。当时每台压缩器的成本是600美元，美国通用电气生产的100万台这样的冰箱已经上市，换言之，召回这100万台冰箱的代价是6亿美元。那么，这就是对管理者灵魂的挑战。如果厂家不说压缩器有轻微的质量问题，消费者不会发现，美国环境总署也不会发现，但是伊梅尔特认为面对现实是一家企业的责任、一个管理者的责任，所以他还是跟杰克·韦尔奇讲，应当召回这批冰箱。

当时杰克·韦尔奇刚刚上任，他新制定的战略就是要求通用电气的业务在业内做"第一或第二"，否则就关停并转。伊梅尔特在这个当口去找杰克·韦尔奇，无异于找死。伊梅尔特后来回忆说："杰克·韦尔奇当时问了我许多问题，因为当时我非常紧张，整个衬衫后背都湿透了。最后，杰克·韦尔奇说，'既然你认为这样做符合通用电气公司的使命和价值观，那么就这么去做吧。'"所以，企业每天面对的问题是非常现实的，如果一家企业不能把这种社会的责任，对于消费者、对于社会、对于整个企业负有的最终责任，作为自己经营的首要理念，那么结果一定是不一样的。我想这是一个大家非常熟悉的例子。

主持人：所以你就愿意自己这样，像个布道士一样去提升所有人的这种道德观念，让他们在自己所在的企业或组织里能够充分发挥出自己的能量来？

那国毅： 这个工作我也是刚刚开始，当然挑战还是很大的。但使我感到非常欣慰的是在过去的几年当中，我也接触了中国金融界的一些高层领导者，包括上市公司的一些管理者，我在很大程度上确实影响了他们的思维，也影响了他们的一些运作。几天前，我看到我教的MBA学生，他们告诉我，由于学了德鲁克的管理思想，他们经常会问自己："我是谁，我的长处何在，我的价值观是什么？"他们重新定位了自己，定义了自己的未来，所以有许多人更换了工作，那么这个工作对他们自己是非常有意义的，对社会、对企业也非常有意义。我想这就是我想看到的一个成果、一个正向的循环，当然这个影响还很小，千里之行始于足下，只要迈出第一步，我们最终就一定会到达彼岸。

主持人： 其实我觉得聊到这里，我才第一次能够真正地理解你为什么会为此奋斗终生。当一门学科能够使一个人去叩问自己心灵的时候，那它可能真的就是一种应该作为信仰去追求的东西了。

那国毅： 所以我生命的意义不在于为自己而活，而在于为许多需要管理知识和管理工具的人，为他们去延长自己的生命。也许我讲的这些话，在你或听众听来很难理解，当人找到自己生命的意义、终身目标的时候，是一件非常幸福的事情。那在中间所有的困难，都无所谓了，遇到再大的困难也不过是一个挑战、一个过程而已。我有时候开玩笑说，这不过是炼狱，仅此而已，因为我知道我的彼岸是什么，这一点非常重要。所以说人生到了今天，我在千百万人当中也算是非常幸运的人，我希望我的这一点基本的信念也能够影响我们比较年轻的朋友和同事。我所生活、成长的年代是一个非常特殊的年代。如今同龄的人大多数可能都下岗了，但是我仍然还可以非常活跃地做一些管理工作，我认为都是个人的选择，所以我相信只要人们能够主动地去选择，不要受制于人，能够积极面对人生，我想生活和结果就会有所不同。

主持人：但是我们回过头再看，你刚才已经说到了，你在读硕士之前一直是跟管理毫无关系的，那么你为什么会在拿到英国语言文学硕士以后，选择管理作为你终生奋斗的一个事业呢？

那国毅：其实这就是我的人生观，我一直认为人应当不断去学习，每个人的今天都是他过去选择的结果所致。今天是信息时代，变化非常快，有数据表明，信息每五年就会翻一番。这意味着如果你大学毕业后五年不学习，你曾经所学的最先进的技术和知识都必将是过时的。

主持人：但是你要知道这个时候你选择管理学的话，你是一张白纸啊？

那国毅：其实在此之前我对管理也不是一无所知，因为1998年，我曾经服务于光华服务产业（中国）有限公司，这是一家外资企业，当时我是培训总监。光华服务产业是美国ServiceMaster公司在中国的特许经营商，ServiceMaster是一家世界级外包服务公司。我很有幸在1998年到美国ServiceMaster管理学院学习管理和接受系统的支援管理服务培训。

主持人：那是你第一次进行系统的管理方面的培训吗？

那国毅：其实再往前追溯的话，1992年，我在美国读英语硕士的时候，因为有选修课，我曾经学了两门跟商学有关的课程，一门是市场营销管理，另一门就是旅游业市场营销。那是我最早接触到的管理。要说把管理作为养家糊口的一项生计的话是在1998年。当时，美国ServiceMaster的运营手册非常规范，整个支援管理服务体系有41本手册，而我负责带着一班人把这些手册翻译成中文。1999年由于光华要进入管理教育的产业，建立了北京光华管理研修中心，所以老板又把我派到了美国彼得·德鲁克管理研究生院去学习管理。我是一个非常愿意学习的人，也是个头脑非常开放的人。再次去美国学习，首先得益于我有一个非常好的英语基础，其次最重要的是我对这个事情有承诺，我认为这非常重要，这就使得我能够在非常短的时间内，对德鲁克的管理思想精髓能够比较快地略知一二，不能说完全学到。值得一提的是，在彼得·德鲁克管理研究生院学习的时候，我也非常努力，所以在德鲁克先生的亲自指导下，我完成了两大主题的研究，而且我的两篇论文的成绩都是A。这是德鲁克先生给我的非常高的评价。

后来彼得·德鲁克管理研究生院的另外一位教授，听说我得到两个A，他问我写了几遍得到A，我说就一遍。他说不可思议。因为在德鲁克的学科当中很难有人能得A，这也是令我感到非常骄傲的一件事情。

主持人：也就是说正因为此，更加激励你要在管理学这条道路上一直地走下去，那么我觉得从现在我们再来反观你走过的这40多年的路程的话，实际上在学术这条道路上你是分为两个部分的。一部分就是刚才我们谈得很多的管理学，而在这之前就是英国语言文学，我知道你很小的时候就开始喜欢英语了。

那国毅：其实我对英语的喜好是得益于我的母亲，1972年，母亲为我买了一本袖珍的英语小字典和一本英语的字帖，因为那时能够得到的学习资料是非常少的。也正因为如此，所以我每天翻那本英语字典，我发现另外一个世界竟然还有这样多很有意思的说法，这逐渐使我对英语产生了兴趣。上高中的时候，我的英语在班里也是名列前茅的，然后一个偶然的机会，我1974年高中毕业的时候，我的英语老师陪他太太在外地治病，不能按时返校教学生英文，学校问他能不能找一个代课的英语老师。我的这位老师就推荐了我，当时校长表示怀疑：他可以吗？他刚刚毕业。然后我的老师说，他可以。那一年我18岁，18岁的我就开始站在讲台上教高二的英语了。

主持人：实际上你刚才提到1972年的时候，妈妈给你买了第一本英语小字典，而1974年，仅仅两年以后，你就可以站在讲台上当一个小小的英语老师了。

那国毅： 是这样的，其实如果说我今天有一点成就的话，我非常感谢我母亲。她送给我一句我一生都不会忘记的话。我很小的时候父亲就故去了，所以母亲经常跟我讲："家有万贯，不如薄技在身。"其实一直到今天，我都觉得这是令我受益终身的一笔财富。她还告诉我如何去做人，如何去营造自己的未来，当然在那个时代我并没有说如何去营造自己的未来，可我知道母亲的话一定是对的。当时我也是比较听话的孩子。所以这么多年来，这就是我生命中的一个信仰：只要你去学习，只要你去努力，就一定会达到你既定的目标。

主持人： 英语实际上是你的一个非常狂热的爱好。其实我觉得在你的人生路上还有一个挑战，那就是：是继续学下去，还是放弃学业去工作？

那国毅： 那是1971年，我父亲病故了。当时我有一个比较好的选择，因为那时正值"文革"时期，中学毕业之后，大家都要到农村接受再教育，都变成知识青年。父亲生前在广播电台工作，当时国家有政策，就是说我可以去接班。

主持人： 那叫顶替吧？

那国毅： 你还懂那个时代的术语，接班顶替。当时，我唯一可以获得就业的就是这样一个机会。

主持人： 唯一的途径？

那国毅： 是唯一的途径。如果不去接班顶替的话，初中毕业之后，我也要到农村去。当然母亲和哥哥非常尊重我个人的选择，所以有一天下午母亲跟我说，你好好想一想，如果想顶替上班的话，那么今天下午放学的时候就把书包收拾好，明天我们就到电台里去做一个小学徒工，如果你不喜欢的话，那就继续上学，但是上学的结果有可能你将来会下乡，到时候你不要埋怨家里。当年我14岁，这也是我人生中面临的第一个重大决策。

主持人： 14岁的你做这样一个人生重大的选择。

那国毅： 是的，14岁的我要做当时人生中最重大的一次决策。当时我也感到非常痛苦，其实我也不知道自己的未来会是什么样，所以我就把书包收拾好了。放学之后我想了很长时间，自己到底应该怎么办？其实当时我也不是很懂，我就想，如果父亲还在世的话，那么我不上学是没有问题的，其实这是我的虚荣心的一种表现，邻居们可能会说这个孩子不爱学习，他不想上学了。但是今天我所面临的现实是，如果由于生活的压力，我不能继续上学，那么我又怕左邻右舍说，看他家里无法支撑他的学业。想来想去，我说我还愿意试一下，还想继续学习。其实在很小的时候我朦朦胧胧就是想上大学，但大学是什么我根本就不知道。所以，最后我还是下定决心跟母亲讲，我还是要读书，即使将来下乡，我也不会埋怨她。那是一种潜意识的，也是一种凭直觉做出的决策。当时因为我做出了这样一个决策，对于我来讲，就是我的未来完全掌控在自己的手中。因为我的家庭、我的母亲不会给我带来任何的未来，所以我只有去学习。1972年我初中毕业的时候。我们学校刚恢复高中，当时我们初中有八个班，高中只招两个班，上高中等于就是四比一的比例，所以初三毕业的时候，我是以非常优秀的成绩考入高中的。也就是从那时起，我才真正懂得学习意味着什么：通过自己的努力我可以上高中，非常有竞争力的高中。

所以，我就有意识地迫使自己要在书中多学一点东西，然后改善自己的人生，是这样的。

主持人： 其实我觉得听你谈了这么长的时间，你一直在不停地提到两个字，就是"学习"。我想学习对于你来说是非常关键的，而且也是非常重要的。那么，你是在1990年的时候到美国去的，但是我知道像你这个年纪的中年人，实际上很多人出国留学的时候是在20世纪80年代，甚至在80年代的中期和早期的时候，可是那个时候你并没有出国，而在90年代初的时候选择了出国,为什么?

那国毅: 我是1990年去美国的。高中毕业之后,我待业两年,自修英文,当代课教师,后来去工厂当工人。在1977年恢复高考的时候,我上了大学。其实那也是通过自己的努力,就是参加了"文革"以后恢复高考的第一次考试。90年代初,我去美国也是由于一个非常偶然的机会,因为在1986~1990年这五年当中,我作为中美文化交流协调员结识了许多美国人。我为什么要出国,因为大学毕业以后我在高校教英语。

主持人: 那是一个非常不错的职业了。

那国毅: 可以说在那个时代来讲,在高校教专业英语是非常难得的一份工作,当时我也很珍惜,我面对的挑战是什么?记得有一次我在给学生讲美国口语,讲到汉堡包。我发现书中有一张照片,说汉堡包的第一层是牛肉,第二层是奶酪,第三层是生菜,当时我就不懂这些东西是什么,觉得非常吃力。就是那会儿我对于自己的定位有了新的认识,虽然学了四年的英语,但英语对我来讲仍然是"夹生饭"。因为我没有在英语国家里生活和工作过,所以,许多对他们显而易见的事情对我来讲都像天书一样。所以当时我就萌发了如果有机会能到英美去学习一段时间的话,一定要把自己的夹生饭做熟的想法,这也是我的一个目标。

1989年,我开始准备到美国去读书,但也正如你所讲,我尝试了很多途径,但都没有成功。很偶然的,当时我的一个美国客人,他认为我是一个非常努力上进的青年,愿意帮助我到美国去读书,他是我后来读书的那所大学——美国北亚利桑那大学数学系的退休教授约翰·米克里奇博士。通过一年多的努力,他给我争取到了一项奖学金:免除我的州外学费,我只需交纳州内学费,而州内学费只占全部学费的四分之一。这是亚利桑那州纳税人子女享受的待遇,因为美国州立大学的办学资金,来自本州纳税人的税收。如果就读于美国亚利桑那州立大学的话,那么美国亚利桑那州外的美国学生和国际留学生都应交纳州外学费。就这样，1990年7月16日，我到了美国，开启了为期三年的自费留美生活。所以，有时候人生中有许多事情是你可以控制的，但有时候也难以控制。我想，对于大多数中国学生和中国人来讲，我们到美国以及其他西方国家去读书，我们选择的余地很少，或者基本上没有选择。就是哪所大学给奖学金，我们就到哪里去读书；哪个专业给奖学金，我们就读哪个专业。我们很难自由地选择自己所钟爱的学校和专业，这种状况我希望能够得到改善。

主持人： 我觉得到这里我才第一次看到你的一些无奈和彷徨。因为在这之前你给我的印象都是非常坚定的一个人，你认为命运可以掌握在自己的手中，而在这个时候你突然让我觉得，其实有很多时候你也很无奈，因为你无法选择去哪个学校读书。你可能想去哈佛，可是它不能给你一个全额奖学金，所以你只能选择去北亚利桑那大学。所以这个时候我觉得有的时候人生很多东西其实不是由你自己说了算的。人的命运在很大程度上也是掌握在别人手里的。

那国毅： 是这样的，其实人是多面的。表面上看来你会觉得我非常坚定、非常刚强或者说很自我。但同时，一个人最大的优点，往往也是他最大的缺点，在坚毅的背后，他也有自己脆弱的一面。当然，由于作为一个在社会之中的男人，要顶起许多这样的责任，戴着许多顶帽子，所以他必须在公众面前表现出一种强大。其实有的时候可能也是外强中干，所以不要被表面的现象所迷惑。

主持人： 当你一个人在美国生活的时候，那个时候你已经是30多岁的人了，而且你刚才也说，其实人在表现他最刚强的一面的时候，可能是他内心最脆弱的时候，那么一个人在异国他乡，生活起来可能也并不是那么容易？

那国毅： 是这样的，其实我到美国的反差是很大的，因为在出国前，1986～1990年我是中美文化交流项目的协调员，工作是非常好的，每次带着40多个美国客人出入最好的宾馆，每天都是美味佳肴，参观各地的名胜古迹。当年有这样的外事工作，人们非常羡慕。

主持人：其实这样的生活我觉得在中国应该是非常不错的，因为很少有中国人能享受到这样一种待遇。

那国毅：是这样的，然后到了美国就是急转直下。在美国，我必须要把自己的学费和衣食住行挣出来，这是非常难的事。1990年，我在美国的第一份工作就是在马立奥特的校园餐厅做厨师。当时，美国的最低工资是每小时3.5美元，由于我会炒中国菜，所以给我多加了0.25美元，也就是每小时3.75美元。按照美国的法律，留学生在学校打工每周不能超过20小时，所以每周能挣到的钱是非常有限的。

主持人：就是60美元左右。

那国毅：对。在这种情况下，一个月就是200多美元，可是你要面对房租、学费、养车等，所以压力非常大。我就觉得我必须要系上围裙，戴上厨师的帽子开始炒菜，当时的心理落差是蛮大的。但是面对这种现实，你只能往前走，没有其他的选择，因为去美国是我个人的选择。那么，困难也好、欢快也好，都只能自己来承担。

主持人：那你承担了这一切以后，你觉得你对人生的感觉会有一些新的变化吗？

那国毅：其实想起来过去这几十年的努力，就人生的道路而言，其实我感触最深的是，不论是在最困难的时候，还是遇到什么样的挑战，我们都应当勇往直前，积极向上，基本上这也是我的人生哲学。我在当大学老师的时候编写出版过一些英文的作品，后来做管理的时候，也取得过一些成绩，今天我是管理学教授，也影响了许多人，写了许多文章。我认为，一个人必须要有目标，尊重自己的工作，热爱自己的工作，认真努力做好每一件事；必须要有目的地去学习，刚才你谈到"学习"这个关键词，其实学习应当成为一种生活方式。所以我也经常跟我的客户或者学生讲，什么叫生活方式？我们每日要吃三餐，每日要睡觉，这就是生活中方式。因此，学习应当是你生活中不可或缺的一部分。

主持人：但是你给我的感觉好像学习是你生活的全部？

那国毅：我可能把大多数的时间用在了学习上，乃至在给客户讲课的时候，我说过我希望的一种比较好的状态，就是有一天我能够在读书中离开这个世界。因为是读书和学习使我走到了今天，我得益于这样一种终身学习的习惯。就像你前面问我的问题，本来我的本科专业和硕士研究生专业都是英语，而不是管理，但是通过几年的努力，我也可以成为一个管理学方面的学者，那么这就是我自己的选择，我自己的一种努力。我记得厉以宁先生曾经讲过，他说他今天所教的所有课程都是大学之后他自己学的。本科所学的东西只是作为一种基本的思维工具，没有人能在21世纪教20世纪50年代的东西，那是不可能的。所以对于每个人来讲，永续学习应当变成一种生活方式，而并不是一种充电，现在有一种流行的说法把学习叫充电，但是充了电之后继续放电，是一种断断续续的状态。但我认为学习是每天的事情，是你的生活方式，你需要吃饭吗？需要。你需要学习吗？也需要。学习必须贯穿于每一天，成为一种习惯，这样的话，你才能走在这个时代的前面，你才能掌控自己的人生。

主持人：可是我觉得生活真的是五彩缤纷的，除了学习之外还有很多吸引我们的地方。运动啊，娱乐啊，或者别的什么东西。

那国毅：其实对于生活来讲，幸福也好，欢快也好，完全是个人的感觉，那么我现在这样一种生活方式，花费很多的时间去读书，其实我也经常跟我的学生讲，什么叫一个成功的经理人？我有一个三角形的模型，一个角是个人的兴趣，一个角是和谐的家庭，另一个角是工作。经理人生活的三个方面各占1/3，这是按照中国人崇尚和谐的角度来讲，其实在我的现实世界中不是这样的，工作占据了我世界的差不多70%，家庭占据20%，个人的兴趣占据10%，但是个人的兴趣通常也移到了……

主持人： 也移到了工作和学习，就是80%。然后20%在你的家庭上。

那国毅： 就是80%、20%。20%给予家庭，80%贡献给工作。

主持人： 你的家人没有意见吗？

那国毅： 他们很理解我，支持着我走到今天。

主持人： 我觉得这是两个概念。她有没有意见和她能不能理解你是两个概念，她可以很理解你，但是我肯定她会对你有意见。

那国毅： 不过也可以通过其他的方式来补偿，比如今年十一长假，我就带着太太和孩子到南方去旅行，这些年来我们很少一起外出旅行。做任何的事业都必须有牺牲，能量是守恒的，当我把时间或更多的时间用于某一方面，那另外一方面的时间就会变得很少。没有什么诀窍，所以，没有办法。管理对于中国来讲是一种非常稀缺的资源，我在讲管理课的时候发现我们中国人非常聪明，他们可能是清华物理学的博士，或者北大电子工程学的博士，可是他们对于管理最基本的概念和理念知之甚少。这使得我有一种责任，尽快使他们能够在比较短的时间内掌握管理的真正精髓，为此我要牺牲个人的一些爱好。不过，现在的生活方式我认为也是我最满意的一种生活方式。

主持人： 我觉得未必是你的太太和女儿最满意的生活方式。我觉得如果我是她们当中的某一位，可能会因为我的先生或者我的父亲是一位卓有成效的管理学教授而感到骄傲，但是同时我也会觉得他还欠缺一点什么。

那国毅： 其实这个世界都不是完美的，人生也不是完美的。

主持人： 但你觉得现在这样的状态对你来说是最好的？

那国毅： 是的，其实我不知道为什么今年以来，就是从下半年开始，我就有一种紧迫感，觉得有许多事情要做，只能只争朝夕，把所有的有效时间都用在传播德鲁克的管理思想上。明天我要去中国科学院给他们讲管理的课，所有的时间都花费在这个上。但我自己还是乐此不疲。

主持人： 我觉得你是幸福的。

那国毅： 可以这样讲，我是非常幸福的。

主持人： 我们刚才谈到国外的生活，以及由此而谈到对人生的一些感悟。你在国外的生活实际上是三段，即20世纪90年代初、1998年，然后2000年。很多朋友都会觉得他们到国外以后，除了学习、拿学位以外，还要买房子，然后获得绿卡，实际上这是很多中国人在国外生活的三个步骤。但是我觉得你好像什么都没有要，拿到了学位就回国了。

那国毅： 是这样的。20世纪90年代的时候，我自费到美国留学，给自己定了三个目标：第一个就是要身体好，第二个就是要拿到学位，第三个就是挣一点钱。当我离开中国38个月之后这三个目标都实现了，因此我没有留在美国就回来了。其实1993年在美国拿到学位以后，我有一个机会可以到美国纽约的一家外贸公司去工作，雇主也答应帮我办绿卡，但是想来想去，我觉得美国并不是一个我想停留的地方。我个人认为中国人很难在美国融入主流的社会之中，其实很简单，当有一个工作机会，有两个申请者，一个是美国人，一个是中国人，那毫无疑问美国的雇主会选择美国人。我不愿意在美国过那种不能进入主流社会的生活，所以就选择了回国。当我在办理回国手续的时候，学校留学生办公室的主任不相信我要回国。她说，你在开玩笑吧？我说我不是在开玩笑，我是认真的。美国北亚利桑那大学自从接受中国学者和中国留学生以来，我是第一个要回国的。在那个时代由于种种原因，确实许多人包括公派的留学人员都留在了美国。但是我回来了，我觉得人应该有适合自己的目标。

1998年的时候，我在公司做培训总监，老板派我到美国去学习，我完成了自己的使命也按期回国了。由于1998年我在美国所学的东西给公司创造了价值，所以2000年公司又把我送到了美国，一些同事说我非常幸运，好像先机总是被我抓到。我们许多人只是看到别人成功的瞬间，不知道他们在背后其实也付出了很多。

主持人： 其实用以前中国艺人的一种说法叫："台上一分钟，台下十年功。"也许你在台上看到的是鲜花和掌声，但台下谁在哭谁自己心里最清楚。

那国毅： 是这样的。

主持人： 回顾你走过的人生之路，我觉得你实际上面临过很多次选择，你的第一次选择，是在14岁的时候决定去上班还是去学习。其实那种选择我觉得是非常懵懂的，完全凭借的是一种直觉。后来，包括你上大学，然后做中美文化交流工作，之后到美国留学，回国，然后在光华从事管理工作，然后再来研究管理学，每一次的选择呢，可能都是在一个瞬间决定的。做这种选择的时候可能只需要几十秒，或者20分钟、半个小时，但是你为此付出的可能就是很多年的时间。那么这种决定人生命运的几个瞬间，你是用什么样的办法来抓住它，并把它付诸实践的呢？

那国毅： 其实这里也没有什么诀窍和秘方，我一直相信机会是留给那些有准备的人的。因为中国也有这样一句古话，叫"凡事预则立"，不管什么事情，你提前做准备，当机会来临的时候，你才能够抓住它。这也牵扯到另外一个话题，就是人的生活方式，或者人的心态。我一直是非常积极地面对生活，很少去抱怨，或者可以说几乎不去抱怨，生活中不可能每天都是一帆风顺的，但是我很少或几乎没有在家里吃晚餐时跟我太太抱怨，张三怎么样，李四怎么样，我的客户怎么样。因为我觉得抱怨是一种很无能的表现，而我们要设法去改变，如果改变不了，我们就要去适应。

主持人： 适应就是一种妥协啊？

那国毅： 是这样的，因为这个世界不能按照我们每个人，你的或我的主观意志去做。所以在有些事情上是可以妥协的，但有的事情是不能够妥协的。

主持人： 我觉得你好像很难妥协。

那国毅： 没有，自己做事有自己的一些底线，比如说依法合规，做一个守法的公民，这就是我的一个最基本的底线。在此之上就是不能够欺骗客户，要善待他人，这也是我生活中最基本的原则。

主持人： 就是有了这些理念作为底线的话，那么当机会来临的时候，如果你一直是在有准备地等待的话，你肯定不会错过？

那国毅： 也不完全是，就像你所说的，好像我表面给你的感觉是很坚定、很刚强、很自我，但其实有的时候也很脆弱。比如说我当年到美国读书，其实 1989 年我就拿到了一个美国大学研究生院的入学通知书。

主持人： 那你为什么放弃？

那国毅： 没有放弃，只是我两次签证都被拒签。我的一位同学把去美国读书比喻成上贼船，说"上贼船容易，下贼船难"，这是什么意思呢？去美国读书要考 TOEFL，要考 GRE，你要把自己所有的时间和精力都放在这件事情上，当你第一次失败的时候，你很难放弃，还得在这条路上继续走下去，可能有的时候都没有希望了，但是你还必须要走下去。在我两次被拒签之后，我的朋友看到我就问，你回国来探亲了？其实我还没有离开中国，那种压力是很大的。那个时候我也几乎要放弃了，但是我太太非常支持我，她说为什么不再去试一次呢？1990 年 6 月 15 日，我第三次去美国领事馆申请签证，这一次我终于获得了签证。在一些关键时刻一个人是非常孤独的，或者说是脆弱的，也需要家人、朋友的支持，这也是非常重要的。

主持人： 其实我真的是觉得人生很多时候就是有那么一步，如果那一步你跨过去的话，可能就是另外一片天地。我也曾经听到这样一个例子，有一个朋友准备去考中山大学的研究生，当时他太太就跟他说了一句话，"如果你考不上的话，该是多么丢人的一件事情"，由此他就放弃了。然后他就为此后悔了一辈子，因为当时的情况是中山大学要录取两个人，而全国只有一个人报考。所以人生的这种机缘很多时候需要旁边的一个人给你一种支持，你坚持一下，跨过去这一步，可能人生就会由此发生一个重大的变化。

那国毅： 可能完全不一样的结果。其实我还是很小的时候，我看到了一句话就是："图虚名，而招实祸。"我想这句话对我一生也有非常大的影响，我不是一个图虚名的人，很能够面对现实。其实像你所说的，管理是我近年才开始做的工作，可我的客户都是有多年经验的企业家和管理者，也有很好的教育背景。我经常给中国金融企业做培训，看一眼客户名单，上面都是博士和硕士，董事长是博士，好几个MBA，还有经济学博士。那么我凭什么能站在那个讲台上跟别人去讲管理，所以课前我都要对他们进行深度访谈，向他们学习，然后自己回到家里去做功课，了解客户的需求，然后有备而来。

还是那句话，"凡事预则立"，你要没有做足充分的准备，就不可能有很好的结果。比如说讲课的时候，我都会提前到教室去看一下，包括灯光、音响、所有的开关，哪一件事情没有做到位就会出毛病。

主持人： 那么我知道在经历了这么多年以后，反观自己的人生之路，你一定会有很多的感悟，就像你刚才说的，如果说让你选择一种离开这个世界的方式的话，你希望在读书当中离去。

那国毅： 是这样的。

主持人： 除此之外，你还有没有什么别的更让我感动的言辞？我觉得这句话已经让我有些心潮难平了。

那国毅：没有。还是那样，因为我人生的目的，或者说生命的意义就是要在我有生之年，在德鲁克的路上不断地探究。去年是我们大学毕业20年，我到石家庄见了许多同学。许多同学都20年没有见了，几个男同学还不错，工作也很好。我们一些女同学，差不多都到了该退休的年龄，在谈什么时候娶儿媳妇、抱孙子这样的事情。而我还想再工作45年。

主持人：是因为德鲁克先生工作到94岁的缘故吗？

那国毅：大概是这样的。德鲁克是一个天才，他是一位前无古人，后无来者的大师。但是我有这样一种希望，这样一种心态，因为我锁定了我的人生目标，也就是说愿意去做这件事情。所以我的座右铭就是：管理的终极之善是改变他人的生活。

主持人：访问结束了，那教授向在场的每一个工作人员表示了谢意，然后迈着迅速而坚定的步伐离开了广播大楼。那国毅教授说管理的终极之善是改变他人的生活，在他自己身上就印证了这句话。德鲁克的管理思想改变了那国毅教授的生活，他也希望这精神的灵光能改变所有人的生活。

附　录

德鲁克的七项经历

　　伟大的心灵必然经历不凡的际遇，德鲁克的七项经历造就了他非凡的人生。我每年都会读一读德鲁克的七项经历，这七项经历好比是一面镜子。古人云："以铜为镜，可正衣冠；以人为镜，可正言行。"相信，大家读后一定会有所感悟。

第一项经历：威尔第的启示

　　19世纪意大利伟大的作曲家威尔第于1883年（时年80岁）所作的最后一部歌剧《福斯塔夫》给德鲁克留下了深刻的印象。

　　　　我一生都是音乐家，且一直极力达到完美的境界，而我一直很
　　　　困惑自己是否已达到这个境界，只是下定了决心再努力一试。
　　　　　　　　　　　　　　　　　　　　　　　——威尔第

　　这段话成了德鲁克一生追求完美的座右铭。

第二项经历：菲迪亚斯的典故

　　公元前440年，古希腊雕刻家菲迪亚斯被委任雕刻一座雕像。今天，这

座雕像仍然伫立在雅典的帕提农神殿屋顶上。但是当菲迪亚斯完成雕像后要求支付薪酬时，雅典市的会计官却拒绝了。他说："这座雕像伫立在殿堂屋顶，而殿堂又位于雅典最高的山坡上，你为什么把雕像的后面雕刻得和正面一样美丽？没人能看到雕像背面！"菲迪亚斯反驳说："你错了！众神会看见的。"

第三项经历：发展自己的研究方法

德鲁克每隔三四年的时间就会选择新的主题来研究，它们可能是统计学、中古史、日本艺术或经济学。

60多年来，德鲁克仍然保持着每隔一段时间就选择一个主题来研读的习惯。

第四项经历：总编辑的教诲

德鲁克曾供职于《法兰克福日报》，该报总编每周和一位同事讨论他们本周要做的事。一年有两次他们会花一个周六下午和周日一整天来讨论他们接下来六个月要做些什么。总编辑总是由他们表现优异的工作开始检讨，然后，讨论他们曾经试着尽力做好的事。接着，再研讨何事不够尽力。最后，他会严厉地指出错误或未做到的事。会议的最后两个小时，则用来计划接下来六个月的工作：我们应集中精力于哪些事情？应该改善哪些事情？什么是我们应该学习的？会后，每个人都要在一周内交给总编辑一份自己接下来六个月的工作和学习计划。

第五项经历：老板的激励

1933年，德鲁克的老板——英国伦敦一家私人银行的创办人对德鲁克说：“我知道你在保险公司是位优秀的证券分析师。但是，假如我找你来，还只是要你做证券分析的工作，我宁可你留在原公司。你现在的身份是股东们的执行秘书，但你仍然在做你的证券分析。你应该想想，现在你该怎么做才能让我的工作更有成效！”

——只要集中精力于新工作所需便可，包括思考你所面临的新挑战、新任务是什么。

第六项经历：来自耶稣会和加尔文教会的领悟

每当耶稣会或加尔文教会的牧师要做某件要事（例如一个重大的决定），他都必须在事前写下预期的结果。九个月后，他会将实际结果和预期结果做一番比较。很快地，他就可以看出哪一部分做得好，以及长处在哪儿（这对个人而言，是非常重要的）。同时，也可以看出自己还需要学习什么，哪些习惯必须改变。最后，还可以看出自己不擅长和做不好的部分。德鲁克遵循这种方法长达50年，他将此方法称为"反馈分析法"。

第七项经历：熊彼特的一番话

1950年1月3日，德鲁克和父亲一起去看望著名经济学家熊彼特。当时熊彼特是哈佛大学经济学教授并担任美国经济学会主席。德鲁克的父亲问熊彼特："你现在还跟人提起你想被后人记得什么吗？"

熊彼特答道："是的，这个问题今天对我来说仍然很重要，但答案却和原来大不相同了。我希望被后人记得的是，我曾是一名将许多优秀学生培养成一流经济学家的老师。到了这个年纪，人们是不是记得我写的书和理论已经变得不重要了。一个人如果不能使别人的生活有所不同，那么他就什么也没能改变。"

德鲁克著作一览表

德鲁克著作一览表

序号	英文书名	出版年份	中文书名	中文版出版社
1	The End of Economic Man: The Origins of Totalitarianism	1939	《经济人的末日：极权主义的起源》	上海译文出版社
2	The Future of Industrial Man	1942	《工业人的未来》	机械工业出版社
3	Concept of the Corporation	1946	《公司的概念》	机械工业出版社
4	The New Society	1950	《新社会》	机械工业出版社
5	The Practice of Management	1954	《管理的实践》（中英文双语版）	机械工业出版社
			《管理的实践》	机械工业出版社
6	America's Next Twenty Years	1957	《美国的未来二十年》	
7	Landmarks of Tomorrow	1957	《已经发生的未来》	机械工业出版社
8	Managing for Results	1964	《为成果而管理》	机械工业出版社
9	The Effective Executive	1966	《卓有成效的管理者》（中英文双语版）	机械工业出版社
			《卓有成效的管理者》	机械工业出版社
10	The Age of Discontinuity	1968	《不连续的时代》	机械工业出版社
11	Technology, Management and Society	1970	《技术与管理》	机械工业出版社
12	Men, Ideas, and Politics	1971	《人与商业》	机械工业出版社
13	Management: Tasks, Responsibilities, Practices	1973	《管理：使命、责任、实践（使命篇）》	机械工业出版社
			《管理：使命、责任、实践（责任篇）》	机械工业出版社
			《管理：使命、责任、实践（实践篇）》	机械工业出版社
14	The Unseen Revolution	1976	《看不见的革命》	机械工业出版社
	The Pension Fund Revolution（重版）	1996	《养老金革命》	
15	People and Performance: The Best of Peter Drucker on Management	1977	《人与绩效：德鲁克论管理精华》	机械工业出版社

（续）

序号	英文书名	出版年份	中文书名	中文版出版社
16	An Introductory View of Management	1977	《认识管理》	机械工业出版社
17	Adventures of a Bystander	1978	《旁观者：管理大师德鲁克回忆录》	机械工业出版社
18	Song of the Brush: Japanese Painting from the Sanso Collection	1979	《毛笔之歌：日本绘画》	
19	Managing in Turbulent Times	1980	《动荡时代的管理》	机械工业出版社
20	Toward the Next Economics and Other Essays	1981	《迈向经济新纪元》	机械工业出版社
21	The Changing World of the Executive	1982	《时代变局中的管理者》	机械工业出版社
22	The Last of all Possible Worlds	1982	《最后的完美世界》	机械工业出版社
23	The Temptation to Do Good	1984	《行善的诱惑》	机械工业出版社
24	Innovation and Entrepreneurship	1985	《创新与企业家精神》（中英文双语版）	机械工业出版社
			《创新与企业家精神》	机械工业出版社
25	The Frontiers of Management	1986	《管理前沿》	机械工业出版社
26	The New Realities: in Government and Politics, in Economics and Business, in society and World View	1989	《管理新现实》	机械工业出版社
27	Managing the Non-Profit Organization: Principles and Practices	1990	《非营利组织的管理》	机械工业出版社
28	Managing for the Future	1992	《管理未来》	机械工业出版社
29	The Ecological Vision	1993	《生态远景》	机械工业出版社
30	Post-Capitalist Society	1993	《知识社会》	机械工业出版社
31	Managing in a Time of Great Change	1995	《巨变时代的管理》	机械工业出版社
32	Drucker on Asia: A Dialogue between Peter Drucker and Isao Nakauchi	1995	《德鲁克看中国与日本：德鲁克对话"日本商业圣手"中内功》	机械工业出版社

(续)

序号	英文书名	出版年份	中文书名	中文版出版社
33	Peter Drucker on the Profession of Management	1998	《德鲁克论管理》	机械工业出版社
34	Management Challenges for the 21st Century	1999	《21世纪的管理挑战》（中英文双语版）	机械工业出版社
			《21世纪的管理挑战》	机械工业出版社
35	The Essential Drucker	2001	《德鲁克管理思想精要》	机械工业出版社
36	Managing in the Next Society	2002	《下一个社会的管理》	机械工业出版社
37	A Functioning Society	2002	《功能社会：德鲁克自选集》	机械工业出版社
38	The Daily Drucker	2004	《德鲁克日志》	上海译文出版社
39	Management（Revised Edition）	2008	《管理（原书修订版）》	机械工业出版社
40	Management cases（Revised Edition）	2009	《德鲁克经典管理案例解析》（纪念版）	机械工业出版社
41	The Drucker Lectures	2010	《德鲁克演讲实录》	机械工业出版社
42	The Effective Executive In Action	2014	《卓有成效管理者的实践》（纪念版）	机械工业出版社
合计	42本			

德鲁克生平大事记

1909年11月19日　彼得·德鲁克出生于奥地利维也纳的一个书香门第，其家人非常关注奥地利当时的文化、政治和经济事务。德鲁克自幼受到父母经常举办的文化沙龙的熏陶。

1918年　德鲁克小学四年级的老师，埃尔莎小姐和苏菲小姐非常注重发掘学生的长处，并为他们立下近期和远期的目标，鼓励他们不断进步。这一教育思想后来演变成德鲁克最著名的管理哲学——"目标管理与自我控制"。

1919 年	在一次宗教课上，菲莱格勒牧师提出一个问题："你想被后人记得的是什么？"（What do you want be remembered for？）这个问题成了德鲁克一生价值判断的标准。
1927 年	德鲁克离开奥地利赴德国汉堡大学学习法律，其中的一门课程——海洋法是西方历史、社会、科技、法律思想和经济的微缩世界，这种跨学科的综合训练也成为德鲁克讲授管理学的模式。
1929 年	德鲁克发表了两篇计量经济学论文，其中一篇预测1929年股市继续上涨，这使得他永远不再相信预测。他在法兰克福的总部当证券分析实习生，该公司是在华尔街上市的一家大公司。后来，他转到了法兰克福大学。 德鲁克成为《法兰克福日报》的金融作家，一年后晋升为负责外事和商业的高级编辑。德鲁克的老板埃里克·多姆布拉斯基是一位顶尖的编辑，他教会了德鲁克如何评估自己的工作、专注什么、改进什么和学习什么。这种对工作的定期回顾成了德鲁克管理学中向经理和组织传授的关键管理要素。
1931 年	获得法兰克福大学国际法博士学位。
1932 年	因出版论德国保守哲学家斯塔尔的小册子而惹怒了德国政府。这个小册子被禁和烧毁。德鲁

克决定离开纳粹德国前往英国伦敦,在伦敦他为一家商业银行工作,继续写作和研究经济学。

1937 年	德鲁克与他的德国校友多丽丝·施米茨(Doris Schmitz)结婚,婚后他们一起去了美国,他是英国一些报社驻美国的记者,其中包括英国《金融时报》。
1939 年	出版了他的第一本书《经济人的末日:极权主义的起源》(1995 年再版)。"极权主义发源于整个西方普遍的价值崩溃、信仰崩溃和制度崩溃",第二次世界大战是"一场为西方社会未来而进行的内战"。1940 年,法国沦陷后,英国首相丘吉尔把该书列为英国军官学校的必读书,并在伦敦《泰晤士报》上撰文高度评价德鲁克的洞察力和对法西斯极权主义的深刻批判。德鲁克还在纽约莎拉劳伦斯学院做兼职教师。
1942 年	成为美国佛蒙特州本宁顿学院政治学和哲学教授。
1943 年	出版了他的第二本书《工业人的未来》(1994 年再版)。由于这本书的出版,通用汽车公司邀请他对通用公司和高层管理结构做系统的研究,这是他平生第一次做咨询项目。
1945~1946 年	出版了他的第三本书《公司的概念》(1992 年再版)。该书是基于德鲁克对通用汽车公司为期 18 个月的内部咨询而写成的。该书提出了一系列

管理的首创概念，如：提出了"分权"作为组织的原则；提出了工人应承担责任的原则，但通用汽车公司拒绝这一原则，而日本在第二次世界大战后则把让个人承担责任作为工业战略的基础。

1950 年	执教于纽约大学，成为管理学教授，他在纽约大学商学研究生院工作到 1971 年。
1954 年	出版了《管理的实践》并将管理作为 20 世纪最重要的社会创新，这也使得德鲁克被誉为"现代管理学之父"。德鲁克提出三个经典问题："我们的事业是什么？我们的客户是谁？客户的认知价值是什么？"（What is our business？ Who is our customer？ What does customer value？）（尽管德鲁克出版了 40 多本书，但《管理的实践》和《卓有成效的管理者》是德鲁克自己最看重的两本书。《管理的实践》讲的是"机制"的设定，《卓有成效的管理者》讲的是"人"的修养。关于这两本书的价值，请参见本书第 4 章的"实践德鲁克"小节。）
1960 年	获得纽约大学校长奖，这是纽约大学所能授予的最高荣誉。
1966 年	出版了《卓有成效的管理者》，这是第一本关于管理者如何自我管理的图书。
1971 年	离开纽约大学，到加州克莱蒙特研究生院执教，

	作为克拉克教席社会学和管理学教授。
1975 年	开始连续 20 年为《华尔街日报》每月撰写专栏文章。德鲁克自己把这段时间称为"最有生产力的阶段"。
1976 年	出任深陷财务困境的旧金山亚洲艺术博物馆董事。由于德鲁克夫妇为该博物馆捐款，使得旧金山亚洲艺术博物馆再获新生。德鲁克夫妇也曾慷慨解囊帮助陷入财务危机的"关怀协会"（CARE），这是一个遍布世界的扶贫组织。
1979～1985 年	在克莱蒙特的波莫纳学院（Pomona College）讲授东方艺术。
1981 年	他向杰克·韦尔奇提出一个发人深省的问题，帮助杰克·韦尔奇形成了在每个行业做第一或第二的战略。
1984 年	德鲁克告诫企业界：CEO 的薪水不应当超过员工最低薪水的 20 倍。
1987 年	克莱蒙特研究生大学（Claremont Graduate University）以德鲁克的名字命名了"彼得·德鲁克管理研究生中心"（The Peter F. Drucker Graduate Management Center）。
1990 年	"彼得·德鲁克非营利管理基金会"（The Peter F. Drucker Foundation for Nonprofit Management）成立，2003 年更名为"各界领导面谈会"（Leader to Leader）。

1997 年	彼得·德鲁克管理研究生中心成为彼得·德鲁克管理研究生院（The Peter F. Drucker Graduate School of Management）。
1998 年	德鲁克档案馆（The Drucker Archives）在克莱蒙特研究生大学落成。德鲁克的著作被分门别类收存在档案馆内，为学者和业内人士研究德鲁克提供了方便。2000 年，我在该档案馆发现了德鲁克在 1999 年 1 月 18 日所写的《我认为我最重要的贡献是什么？》一文，此文被收录在华章出版的"彼得·德鲁克全集"丛书每一本书的首页。
1999 年	德鲁克成为北京光华管理研修中心首席发展顾问，他为管理教育在中国的发展倾注了大量的心血。
2001 年	"救世军"授予德鲁克救世军最高奖项"伊万婕琳·布斯奖"，以表彰他为非营利领域所带来的巨大影响。
2002 年	德鲁克在向中国的管理者致辞时说："只有中国人才能发展中国。"
2002 年 6 月 20 日	美国总统乔治·布什授予德鲁克"总统自由勋章"，以表彰他为世界所做出的杰出贡献。
2004 年	在德鲁克的大力支持下，中国人民大学德鲁克 EMBA 课程的开设，标志着德鲁克管理学全面进入中国的管理教育。

2005 年	德鲁克第 7 次获得"麦肯锡奖","麦肯锡奖"是用来表彰那些在《哈佛商业评论》上发表最佳文章的作者。德鲁克因在《哈佛商业评论》上发表名为《高效经理人为何高效》(*What Makes an Effective Executive*)的文章,第 7 次获得该奖,德鲁克一生在《哈佛商业评论》上共发表 38 篇文章,至今无人打破这项纪录。
2005 年 11 月 11 日	德鲁克在加州克莱蒙特的家中溘然长逝,享年 95 岁。

致 谢

本书的出版首先要感谢我的老师——已经远去的彼得·德鲁克，感谢他的教诲和启迪。感谢德鲁克夫人多丽丝·德鲁克在克莱蒙特她的家中热情地接待了我和我的家人，实现了我渴望已久的愿望：到德鲁克的家中坐一坐。感谢美国彼得·德鲁克管理研究生院的杰克逊院长在百忙中接待我重访母校。感谢北京彼得·德鲁克管理研修学院的创办人邵明路先生把我派到美国彼得·德鲁克管理研究生院学习。感谢《IT经理世界》杂志社的石俊、胡明沛、贺志刚为我开办"解读德鲁克"专栏。感谢中央人民广播电台的石潋对我的专题采访，是她帮我厘清我的成长过程。感谢阳光卫视的牟正蓬在德鲁克逝世一周年之际对我的访谈。感谢台湾中视原主持人崔慈芬与我搭档共同制作管理节目，她高超的专业化的主持给我留下了深刻的印象。感谢中国企业联合会网站为我常年开辟"解读德鲁克"专栏。感谢机械工业出版社华章分社的副总经理王磊多年坚持不懈地约稿才使本书得以问世，也使我能以自己的方式纪念德鲁克百年诞辰。感谢本书的责任编辑程琨、王芹和策划编辑张竞余、李文静的专业化工作使本书增色不少。感谢清华大学、北京大学、中国人民大学、北京师范大学、中山大学岭南学院、上海交通大学、西南财经大学、国家行政学院，以及国内外数十家培训机构和众多中外企业，多年来邀请我讲授德鲁克管理系列课程。感谢我教过的数以万计的学生，是他们的追问和分享加深了我对德鲁克管理思想的理解。感谢那些在我的事业和生活中曾经帮助过我的同事和朋友。感谢 Dr. John Micklich 及夫人不懈的努力和慷慨的帮助，使我 1990 年能赴美留学。最后，我要感谢我的太太和女儿对我的支持，她们是我生命中最重要的人。

那国毅

2021 年 2 月 26 日于北京